D1726303

Wolfgang Kauer

Funken regen

arovell verlag gosau salzburg wien 2010

Wolfgang Kauer, Funken regen
ISBN 9783902547088
Buchnummer c708. Alle Rechte vorbehalten!
arovell verlag gosau salzburg wien 2010

Cover nach Motiven von Paul Jaeg
Satz: Arovell. Gedruckt auf umweltfreundlichem Papier.

galaktischer funkenschlag
ein Vorwort, frisch aus der Schmiede

funken sprühen springen über
seelen springen über
welten warten welten locken
kommst du mit hinüber?

korrigiert
frisch poliert
erstrahlen neue sonnen
alle neu
doch schon verteilt
wenn die ersten kommen

unser ganzes wissen wird sich
wird sich noch verändern
wenn wir jetten wenn wir jagen
und das weltall rändern
sind wir uns dann nicht mehr sicher
was hier vorgeht was zu tun ist
kann ich mich dann nicht erinnern
wer mir vorsteht so ein kuhmist

hört mal leute meint der käptn
käptn von Solaris
dass euch leute
liebe mannschaft
heute eines klar ist:

wir werden nicht mehr neue welten
neue formen suchen
wir suchen besser alte welten
buchen was gewohnt ist:
der Mensch erträgt nur
was er kennt
was er bewohnt
wo er gepennt
und was von ihm geklont ist!

Abb. 1: Familien im „Russenlager", Salzburg-Gnigl 1953

TREIBGUT AM SAALACHSPITZ
Eine wahre Geschichte

Der deutsch-österreichische Grenzfluss *Saalach* mündet unterhalb des Gemeindegebiets von WALS in die etwas breitere *Salzach*. Der Zusammenfluss der beiden wasserreichsten Flüsse des Bundeslandes wird im Volksmund *Saalachspitz* genannt. Im Sommer ist die Halbinsel ein Paradies für Sonnenhungrige, denn die Stadtgemeinde hat den grobklotzigen Untergrund aus Zeiten der Flussregulierung mit feinstem Strandsand bedeckt. Einige Besucher kommen regelmäßig vorbei, um sich nach einer Ausdauersportart in den Auen hier in den goldgelben Sand zu setzen, andere tun dies ohne Sport und mit einer Angel oder einer Bierflasche in der Hand.

Im Winter erinnert die Eisdecke der Saalach an die Tragödie der Salzburger im Kampf gegen das Franzosenheer, dessen Vormarsch nicht aufzuhalten war. Die Franzosen und Bayern trieben die Österreicher über das Walser Feld und durch die Auen vor sich her. Als sich am 12. 12. 1800 die Überlebenden einer letzten Vorhut von SALZACHHOFEN zurückziehen und die Saalach queren wollten, mussten sie verzweifelt erkennen, dass ihre Landsleute bereits die Rott-Brücke gesprengt hatten. Sie waren daher gezwungen, sich ins Treibeis zu wagen, das sich über die Köpfe der Ertrinkenden schob. Ein Vorgang, den Napoleon später in der Schlacht bei Austerlitz strategisch einplante, indem er die österreichische Infanterie zur Flucht über gefrorene Teiche zwang: Bei angesprengter Eisdecke versank ein Geschütz der Österreicher nach dem anderen samt Mensch, Pferd und Wagen im Morast.

Serge (Aussprache wie *Sergeji*) weiß nichts von der Geschichtsträchtigkeit dieser Halbinsel. Jahrzehntelang traf er hier mit Gleichgesinnten zusammen. Doch nicht ein gemeinsames Hobby verband sie, wie etwa die Badenden, die Radler, die Fischer, die Eisläufer oder die Eisstockschützen von den Salzachseen nebenan, nein, das Gemeinsame beschränkte sich auf Herkunft und Flucht aus dem Osten.

5

Diese Gruppe fremd anmutender Männer kam jeden Sonntag Vormittag am *Saalachspitz* zusammen, auch im Winter. Eine verschworene Gruppe von Österreichern, alle mit einem osteuropäischen Migrationshintergrund, aber unterschiedlicher Kultur und Ethnie. Hier trafen Kosaken, Kalmücken, Ruthenen und andere aufeinander, um ungestört über Gott und die Welt reden zu können. Jeder von ihnen bildete ein Einzelschicksal und hatte als einer von wenigen seiner Volksgruppe überlebt. Die Freiheit im Westen wog mehr als aller Besitz und jede Bindung, die sie im Osten zurückgelassen hatten.

Zu mehr als einer Mietwohnung in der *Bessarabierstraße* hatte es keiner der so genannten *Russen* gebracht, dazu waren sie nicht mehr jung genug gewesen. Aber sie hatten es geschafft, ihren Kindern einen guten Start ins Leben zu ermöglichen. Doch erst die übernächste Generation würde erreichen können, nicht mehr grob als *Russ* oder liebevoll als *Russerl* bezeichnet zu werden. Beides musste man als Verunglimpfung verstehen, wenn es auch nicht so gemeint war, denn einen eingelegten Hering nannte man in den sechziger Jahren ebenso ein *Russerl*. Ein Semmerl mit Weißkraut und *Russerl* hieß gar *Russensemmerl*.

Die Barackenlager für die Ankömmlinge aus dem Osten waren in der *Fürbergstraße* zu finden. Während des Zweiten Weltkriegs waren hier Kriegsgefangene untergebracht gewesen, danach, im Oktober 1946, zählte das Statistische Amt an die 3.500 *Russen*.

Diese Flüchtlinge waren in mehreren Wellen nach Österreich gekommen und auch ethnisch keine homogene Gruppe[1]. Trotzdem waren sie höchst gefährdet, denn Stalin betrieb in Absprache mit Winston Churchill eine Politik der gewaltsamen Rückführung, die für fast alle *Rückgeführten* den sicheren Tod bedeutete.

---

[1] ... vgl. Schärffenberg, Erika: Das Russenlager in Parsch. Salzburger Nachrichten vom 30.7.05, S.IV

Kurz nach 1917 waren zunächst Angehörige der weißrussischen Armee in Österreich gelandet, die gegen die Roten gekämpft hatten und nach deren Sieg ins Ausland geflüchtet waren.

In einer zweiten Welle waren dann Soldaten unter der Führung von General Andreji Wlassow eingetroffen, der im Jahr 1944 seine Kosaken im Kampf gegen Stalin mit der deutschen Wehrmacht verbündet hatte. Dieser Coup war durch Claus Schenk Graf von Stauffenberg eingefädelt worden.

Als dritte Gruppe gab es schließlich auch noch fahnenflüchtige Offiziere der Sowjetarmee, die sich bei Verfolgung der ersten beiden Gruppen in die US-Zone abgesetzt hatten.

Die Zugehörigkeit zu einer dieser Wellen war bei der Zuteilung an die Baracken nicht berücksichtigt worden, was sich noch als ein großer Segen erweisen sollte.

Bis es den *Russen* erlaubt war zu arbeiten, erhielten sie unter Patronanz der *International Refugee Organisation* eine Lager-Ausspeisung. Ende 1947 waren dann 85% von ihnen bei den Amerikanern beschäftigt. Sie betätigten sich als Schlosser, Tischler, Schuster. Viele Männer arbeiteten auch als Hilfsarbeiter beim Gleisbau oder Straßenbau oder im Marmorsteinbruch Adnet, so auch Serge.

Frauen waren als Küchenhilfen in amerikanischen Kasernen im Einsatz oder reinigten die Waggons des Mozart-Express, der ursprünglich USFA-Soldatenzug hieß und des Nachts zwischen Wien und Salzburg verkehrte.

Das *untere* Russenlager im Stadtteil PARSCH war sehr gut organisiert. Es hatte eine Kirche, ein Theater, einen Kindergarten und mehr. Von solchen Privilegien konnte man in dem zum Stadtteil GNIGL gehörenden *oberen* Russenlager nur träumen. In den Unterkünften bestickten Frauen Vorhänge und bastelten Aufwändiges für das russisch-orthodoxe Osterfest. Zwischen den Baracken hielt man auch Hühner und hörte, so oft es möglich war, amerikanische Radiomusik.

Doch die Idylle trog.

In den Russenlagern herrschte jahrelang Todesangst.

Im Vertrag von Jalta hatte Stalin gegenüber Churchill das Recht durchgesetzt, alle Russen sowie deren Nachkommen repatriieren zu dürfen, was er mit einem Ausgleich des Bevölkerungsvakuums rechtfertigte, das durch den Bürgerkrieg entstanden war. In Wahrheit jedoch war es seine Absicht gewesen, Abtrünnige zu liquidieren oder in Arbeitslagern, die meist von sadistisch veranlagten Kriminellen betreut wurden, *ausschinden* zu lassen.

Obwohl Salzburg in der US-Zone lag, hatten die russischen Offiziere der Repatriierungskommission in den Lagern völlige Bewegungsfreiheit.

Noch mehr Angst musste man vor den Agenten des sowjetischen Militär-Geheimdienstes SMERSCH haben, der gnadenlos Jagd auf Menschen machte: Sogar ein Kind wurde aus dem Klassenzimmer gezerrt und in ein Auto Richtung Moskau gesetzt, obwohl das Mädchen bereits außerhalb Russlands geboren war.

Serge B. war Anhänger General Wlassows gewesen[2] und hatte mit Stalins Repatriierungspolitik schon ein paar Jahre früher Bekanntschaft gemacht:

Auf der Flucht vor Stalins Rache hatte es Serges Kosakeneinheit geschafft, sich bis nach Oberitalien abzusetzen. Die Soldaten wähnten sich in Sicherheit.

Doch eines Tages nahmen die englischen Besatzer Österreichs mit ihnen Kontakt auf und lockten sie unter dem Vorwand, sie würden hier angesiedelt werden können, in die Steiermark.

Sobald die Kosakenfamilien das Barackenlager JUDENBURG erreicht hatten, verriegelten jedoch die Engländer die Ausgänge und hielten Männer, Frauen und Kinder eine Nacht lang arrestiert[3].

---

[2] ... Quellen zu dieser Geschichte waren mehrere Interviews mit Frau Anna Well zwischen September 2008 und August 2009

[3] ... vgl. Karner, Stefan: Zu den Anfängen der sowjetischen Besatzung in Österreich 1945/46. Sonderdruck aus: Die Gunst des Augenblicks. Neuere Forschungen zu Staatsvertrag und Neutralität. Hrsg. v. Manfred Rauchensteiner und Robert Kriechbaumer. Böhlau: Wien-Köln-Weimar 2005, S.152 ff

Am nächsten Tag mussten sie in bereitgestellten PKWs Platz nehmen. Dieser Konvoi fuhr dann dicht an dicht los. In der Mitte der Mur-Brücke hielt der erste Wagen an. Warum inmitten der Brücke?, fragten sich alle. Von der angestammten Bevölkerung war weit und breit keiner zu sehen, nur ein paar englische Bewacher.

Weil sich so gar nichts rührte, schöpfte man langsam Verdacht, und mit dem Auftauchen einzelner sowjetischer Uniformen wurde es dann offensichtlich, dass die Kosakenfamilien der Roten Armee ausgeliefert werden sollten.

Von da an begann die Tragödie ihren Lauf zu nehmen[4]. Das Chaos brach aus. Frauen rissen die Wagentüren auf, stürzten sich aus dem Fonds, drängten ihre Kinder vor sich her, und vor den verdutzten englischen Bewachern sprangen sie kurzerhand mitsamt den Kindern im Arm in die eiskalte und reißende Mur, um zu sterben.

Sie ertranken hilflos, während viele Männer querfeldein taumelten und sich auf der Flucht über die Ebene lieber von hinten erschießen ließen, als in die *Lubjanka* eingeliefert zu werden, das gefürchtete Foltergefängnis des Moskauer Geheimdiestes.

Serge B. rannte und rannte, so, wie es Generationen von Steppenbewohnern vor ihm getan hatten. Seine sportliche Natur, seine Ausdauer und seine Zierlichkeit retteten ihn vor den Kugeln der Engländer. Bald stellte Serge kein erreichbares Ziel mehr dar. Er spürte den großen *Ataman* über sich.

Wie durch ein Wunder hatte Serge das Massaker von Judenburg überlebt. Auf sich allein gestellt war er ausreichend motiviert gewesen, sich von den zahlreichen Schreienden und

---

[4] ... vgl. Karner, Stefan: Zur Auslieferung der Kosaken an die Sowjets 1945 in Judenburg. Sonderdruck aus: Judenburg 1945 in Augenzeugenberichten. Hrsg. v. Johann Andritsch. Verlag des Museumsvereins: Judenburg 1994. (= Judenburger Museumsschriften Bd. 12), S.243 ff; sowie

... vgl. Karner, Stefan und Peter Ruggenthaler: (Zwangs-) Repatriierungen sowjetischer Staatsbürger aus Österreich in die UdSSR. Sonderdruck aus: Die Rote Armee in Österreich. Sowjetische Besatzung 1945-1955. Hrsg. v. Stefan Karner-Barbara Stelzl-Marx. Graz-Wien-München 2005, S.248 ff

Sterbenden im Hintergrund abzusetzen. Tage und Nächte lang verbarg er sich, zunächst im Schilf, später in den Nadelwäldern, die Berge konnten ihm nicht hoch genug sein. Über ihre schroffen Kämme und Sättel gelangte er in ein Dorf mit dem Namen DELLACH AN DER DRAU.

Hier sollte er nach den Sternen greifen.

Es stellte sich heraus, dass im Blei-Bergwerk am Kolm Arbeitskräfte gesucht wurden. Das Barackenlager versprach ausreichend hoch über dem Tal zu liegen, wo die verrückte und blutige Schachpartie Stalins gegen Churchill ausgetragen wurde.

Als ein Vorteil des Bleibergbaus erwies sich auch die für Atemwege relativ gesunde Stollenluft, im Gegensatz zu den Atembedingungen beim Glimmerbergbau in der Gemeinde GRIFFEN, wo sich der ausgesprengte und mikroskopisch feine, messerscharfe Quarzsand fast ungehindert in den Bronchien und Lungen der Hilfsarbeiter anreicherte, die teils freiwillig, teils gezwungen arbeiteten und aus verschiedenen Nationen stammten. Einige erreichten nicht einmal das dreißigste Lebensjahr. Deshalb wurde der Griffener Glimmer-Bergbau 1951 offiziell geschlossen.

Serge, der im relativ gesunden Dellacher Stollen arbeitete, hatte das Glück, auf einen Kollegen zu treffen, der Russisch sprach. Als sie sich austauschten, holte dieser ein abgewetztes Foto hervor, auf dem ein unbeschwertes junges Mädchen lächelte, das Serge kurz darauf kennen lernen durfte. Er fand die Frau sympathisch, aber noch besser gefiel ihm deren langhaarige Begleiterin, eine Wiener Fabriksarbeiterin, die bereits ein kleines Mädchen von einem türkischen Mann mitführte. Es dauerte nicht lange und beide zogen zu Serge in die Baracke, wo die Wienerin wieder schwanger wurde.

Weiße Weihnachten im Hochgebirge.

Als die Zeit der Niederkunft kam, lag meterhoch Schnee. Die Baracken waren von der Umwelt abgeschnitten. In gemeinsamer Aktion schaufelten die Arbeiter viele Nachtstunden lang, bis eine Gasse abwärts frei wurde, in der die Hebamme heraufkommen konnte.

Ein Jahr nach Tochter Annas Geburt übersiedelte die junge Familie nach SALZBURG und wurde dem *Oberen Russenlager* zugeteilt. Im Kloster St. Peter erhielt Margarethe B. eine Stelle als Küchengehilfin. Sie brachte das Essen nach Hause, während Serge wieder im Steinbruch schuftete, diesmal in ADNET bei Salzburg. Um diese Arbeit zu bekommen, hatte er sich als jünger ausgeben müssen, als er war, und den Arbeitsausweis fälschen.

Die beiden heirateten im Schloss Mirabell. Ein Hochzeitsfoto im barocken Trauungssaal gehörte zum Höhepunkt in Margarethes und Serges Leben.

Kurz nachdem klein Anna in der Gnigler Kirche getauft worden war, bekam Margarethe noch einen Sohn. Dieser erhielt allerdings die russisch-orthodoxe Weihe, von einem jener Popen, die das Lager regelmäßig besuchten. Margarethe hatte es gern bunt: von allem ein bisschen etwas.

Wenn im Barackenlager lange Ledermäntel auftauchten, brach jedoch Panik aus.

Aus Angst vor einer möglichen Repatriierung hatte der Vater den Kindern eingetrichtert, unter keinen Umständen aufzufallen. Doch nun erwies sich die chaotische Durchmischung der Lager-Insassen bei der Zuteilung als Vorteil. Die russischen Offiziere prüften zwar, konnten aber nicht unterscheiden, welcher der drei Flüchtlingswellen einer oder eine angehörten. Die Barackenbewohner hatten bald erkannt, worauf es bei der Befragung ankam: Alt-Emigranten fielen nicht unter den Vertrag von Jalta!

Serge gab zusätzlich an, er gehöre zu einer ethnischen Minderheit außerhalb der Sowjetunion. Er war immerhin Mongole und zählte sich zum Volk der Kalmücken, die als Bauern und Hirten südlich von Stalingrad lebten. Als Stauffenberg Verbündete für Deutschlands Kampf gegen das stalinistische Russland gesucht hatte, hatten sich Kosaken und Kalmücken ködern lassen, weil Stalin die Religion der Kalmücken, den tibetischen Buddhismus, verboten hatte.

Offiziell ist Serge griechisch-orthodox, doch im Schlafbereich der Baracke huldigt er einer ca. 30 cm großen weißen Buddhastatue. Diesen Ritus vollzieht er bis zum heutigen Tag. Jetzt, im Alter, wird er einmal im Jahr von zwei

11

Lamas aus München besucht, die ihn im Glauben bestärken. Im Münchner Vorort LUDWIGSFELD hat sich inzwischen eine kalmückische Gemeinde gefunden, die einen Tempel eingerichtet hat. Serge freut sich schon Monate vorher auf die herrlich bunten Prokatgewänder dieser Mönche und auf das Rasseln ihrer Gebetsmühlen: „Ohm mane padme hum! – Alles ruht friedlich in sich selbst."

Seine Tochter Anna hält der katholischen Religion die Treue. Serge stört das nicht, sie soll glücklich sein, das ist das Einzige, was zählt. Anna ist immer noch stolz auf ihre Taufe und sie ist der Pfarre von Kindesbeinen an treu geblieben. Nur eines ärgert die stets fröhliche Anna: Der Pfarrer nennt sie nach wie vor *Russerl*. „Da schau, das Russerl kommt!", sagt er, sobald die hübsche Frau den Beichtstuhl betritt.

Kurz vor Weihnachten schneit es wieder leicht.

Wenn die Wetterlage lang genug anhält, könnten sich weiße Weihnachten ausgehen. Als Serge in glänzend gewichsten Sonntagsschuhen die letzte Wegstrecke zum Saalachspitz hin antritt, ist er es, der die erste Spur in den geflockten Schnee tritt. In diese abgelegene Ecke verirrt sich im Winter niemand außer den Immigranten aus dem Osten, die - traditionell dem Winter trotzend - in schwarz polierten Halbschuhen *aufkreuzen*.

Vielleicht hat die Wahl des ungewöhnlichen Treffpunkts etwas mit der Wolga zu tun: Wenn die Eisdecke über der Wolga auftaut, bilden sich keine anderen Schollen, als die, die jetzt das Salzachufer entlang flussabwärts driften.

Dass sein letzter Weggefährte so lange ausbleibt, ist ungewöhnlich, das macht Serge stutzig, denn sonst pflegt sein Freund Sanjin vor ihm da zu sein. Der Letzte der Runde, der außer ihm noch am Leben ist.

Am Leben?

Serge schüttelt die Flocken von seinem langen schwarzen Mantel ab.

Er hat angehalten und blickt über die eisgraue Landschaft, die sich in dieser Jahreszeit dem Leben verschließt. Das dichte Rieseln des sanften Schneefalls auf seine Wangen fühlt sich so warm an wie der feinkörnige

Strandsand am Saalachspitz, wenn ihn der Flusswind in die aufgebreiteten Sommergesichter wirbelt.

Wo stecken sie denn, die Kosaken, die Kalmücken-Freunde, die Ruthenen? Sie alle haben sich einer neuen Heimat zugewandt. Nur einer ist ihm noch geblieben, und der verspätet sich.

„Wie kann man sich nur verspäten?", fragt sich Serge, „wenn man doch sonst nichts mehr hat, vom Leben, als dieses Treffen, einmal pro Woche? Jeder Wochentag zielt nur noch auf den Sonntag hin. Andere besuchen am Wochenende ihre Kirchen, Tempel und Synagogen, wir treffen uns hier, wo auch die Flüsse des Landes einander begegnen, um ihren Weg vereint fortzusetzen."

Langsam wächst Serges Verdacht, dass er allein bleiben wird. „Sanjin ist nicht krank, kann nicht krank sein. Ich habe gestern noch mit ihm telefoniert!", flüstert er. Dann sucht seine Stimme das andere Ufer: „Lasst mich nicht so lange warten, Freunde, lasst mich hier nicht stehen, Freunde!"

Serge überlegt, dass es seinem mongolischen Ahnvater genauso ergangen sein muss.

Im 17. Jahrhundert waren die Kalmücken aus den Kältesteppen Hochasiens kommend in friedlicher Weise in den russischen Herrschaftsraum eingedrungen. Sie suchten neue und bessere Weiden fürs Vieh. Die Schwarzerdeböden südlich von Wolgograd versprachen paradiesische Sommerweiden. Im Winter hingegen konnte sich hohes Gras nur unter der Schneedecke entlang der Flussufer und Sümpfe frisch halten. Der Zar erlaubte ihnen, sich der südlichen Steppe zu bedienen. Er versprach sich davon eine neue lebende Grenze gegenüber den Turkvölkern, eine ethnische Pufferzone.

Die militärische Aufgabe bildete eine Herausforderung für die Kalmücken, der sie sich gewachsen fühlten. Sie errichteten Lehmziegelhäuser nach tibetischem Vorbild und ebensolche Tempel, sodass ein europäischer Reisender den Eindruck haben musste, er hätte Tibet bereits erreicht, denn auch die Kleidung war tibetisch. Keine Frage, dass die Handelsbeziehungen mit Hochasien nie abbrachen und von dort her Lamas geschickt wurden, um den Buddhismus lebendig zu halten.

Dieses Klein-Tibet östlich und westlich der Wolga funktionierte im Schatten der Kosaken, die sich schon früher und etwas nördlicher angesiedelt hatten. Erst unter Zarin Katharina kam es zum Eklat mit der Reichspolitik. Sie stammte aus Deutschland und verachtete die Kalmücken wegen ihrer Lebensweise als extensiv weidende Rinderhirten und wegen ihres mongolischen Aussehens. Immer wieder kam es zu Bonmots der Zarin, die erkennen ließen, wie sehr sie die Kalmücken als minderwertig verachtete.

Das verletzte den Stolz der Kalmücken, deren Wesen seit jeher so beschaffen war, sich lange Zeit in sehr freundlicher Geduld zu üben, dann aber entschlossen zuzuschlagen, sobald das Maß voll ist. Die Kalmücken veranstalteten einen Aufstand gegen die Politik der Zarin, worauf diese nur gewartet hatte, sodass er niedergeschlagen wurde.

Den Kalmücken war in der Folge der Boden für eine friedliche Existenz entzogen. Das Recht verspielt, im Zarenreich zu siedeln. Sie hatten sich provozieren lassen, waren in eine Geduldsfalle geraten. Noch in diesem relativ warmen Winter zogen sie sich von östlich der Wolga nach Hochasien zurück.

Westlich der Wolga hatten sich nur wenige Sippen niedergelassen. Sie erfuhren zwar vom Rückzug ihrer Landsleute, doch sie konnten deren Ruf nicht folgen, denn ausgerechnet in diesem Winter war die Wolga noch nicht zugefroren. Verzweifelt standen sie vor dem Strom, der keine Brücke bildete, sahen das gefährliche Treibeis und mussten aus der Ferne mitansehen, wie Freunde und Verwandte abzogen.

Sie verloren den Anschluss und blieben zurück. Um weiterhin den Schutz einer starken Gruppe genießen zu können, schlossen sich die restlichen Kalmücken bald den Kosaken an, behielten aber ihre tibetische Lebensweise bei.

Serges Vater war *Schultheiß*, Dorfrichter, gewesen, 150 km südlich von Stalingrad, als der spätere Hitler-Attentäter kam und zum Bund gegen Stalins Truppen aufrief. Auch er konnte noch nicht ahnen, wie wenig ernst es Hitler mit den Anliegen dieser Ethnie war. Hitler war gierig nach den

Bodenschätzen dieser Region und an einer strategischen Zange gegen Stalin interessiert. Stalin hatte die Kalmücken gedemütigt. Das hatte sie gegen ihn aufgebracht. Er hatte sie ihres Stolzes beraubt. Er hatte jede Menge Vieh konfisziert, die Religionsausübung verboten und die buddhistischen Tempel einer entwürdigenden profanen Nutzung unterzogen. So waren die Kalmücken in religiöser und wirtschaftlicher Weise geschädigt worden und viel mehr als ihre Religion und ihr Vieh hatten sie nie besessen. Selbst ein kostbares Totenbuch, das sie wie ihren eigenen Leib schützten, wurde nach seiner Entdeckung konfisziert und in alle Welt verliehen.

Serge steht am Ufer der Salzach, sieht die Schollen treiben und denkt an jene Kalmücken seiner Geschichte, denen der Weg zurück nach Hochasien abgeschnitten war, als die Wolga einmal nicht zufror. Ein fataler Zufall. Er will es besser machen, nur Mut! „So wartet auf mich!", ruft er und betritt die Eisdecke der Saalach. Um flussabwärts zu gelangen, phantasiert er, müsse er den Zufluss queren. „Lasst mich nicht allein zurück!," ruft er seinen verstorbenen Kollegen nach und betritt den *Styx*. Das Eis öffnet sich, das Eis schließt sich, und nach seinem Abgang durch die natürliche Drehtür sieht Serge durchs Milchglas hindurch noch einmal in diese verkehrte Welt hinaus. Aber nicht seine toten Kameraden stehen am Ufer, sondern eine Kinderschar wartet da. Er merkt, es sind jene Kinder, die er damals bei seiner russischen Ehefrau zurückgelassen hat. Sie alle sind gekommen und sehen ihm prüfend und ernst in die Augen. Er lächelt ihnen zu und tastet nach ihnen, denn er will ihnen übers Haar streichen. So drückt er gegen das Eisfenster, während er die Kälte zu fühlen beginnt, die zügig in ihm hochkriecht und ihm den Atem raubt. Dann spürt er, wie ihn der starke Arm des großen *Ataman* heimholt.

Abb.2: Detail in der Schlossmauer von La Napoule

DIE BRAUT, DIE SICH (NICHT) TRAUT
Ein Kaleidoskop in fünf Bildern

I.

In den Geschichten der alten Welt finden wir Bräute, die sich *trauen* (lassen), aber wir finden auch Bräute, die sich (dies) nicht *trauen*. Das sind u.a. die *törichten Jungfrauen* der Bibel - sie lassen die beste Gelegenheit ungenützt verstreichen – und - in der griechischen Mythologie - die jungfräulichen Opfer des Göttervaters Zeus, denen es gelingt, seine Nötigungsabsichten zu vereiteln, wie etwa *Daphne*, die sich in einen Baum verwandelt, sobald er sich ihr nähert.

In der älteren Literatur deutscher Sprache sticht uns die Figur *Brunhild* aus dem *Nibelungenlied*[5] ins Auge, die als Königin Islands lieber allein bliebe, als einen der sie bedrängenden Männer zu erhören. Deshalb stellt sie den Freiern so gut wie unlösbare Hindernisse in den Weg. Eine Frau, die sich heute lieber künstlich befruchten ließe, als sich auf eine sexuelle Annäherung oder gar Ehe einzulassen. Nur mit *Siegfried* würde sie *sich trauen*, denn er hat sie aus dem langen Schlaf erweckt. Siegfried ist fesch und *schneidig,* aber ein Idiot, denn er kann die Gefühle Anderer nicht im Geringsten nachvollziehen. Und das bekommt Brunhild am deutlichsten von allen Beteiligten und am heftigsten zu spüren.

Siegfrieds Braut *Kriemhild traut sich* zwar vorerst, aber sie steht in Sachen Einfalt Siegfried in nichts nach. So zu erkennen beim Streit der Königinnen oder bei den Vorbereitungen zum Kriegseinsatz bzw. Jagdausflug kurz vor Siegfrieds Ende. Für sie spricht allerdings ihr jugendliches Alter. Erst in den Jahren nach Siegfrieds Tod reift sie geistig heran, geprägt durch die leidvollen Erfahrungen des Partnerverlustes und die üblen Schmähungen durch die rechte Hand ihrer Familie, *Hagen von Tronje*, der ihr den Leichnam

---

5 ... vgl. Das Nibelungenlied. Nach der Ausgabe von Karl Bartsch. Hrsg. v. Helmut de Boor. Brockhaus: Wiesbaden 1979.

17

des ermordeten Siegfried kurzerhand vor die Schlafzimmertür wirft, ohne ihr die Todesnachricht zu überbringen, der den Mord leugnet und ihr gesamtes Vermögen, den Goldschatz der Nibelungen, unwiederbringlich im Rhein versenkt, damit die rachewillige Kriemhild keine Söldner bezahlen kann. Dadurch völlig mittellos geworden, wartet Kriemhild auf eine Gelegenheit, wieder zu Geld zu kommen. Die einzige Möglichkeit wäre eine zweite Ehe, sie ist immer noch eine bekanntermaßen attraktive Frau. Doch mit dem *Burgundenpack* will sich kein germanischer Herrscher mehr einlassen. Zu viele Gerüchte machen die Runde. Es müsste jemand kommen, der von alledem nicht allzu viel weiß.

Und tatsächlich gibt es ihn, den großen Unbekannten. Man nennt ihn *Etzel*, eine eingedeutschte Version von *Attila*, vielleicht eine Verkleinerungsform von *Etz*, Rodungsinsel, in entwürdigender Anspielung auf seinen kahlen Kopf.

Etzel hat seine erste Frau *Helche* verloren und vorerst keine Lust zu neuerlicher Bindung. Doch ein Markgraf aus seinen Reihen, *Rüdiger von Bechelaren*, die wohl tragischste Figur des ganzen Nibelungenliedes, lechzt nach diplomatischen Lorbeeren. Er kennt die Königsfamilie von Worms und schwärmt seinem Dienstherrn von der Schönheit Kriemhilds vor.

Schließlich bringt er Etzel so weit, dass er ihn nach Worms ziehen lässt und um die Hand Kriemhilds werben. Um 1200 n. Chr. gab es noch das stellvertretende *Um-die-Hand-Anhalten* durch Drittpersonen, wodurch man sich erst zur Goethezeit lächerlich machen konnte ;-)

Doch als Kriemhild Details über den potentiellen Bräutigam erfährt, *traut sie sich* eine Zeit lang nicht mehr so recht. Der Mut verlässt sie. Etzel wäre kein *Christ*, hält sie dagegen, und meint damit wohl auf Gefühlsebene, dass sie keinen *Mongolen* küssen und *herzen* wolle.

Mongolen galten im Mittelalter als besonders hässlich. Ganz im Gegensatz zu heute fand man damals Glatzen, breite Backenknochen und kleine schmale Augen widerlich. Man fürchtete sich vor diesen *Yul Brynners*, denn sie waren den Europäern im Kampf weit überlegen. Ganz Europa verfügte über nichts, was es einem Mongolensturm entgegenhalten konnte, gleiches galt gegenüber den Awaren, Arpaden und anderen Ostvölkern. Die Reiterhorden waren viel besser ausgebildet und kampftechnisch überlegen, angefangen beim Doppelreflexbogen, der eine enorme Durchschlagskraft hatte, weiters die kurzen Steigbügel, die Schüsse nach hinten ermöglichten, bis hin zur Fertignahrung in Form von pulverisierten Kühen oder Milchpulver, die kaum Gewicht hatten und die man nur ins kochende Wasser streuen musste. Einen *Hunnenkönig* fürchtete ganz Europa. Mit diesem ohnmächtigen Grauen vor den Reiterhorden, einer tief verwurzelten Urangst, die die Jahrhunderte überdauerte, spielt sogar noch Hitler in einer Hetzrede gegen Russland.

Erst als Rüdiger Kriemhild seinen absoluten Gehorsam verspricht, egal, wie es kommen würde, und ihr Befehlsgewalt über das Hunnenheer in Aussicht stellt, findet sie langsam Gefallen an der Idee, in die Etzelburg (genau genommen Arpadenburg) im heutigen Esztergom zu übersiedeln. Es ist Etzels Machtposition, die sie reizt.

Er ist zumindest ein Mann, der ihr auch zur Rache an Hagen von Tronje verhelfen könnte. Demütigen müsste sie sich dort nicht mehr lassen, während sie in Worms schutzlos jedem Spott und jedem Gelächter ausgeliefert ist.

Und so beginnt der Brautzug, der sie zunächst einmal bis TULLN führen soll, wo sie auf den Bräutigam treffen wird.

Der Tross überquert zunächst mit Hilfe eines Fährmanns die Donau. Diese *Vergen* genannte Stelle lokalisiert Walter Hansen[6] als PFÖRRING. Kurz danach bietet sich den Reisenden eine Übernachtungsmöglichkeit bei Kriemhilds Onkel *Pilgrim* in PASSAU (*Pazzouwe*).

Dieser (fiktive) Bischof Pilgrim begleitet sie am nächsten Tag mit einer Schutztruppe durch extrem gefährliches Raubrittergebiet. Die Herren der Burgen *Vichtenstein, Rannariedl* und *Haichenbach (Haychenpach)*, allesamt ehemalige Passauer Ministeriale, halten sich an keinen ritterlichen Ehrenkodex mehr und überfallen, was ihnen lohnenswert erscheint, vor allem Reisende entlang der

---

[6] ... vgl. Hansen, Walter: Wo Siegfried starb und Kriemhild liebte. Die Schauplätze des Nibelungenliedes. DTV: München 2004, S. 88 ff

19

römischen Limesstraße sowie Donau-Schiffe des Passauer Bischofs in den Engstellen der *Schlögener Schlingen*, während der Wendemanöver.

An dieser Stelle im Nibelungenlied stellt sich allerdings die Frage nach der chronologischen Kongruenz, denn die Burg *Rannariedl* wurde erst um 1240 n.Chr. errichtet, also mehr als eine Generation nach dem wahrscheinlichen Aufzeichnungszeitpunkt des Textes. Vielleicht gab es ursprünglich als Kontext der Eferdinger Langzeile eine ganz andere Textpassage? Möglicherweise war darin ein freundlicher Eremit erwähnt worden, der im Aschachwinkel *(Aschawinchil)*, bei HILKERING *(Hilgeringen)*, eine einfache Steinlaterne aus Haibacher Granit instand hält, damit Reisende bei Nacht und Nebel nicht die Abzweigung ins wilde obere Aschachtal verfehlen, wo verschiedene Klöster bis WAIZENKIRCHEN *(Vizimanni/ Wazenchirchen)* hinauf Rodungen entlang des Ellenbogens der Aschach *(Elinpoga)* besaßen und hoch über dem rötlich schimmernden Perlgneisabhang SANKT AGATHA(e) zu gründen war!

Die Reisenden, auch die bewaffneten Begleiter des Bischofs, sind sichtlich erleichtert, als sie nach langem Ritt unbeschadet bei EFERDING *(Everdingen)* eintreffen, wo sie im Schutz des Burgherrn der SCHAUNBURG *(Scowenberg)* stehen und vielleicht als seine besonderen Gäste aufgenommen werden. Die Mitte des 12.Jh. errichtete Burg liegt heute als Ruine etwas abseits vom Verkehrsgeschehen, an der Grenze zwischen den Gemeinden HARTKIRCHEN und STROHEIM. Um 1200 n.Chr. jedoch ist sie die prunkvollste Herberge weit und breit.

Ich könnte mir vorstellen, dass der Burgherr die heute noch blühende Linde vor dem äußeren Burgtor pflanzen lässt, zu Ehren und in Gegenwart der fremden Ex-Königin Kriemhild. Es ist ja ein Lindenblatt gewesen, das ihren Mann verwundbar machte, und nun soll sich wohl der junge Baum als ein Symbol für Siegfried erheben und später einmal als Gerichtslinde dienen. Ein Symbol für Kriemhilds ruhmreiche Vergangenheit im Westen Europas, den sie bald für immer verlassen wird.

Obwohl sich der Schaunberger Burgherr *Wernhard III.* mit der Beherbergung der hohen Gäste größte Mühe gibt, gönnt sich der Tross der Reisenden keine Zeit für ein Verweilen, wofür Rüdiger verantwortlich sein dürfte. Er will die Wegstrecke bis zum Tullner Feld so rasch wie möglich hinter sich bringen, denn er muss vor Ort noch eine Menge Dinge organisieren, um den reibungslosen Ablauf des Treffens der Heere bei Tulln zu ermöglichen, vor allem in kulinarischer Hinsicht, aber auch die Ritterspiele betreffend.

Daher brechen sie am nächsten Morgen zeitig auf. Wehmütig reitet Kriemhild durch die beiden heute noch imposanten Spitzbogen-Tore und über die Zugbrücken die steile *Schaunbergleithen* abwärts, vorbei an der jungen Erinnerungslinde für ihren ermordeten Gatten Siegfried.

Hätten die Gäste etwas länger hier verweilt, hätte ihnen der Burgherr ein üppiges Brunchbuffet bereiten lassen. Dafür hätte er keinen Finger rühren müssen, denn der sehr sozial und modern denkende Herr über die Ländereien zwischen Eferding, Wilhering und dem Salletwald war für seine aufwändige Personalhaltung bekannt und bewundert[7] und verfügte über einen großzügigen Wirtschaftstrakt, den man heute noch begehen kann.

Wie wir Kriemhilds Gewohnheiten aus Worms kennen, wird sie am Morgen zumindest die Messe in der Burgkapelle besucht haben, die unter den heute noch sichtbaren Kapitellen mit dem staufischen Adler gefeiert wurde.

Auch die wunderbare Aussicht über das EFERDINGER LANDL wird sich Kriemhild nicht entgehen haben lassen, denn dafür ist die Schaunburg ja heute noch bekannt. *Nomen est omen.* Vom Palas und der Burgkapelle aus wird sie wegen hoher Bäume bzw. wegen des nur durchscheinenden Fensterglases nichts gesehen haben. Aber flink, wie sie war, wird sie die Steintreppen des außen fünfeckigen und innen viereckigen Burgfrieds emporgestiegen sein. *Lasst uns einen Turm errichten, der bis zum Himmel reicht!*, dürfte das Motto des freien Schaunberger-Geschlechts gewesen sein, das durch eine Heirat wie aus dem Nichts aus der Geschichte auftauchte und im Nu zu Großgrundbesitzern, Mautherren und gefragten Diplomaten aufstieg, die die Angliederung der Steiermark an Österreich ermöglichten.

---

[7] ... Ebda, S. 94

JULBACH BEI SIMBACH AM INN, woher die Schaunberger stammen, liegt heute noch inmitten einer Region immens hoch gemauerter Kirchtürme, einem *San Gimignano* des Innviertels, könnte man sagen. Ein Zeichen von bayerischem Stolz, der sich später besonders im Kirchturm von BRAUNAU und dem Turm über dem Braunauer Stadttor manifestiert.

In Schwindel erregender relativer Höhe von 32 Metern werden also Kriemhilds Augen nach den Grenzen Bayerns und damit Europas gesucht haben, schon ein wenig neugierig, wo das Steppen-Reich ihres künftigen Gatten begänne. Doch den Grenzfluss Enns hat sie noch nicht sehen können, weil der Blick verstellt war durch die sanften Ausläufer des Mühlviertler Granitplateaus, welche vom Donautal abgetrennt worden sind. Stattdessen wird sie donauabwärts die Wälder von WILHERING (*Williheringi*) fokussiert haben, vorerst eine der Grenzen des Schaunberger Herrschaftsbereichs.

Aber in Anlehnung an Walter Hansen irre ich eventuell in der Annahme, Kriemhild hätte in der Schaunburg übernachtet. Genauso gut wäre der vermutlich zur Pfarre Regensburg gehörende alte Pfarrhof von PUPPING (*Puppinga*) denkbar, in dem sich der *heilige Wolfgang* mit zwei befreundeten Politikern treffen wollte, bevor er hier in der *Othmarkapelle* starb, über deren Resten sich heute die Klosterkirche erhebt.

Um 1200 n.Chr., als das Nibelungenlied geschrieben wurde, hatte sich die Gerichtslinde der Schaunberger noch inmitten des Straßendorfes Pupping befunden[8]. Und der Verehrungskult für Wolfgang hatte sich bereits im 12.Jh. voll entfaltet gehabt. Es verwundert daher, dass der Nibelungenlieddichter weder den Heiligen noch seinen Sterbeort Pupping nennt. Dabei hätte die Geschichte vom Scheitern der Ungarnmission Wolfgangs wunderbar ins Nibelungenlied gepasst, nicht zuletzt deswegen, weil Wolfgang ein Freund des (echten) Bischofs Pilgrim gewesen war, welcher ihn zum Regensburger Bischof ernannt hatte.

---

[8] ... vgl. Promintzer, Werner Josef: Klosterkirche Pupping. Sterbestätte des hl. Wolfgang 994 – 1994. Linz 1994, S. 9 ff

Meiner Ansicht nach könnte der hl. *Wolfgang* mit dem Salzburger Erzbischof *Hartwic* und dem Markgrafen *Aribo* von Ostarrichi hier verabredet gewesen sein, um sie mit den Missionsplänen bekannt zu machen, die Bischof Christian hegte, der seit 991 in Passau amtierte. Die Missionierung der 955 unter Pilgrim besiegten Ungarn sollte durch Heiratspolitik ermöglicht werden. Dies war sicherlich nicht im Sinne Wolfgangs, der durch Argumente überzeugen wollte.

Dass ausgerechnet er die Botschaft von den Verehelichungsplänen des Passauer Bistums überbringen und die neunjährige *Gisela*, Tochter seines besten Freundes, des Bayernherzogs *Heinrich des Zänkers*, mit dem Ungarnkönig *Stephan* verkuppeln sollte, muss Wolfgang wegen seines eigenen fehlgeschlagenen Missionierungsversuchs der Ungarn wie eine Verhöhnung empfunden haben.

Vielleicht hat ihn, den Siebzigjährigen, die belastende Situation seines Auftrags so sehr erregt, dass er das Treffen vereiteln und noch vor Eintreffen seiner mächtigen Verbündeten sterben wollte, und zwar so, dass ihm jeder zufällig anwesende Zeuge seines Sterbens lieb war, als wollte er sich auf diese Weise entlasten. Vielleicht wollte er damit auch gegenüber dem einfachen Volk ausdrücken: „Seht her, durch meinen Tod will ich verhindern, dass Gisela, der Tochter meines Freundes und Nichte Bischof Pilgrims, die ich von klein auf kenne und liebe, durch mein Zutun die Kindheit und Unschuld geraubt werde!"

Doch der öffentliche Protest nützte nichts: Der Heiratsschachzug wurde eben zwei Jahre später durchgeführt. Diese unrühmliche Geschichte aus dem Bistum Passau könnte der Grund dafür sein, dass der von diesem Bistum abhängige Nibelungenlied-Dichter den Heiligen mit keinem Wort erwähnt. Und es würde erklären, warum sich Wolfgang auf der Reise flussabwärts so unwohl und schwach fühlte: Eine Neunjährige sollte er verkuppeln, und noch dazu die Tochter seines Lebensfreundes! Davon versprach sich der Klerus mehr Erfolg als von seriösen Argumenten! Das war nicht mehr die Welt des rechtschaffenen Wolfgang, der sich in seinen Predigten nie hinter leeren Worthülsen versteckt und stets aufrichtig gehandelt hatte!

23

In der Überlieferung fällt auf, mit welch deutlichem Erklärungs-Aufwand Wolfgangs Sterbeort in (geheimer?) politischer Mission gerechtfertigt werden sollte[9]. Die unglaubwürdigste Version behauptet, er habe noch einmal die Regensburger Besitzungen entlang der Donau sehen wollen. Doch eine solche Rückwendung würde nicht zum Charakter gepasst haben. Er hatte ein Leben lang nur vorwärts geblickt und wegen seiner Intelligenz und Entscheidungsfreudigkeit eine unglaublich rasche politische Karriere gemacht, die ihn immer wieder in schwindelnde Höhen gebracht hatte. Es muss also etwas zu verdeutlichen gegeben haben. Wahrscheinlich fasste der heilige Wolfgang sein Sterben als einen Affront auf, als eine Verweigerung seines Auftrags, als ein letztes Aufbäumen gegen inhuman gewordene Kirchenpolitik, die mit einer Urkundenfälschung durch (den echten) Bischof Pilgrim begonnen hatte und sich in der Verschacherung einer Kindfrau fortsetzte!

Da die Schaunberger große Verehrer des heiligen Wolfgang waren, hätten sie Kriemhild sicherlich auf seine Sterbestätte Othmarkapelle aufmerksam gemacht, doch aus Rücksicht auf Passauer Agenden scheint es im Lied nicht zu geschehen. Der Autor schweigt sich aus, in Abhängigkeit vom Passauer Klerus.

Ein dunkles Kapitel also in der Passauer Kirchengeschichte, das später jedoch noch unglaublich erfolgreich enden würde, denn Gisela würde eine Zeit lang ganz Ungarn vom Christentum überzeugen können.

Es könnte jedoch auch ganz anders gewesen sein. Der simple Grund, warum das bereits damals durch den Wolfgang-Kult berühmte Pupping im Nibelungenlied verdächtig unerwähnt bleibt, könnte auch folgender gewesen sein: Es ist überliefert, dass Pupping im 13. Jahrhundert zur Waldenser-Gemeinde mutierte[10]. Die Unwegsamkeit des

---

[9] ... vgl. Zinnhobler, Rudolf: Leben und Wirken des hl. Wolfgang. In: Der heilige Wolfgang in Geschichte, Kunst und Kult. Hrsg. v. Karl Pömer. Landesverlag: Linz 1975, S.20 ff

[10] ... vgl. Baminger, Johann, Forster, Roland u. Fritz Kaindl: Hartkirchen. Die Schaunberggemeinde. Ried 1997. (Chronik der Gemeinde

Auwalds könnte diese Entwicklung unterstützt haben. Die Waldenser-Sekte geht zurück auf einen Kaufmann aus Lyon namens Petrus Valdes[11]. Im 13. Jh. entstanden in Österreich südlich der Donau vierzig solcher Waldensergemeinden, die um ein Versammlungshaus herum siedelten und freiwillig in völliger Armut lebten. Persönliches Bibelstudium und die Ablehnung von Besitz, von Ablassglaube und von Heiligenverehrung waren der Kern ihrer protestantischen Reform. Zunächst wurden sie von der katholischen Bevölkerungsmehrheit geduldet, ab 1260 n. Chr. jedoch als die übelsten Ketzer verfolgt und schließlich ausgerottet.

Auch ASCHACH AN DER DONAU käme wegen seiner historischen Bedeutung als Übernachtungsort Kriemhilds in Frage. Heute malerisch ruhig gelegen, erinnert es durch seine eigenwilligen Blendfassaden an einen Setzkasten für Schmetterlinge. Die uralten Häuser mit den Grabendächern hinter den Blendfassaden sehen aus wie futuristische japanische Ritterburgen des kriegerischen Geschlechts der Heike oder Teira, die den Panzerschmetterling in der Standarte führten.

Die Aschacher selbst jedoch sind angenehm mild und bescheiden, aber doch auch selbstbewusst. Das Schicksal dieses uralten Marktortes ist es, dass er über kein Hinterland verfügt, mit dem er wirtschaften könnte. Daher scheint hier - Gott sei Dank! - die Zeit still zu stehen.

Die historische Bedeutung Aschachs war um 1200 längst vorüber. Sie ist bereits in der Römerzeit zu suchen. Das römische Militärhandbuch *Notitia Dignitatum* aus dem 4. Jahrhundert nennt hier, in *Joviacum*, die Stationierung einer Reiterkohorte und einer Flotteneinheit der Legio Italica II. Dieser Einheit gehörte auch jener Centurio Cornelius[12] an, von dem in der Apostelgeschichte erzählt wird, dass er samt seiner Familie und dem Hauspersonal vom hl. Petrus persönlich getauft worden war. Daher ist von einer frühen christlichen Gemeinde Aschach auszugehen. Dies bestätigt

---

Hartkirchen), S. 20

[11] ... vgl. „Waldenser" in Wikipedia Oktober 2009

[12] ... vgl. Chronik von Hartkirchen, S. 17 ff

Eugippius um 511 n. Chr. in seiner *Vita Severini*. Er berichtet im Kapitel 24, wie der hl. Severin vergeblich versucht hat, von Quintannis (KÜNZING in Bayern) aus die christliche Gemeinde Aschach vor einem räuberischen Überfall der gotischen Heruler zu warnen, von dem er Wind bekommen hatte. Der Aschacher Priester Maximianus wiegte sich so sehr in falscher Sicherheit, dass er die Warnungen des eilends nach Aschach gesandten Kirchensängers Moderatus missachtete. In der Folge wurde Maximianus von den Herulern erhängt und seine Gemeindemitglieder wurden gebunden in die heutige Slowakei abgeführt. Da die Heruler kurz danach von den Langobarden besiegt und vertrieben wurden, sind die Nachkommen dieser frühen Aschacher heute entweder im Raum Belgrad oder in Oberitalien zu suchen.[13]

Aber bereits 777 ist ein letztes Mal für lange Zeit die Rede von Aschach: Herzog Tassilo III. stattete das neu gegründete Stift Kremsmünster u.a. mit zwei Aschacher Weingärten samt Winzern aus. Der Name in der Urkunde ist bereits dem heutigen Namen ähnlich: *ascaha ripa*, *Ufer der Aschach*, die damals unterhalb des Ortes in die Donau einmündete. Der gleich lautende Flussname *Aschach* leitet sich ab von mhdt. *asch ahe*, nhdt. *Eschen-Ache*, also *Eschenbach*.

Eine heißere Spur für einen potentiellen Übernachtungsort Kriemhilds führt zum Pfarrhof HARTKIRCHEN (*Hartchirihha*), der dem Passauer Kloster Niedernburg unterstand und einen Nonnentrakt beherbergte[14]. Dies würde sogar Sinn machen, weil ja Kriemhild mit der hl. Gisela gleichzusetzen ist, die dort Äbtissin war. Oder will sich der Dichter etwa auch diesbezüglich nicht in die Nesseln setzen und vermeidet es, Hartkirchen als ein Lehen jenes Klosters zu nennen, das sein, des Dichters Bischof Wolfger im Jahr 1191 aufgelöst hatte, weil es in Ungnade gefallen war?

Schluss mit den Spekulationen: Als Übernachtungsort Kriemhilds nennt das Nibelungenlied unzweifelhaft den Ort *Everdingen* und nicht eine der gerade erörterten Gemeinden

---

[13] ... vgl. „Heruler" in Wikipedia Oktober 2009
[14] ... vgl. Chronik von Hartkirchen, S.18 ff

im Eferdinger Becken. Der Markt Eferding selbst gehörte um 1200 n.Chr. noch dem Passauer Domkapitel und wenn der Dichter schrieb, Kriemhild würde *ze Everdingen* nächtigen, dann wird er sich auch vorgestellt haben, dass sie dort schläft und nicht in der prunkvollen Schaunburg, wie Hansen es behauptet[15]. Wenig später, im Jahr 1222, wird *Everdingen* das Stadtrecht erhalten, als dritte aller österreichischen Gemeinden.

Nachdem die hohen Gäste Eferding hinter sich gelassen haben, reisen sie auf der römischen Ochsenstraße über ALKOVEN (*Allinchhofa*) und SCHÖNERING (*Sconheringe*) mitten durch die Jahrtausende alte Siedlungsmulde, in der auch THENING und das den Schaunbergern gehörende PASCHING (*Baschingen*) liegt. Zu dieser Zeit sind die bajuwarischen Gründungen Bauerndörfer, wo zwischen lehmverputzten Fachwerk- und Ziegelgehöften mit winzigen Fenstern unter Stroh- bzw. Schilfdächern und Obstbäumen Schafe, Schweine, Gänse und Hühner weiden. Schweine werden oft zum Verkauf nach Eferding getrieben, wo sich ein berühmter Schweinemarkt entwickelt.

Über den uralten Siedlungshang LEONDING (*Liumendingen*), wo schon Steinzeitjäger temporäre Rastplätze aufgesucht hatten, und über EBELSBERG (*Ebersberc*) am Traunfluss führt sie die Ochsenstraße schließlich nach ENNS (*Ense*), wo Kriemhilds Brautzug gegen Abend eintrifft und wohin die jugendliche Gotelind auf Geheiß ihres Vaters Rüdiger aus *Bechelaren* angereist ist, um Kriemhild seelisch zu stärken. Übernachtet wird in prunkvollen Zelten, die wahrscheinlich Rüdigers Recken hierher mitgebracht haben.

Die Übernachtung aller Beteiligten in Zelten ist aus heutiger Sicht eine verwirrende Einzelheit, denn der (echte) Bischof Pilgrim war in Besitz der Ennsburg und verfügte auch über Ländereien in LORCH. Entweder war dieses Detail dem Nibelungenlieddichter nicht bekannt oder Kriemhild, Pilgrim und Rüdiger übernachten aus Solidarität bei ihrem Gefolge, was nicht sehr glaubwürdig erscheint. Ein seltsames Rätsel, mit dem sich die Wissenschaft noch nicht beschäftigt hat. Eine

---

[15] ... vgl. Hansen, S.94

dritte und meiner Meinung nach sehr wahrscheinliche Möglichkeit wäre, dass es um 1200 n. Chr. gerade chick war, in Zelten zu übernachten. Ein Seitenblick auf die galante Schilderung von König Artus' sommerlichem Zeltlager in Wolframs höfischem Epos *Parzival* könnte dies bestätigen.

Das Siedlungseck am Zusammenfluss von Enns und Donau ist lange Zeit die östlichste Bastion Bayerns und damit Europas. Zu Herzog Tassilos Zeiten reichte hier ein bayerischer Keil ins Land der Steppenvölker hinein. So will es auch der Nibelungenlieddichter. Ab Traismauer lässt er Etzels Machtbereich voll wirksam werden. Dazwischen sieht er Rüdigers Land als eine Art Übergangszone.

Hierbei ein paar notwendige Worte zur Regie. Der Autor des Nibelungenlieds steckt mehrmals in einer geografischen Klemme. Zu seiner Zeit, um 1200 n. Chr., hat Österreich schon hunderte Kilometer weiter nach Osten gereicht als 600 Jahre vorher, zur Völkerwanderungszeit, als die Enns die Grenze der bajuwarischen Besiedlung gewesen war. Die Methode des Autors ist es aber, Figuren aus verschiedenen Jahrhunderten auf seine Zeitebene zu stellen. Daher kann er die Kulisse so beschreiben, wie sie zu seiner Zeit tatsächlich aussieht: Burgen und Klöster stimmen mit der Realität um 1200 n. Chr. überein. Aber bei den Grenzen hapert es. Und so muss der Nibelungenlieddichter erfinden, dass das Arpadenreich seiner Zeit als *Hunnenreich* bis zur Traisen reicht und das urösterreichische Herzogtum *Ostarrichi* dem Barbarenherrscher in Esztergom dienstpflichtig wäre.

Dahinter könnte sich eine Häme gegen den Babenberger *Leopold den VI.* verbergen, der im Gegensatz zu seinem Vorgänger ein Widerling in Sachen Kunstförderung war. Bekanntlich hat der Minnesänger *Walther von der Vogelweide* seinetwegen den bis dahin so geliebten *Wiener Hof* verlassen und ist in den Dienst des Passauer Bischofs *Wolfger* getreten, eines Förderers der Literatur, in dessen Gefolge auch der Nibelungenlieddichter vermutet wird.

Auch Herzog *Leopold V.* hatte durch die Geiselnahme des heimkehrenden Kreuzritters *Richard Löwenherz* auf Burg DÜRRNSTEIN und die immense Lösegeldforderung für denselben ausreichend Geld zur Kunstförderung besessen.

28

Der Autor des Nibelungenlieds, der zur Zeit Leopolds des VI. schrieb, erwähnt mit keinem Wort seine Burg in Wien und lässt wieder in Zelten außerhalb der Stadt Hochzeit feiern, als würde der Brautzug den *wünneclichen hof ze Wien* (Walther) meiden.

In ENNS (*Ense*) werden zwar die ersten Ritterspiele abgehalten, aber Kriemhild betet wahrscheinlich mit Gotelind zum hl. Florian, einem römischen Beamten im benachbarten LORCH, der auf dem Bekenntnis zum Christentum beharrte und deshalb mit einem Mühlstein um den Hals von der römischen Brücke gestoßen wurde. Vielleicht führt der Ennsfluss gerade Hochwasser, als sie ihn passieren müssen, und die Reisenden freuen sich darüber, dass die Brücke aus der Römerzeit noch existiert.

Am nächsten Abend erreichen sie nach einem Tagesritt von 70 Kilometern die *Herilungo*-Burg zu PÖCHLARN (*Bechelaren*), von der keine Reste mehr erhalten seien, liest man für gewöhnlich. Ich bilde mir ein, dass man früher, sobald das Donaudampfschiff anlegte, auf dem man reiste, unter der Schiffslände gotische Spitzbögen erkennen konnte. Sie könnten zur Burg gehört haben.

In Pöchlarns Burg lebt (der fiktive) Rüdiger mit Frau und Tochter und von hier aus plant er seine diplomatischen Schachzüge, die ihm sogar im fernen Worms Freunde gebracht haben. Seine Spezialität ist das Angebot von vermeintlichen Win-win-Situationen. Beide Parteien sollen von seinen Winkelzügen profitieren können, am Ende dann er selbst. Noch befinden wir uns viele Jahre vor dem viel versprechenden Besuch der Burgundenkönige und der Verlobung *Giselhers* mit Rüdigers Tochter *Gotelind*, also lange vor den schrecklichen Auswirkungen der verhängnisvollen Verpflichtungen, die Rüdiger im Verlauf der Jahre angesammelt hat. Rüdigers Politikernatur ist spätestens seit einigen Tagen erkennbar, denn er drängt schon wieder zum Aufbruch und gönnt Kriemhild und dem Bischof keinen Tag Entspannung.

Am Vormittag legt die Hochzeitsgesellschaft allerdings am Fuß des Burgbergs von MELK (*Medelicke*) eine Pause ein. Melk war vor der Zeit des Nibelungenlieddichters Herrschaftssitz der zwischen Ybbs und Traisen gelegenen

Markgrafschaft *Ostarrichi*. Inzwischen hat sich das Machtzentrum jedoch nach Wien verlagert. Von einem Burgherren namens *Astolt* werden die Reisenden großzügig beschenkt, sogar mit Gold. Auf die Zeitebene des Nibelungenlieddichters übersetzt, bedeutet dieses Detail wohl nichts anderes, als dass auch er an diesem Hof großzügig entlohnt worden ist. Und tatsächlich wurde im Kloster Melk vor wenigen Jahren der klägliche, aber wertvolle Rest einer Nibelungenlied-Handschrift entdeckt. Der vortragende Nibelungenlieddichter könnte sich hier auch zur Niederschrift des Gesamttextes aufgehalten haben. Aus KREMSMÜNSTER beispielsweise ist der Usus bekannt, dass ein Mönch mehrere Strophen eines Minneliedes, das ihn beim Zuhören beeindruckt zu haben scheint, zunächst auf eine der letzten Seiten einer wenig verwendeten theologischen Handschrift gekritzelt hat. Eine Vorgangsweise, die intuitiv passiert und die auch beim Führen von Schülerheften beobachtet werden kann.

In MAUTERN (*Mûtâren*), zu jener Zeit Wirkungsstätte des hl. Severin, als dieser noch römischer Beamter war, verabschiedet sich der fiktive Bischof Pilgrim und kehrt um. Er reitet in Richtung Passau zurück. Wahrscheinlich übernachtet Pilgrim an diesem Tag in der Benediktinerabtei Melk. Kriemhild und Pilgrim könnten sich in Mautern in ehemals römischen Mauern verabschiedet haben, davon steht heute noch ein Hufeisenturm.

Mautern hatte schon vor den Römern kultische Bedeutung gehabt. Man hat hier mehrere keltische Schweine-Masken gefunden. Vielleicht kämpfte der christliche Fanatiker Severin sogar gegen einen alten Eberkult an. Ein Eber galt den Kelten bekanntlich als Symbol der Kraft, der Macht, des Krieges, aber auch der Fruchtbarkeit. Später hat Severin in seinen Predigten im salzburgischen KUCHL mit Vehemenz gegen keltische Riten gewettert, denen die Christen dort nebenbei noch huldigten. Das könnten z.B. Lichtopfer in Schalensteinen gewesen sein und/oder irgendein Insektenzauber. Den Zorn auf keltische Kulte könnte er schon aus Mautern mitgebracht haben. Historisch gesichert ist jedenfalls, dass Severin zur Zeit des Zusammenbruchs des römischen Reiches von hier aus den Rückzug der römischen

Zivilbevölkerung in die Salzburger Voralpen eingeleitet hat, in die *Alpenfestung*, wie dieser Rückzug in Armeekreisen heißt.

Das Tagesziel Kriemhilds liegt jetzt sehr nahe: Es ist TRAISMAUER (*Treisenmûre*). Hier wurde von den Römern noch im letzten Moment ein Restkastell errichtet, also eine Fluchtburg innerhalb einer bereits vorhandenen Befestigungsanlage, um gegen den hereinbrechenden Germanensturm verzweifelten Widerstand leisten zu können.

Das historische Vorbild für die Figur Rüdiger war laut Hansen[16] ein Fürst im 10.Jh, dessen Skelett man hier in Traismauer in einer vergessenen Grabkammer unter dem Kirchenboden mit einer Pfeilspitze im Rücken auffand. Entsprechend seiner gekrümmten Körperhaltung mit Pfötchenstellung der Hände und dem weit aufgerissenen Mund muss er einen qualvollen Tod gestorben sein, den Tod durch Wundstarrkrampf. Als Zeichen seiner aristokratischen Geburt weist er einen künstlich verlängerten Schädel auf, genau so, wie die adeligen Ostgoten ihn hatten. Dazu gehört auch Dietrich von Bern, der sich öfters an Etzels Hof aufhält.

Im Restkastell von Traismauer übernachtet Kriemhild vier Nächte lang. Sie kann sich dabei nicht sehr wohl fühlen, denn die Mauern atmen noch Helches Geist. Die erste Frau König Etzels dürfte hier gewohnt haben.

Etzels Gefolge ist noch vier Tagesreisen weit entfernt und Rüdiger hat somit noch Zeit, das Fest zu organisieren. Kriemhilds Gefolge wohnt wahrscheinlich wieder in Zelten, zwischen dem Restkastell und dem so genannten *Römertor*.

Und dann folgt der große Aufmarsch bei TULLN (*Tulne*): Die Staubwolke der Hunnengefolgschaft gleicht dem Rauch einer Feuersbrunst, berichtet das Epos. Im wunderschön bemalten und akustisch einmaligen Karner der Tullner Kirche zirpen heute noch zwei Grillen in Erinnerung an dieses großartige Ereignis. In Etzels Gefolge befinden sich nicht nur Ostvölker, sondern auch Thüringer, Dänen, Griechen und Polen. Alle sind sie Vasallen des Hunnenkönigs, der damit dem Rang eines Kaisers schon sehr nahe kommt.

---

[16] ... vgl. Hansen, S.134

Doch Rüdiger hat die Etikette so gestaltet, dass zuerst Wettkämpfe zwischen beiden Gefolgschaften und Spiele veranstaltet werden, bevor Kriemhild und Etzel einander begegnen dürfen. Als es nach Stunden so weit ist, soll Kriemhild ihren zukünftigen Mann küssen und weiters noch zwölf der vierundzwanzig Fürsten seines Gefolges, darunter auch Etzels Bruder *Blödelin*, Herzog der Region Budapest und ein aufbrausender Charakter, wie sich später herausstellen wird, ganz das Gegenteil zu Etzel selbst, der stets sehr besonnen agiert. Auch *Dietrich von Bern* soll geküsst werden und der unsympathische König *Gibich*, eigentlich ein römischer Statthalter und heimtückischer Einflüsterer.

In der heute noch gut erhaltenen und sehenswerten Altstadt von Tulln zeigt eine Gruppenplastik aus Bronze diese Szene auf beeindruckende Weise im Zusammenspiel mit einem Wasserschwall.

Dass Kriemhild das öffentliche Küssen nicht leicht fällt und dass es auch von den Umstehenden als komisch und erheiternd empfunden wird, das kann man sich denken, sonst würde sich der Nibelungenlieddichter nicht an der Beschreibung desselben ergötzt haben. Interessant ist, wie er über Kriemhilds Schönheit spricht: Aus heutiger Sicht müssten die Worte reichen: *Sie schiebt ihren Schleier beiseite, die goldenen Ohrringe und der Goldreifen am Kopf schmücken und erhellen ihren blassen Teint.* Doch den Schönheitsvorstellungen seiner Zeit gemäß ergänzt der Nibelungenlieddichter sofort, dass viele Gefolgsleute sagen würden, Etzels erste Gattin, Frau Helche, ebenso Germanin, wäre nicht schöner als Kriemhild gewesen. Auch an anderen Stellen des Textes hinterlässt der Nibelungenlieddichter den Eindruck, dass es zu seiner Zeit, um 1200 n.Chr., wichtig war, was Führungspersönlichkeiten über das Aussehen einer Frau sagten, nach ihren Kommentaren richtete sich die Beurteilung durch die Allgemeinheit.

Das würde bedeuten, dass ein Mann nicht einfach sagen konnte, dass ihm eine Dame gefalle, wenn sie vorher durch keine entsprechende Instanz bewertet worden war. Das erinnert an japanische Verhaltensweisen, die von der Gesellschaft in einem strengen Codex vorgegeben werden.

Wer davon abweicht und Individualität zeigt, wird heute noch als Versager abgestempelt und ausgegrenzt.

Hansens Meinung[17], die zwölf Apostelreliefs am Kirchenportal der romanischen Kirche von Tulln würden die geküssten Grafen darstellen, scheint mir weit hergeholt. Aber der deutliche Bezug zum letzten Abendmahl Christi ist unübersehbar. Vielleicht wollte der Nibelungenlieddichter mit dieser Anspielung andeuten, dass sich Kriemhild wie der küssende Christus gefühlt haben muss, nämlich am Beginn eines unabwendbaren Leidenswegs. Die zwölf Küsse sind meiner Meinung nach zu deuten als ein Abschied vom alten Leben und eine bewusste Annahme des künftigen Leidensweges.

Diese Sichtweise würde auch eine spätere Information rechtfertigen: Bis ins kleinste Detail beschreibt der Dichter die Hochzeit vor WIEN. In der Hochzeitsnacht im Zelt wird neuerlich ein innerer Kampf aus der Bibel zitiert: Indem Kriemhild in den Armen ihres zweiten, noch ungeliebten Mannes weint - also ihrem alten Leben, dem ersten Mann, nachweint - assoziiert der gläubige Christ die durchwachte Nacht Christi am Ölberg.

Mit dieser zweiten Hochzeitsnacht Kriemhilds werden sich Jahrhunderte lang viele Leserinnen identifiziert haben können, denn welche Frau durfte früher einen Mann heiraten, der ihr gefiel? Wohl nicht einmal privilegierte Damen oder gerade sie nicht. Diese Stelle im Epos könnte mit ein Grund gewesen sein, warum sich das Nibelungenlied im Hoch- und Spätmittelalter äußerster Beliebtheit erfreute und nicht nur in den Klosterstuben zum *Bestseller* wurde.

Der Nibelungenlieddichter hat während der ganzen Reise ein sehr sympathisches Bild von Kriemhild gezeichnet. Sie tritt nie in den Vordergrund, lässt Etikette mit sich geschehen, küsst sogar Widerwärtiges, wie die Bärte wildfremder Fürsten/Apostel, und sie leidet in der Hochzeitsnacht wohl nicht nur am ungewohnten Aussehen ihres Mannes und der schlechten Unterkunft, sondern auch in Erinnerung an ihren über alles geliebten und ermordeten ersten Mann.

---

[17] ... vgl. Hansen, S. 113

Geschichtlich gesehen steht diese Kriemhild stellvertretend für mindestens zwei Damen, welche zu Opfern der Heiratspolitik in Richtung Osterweiterung wurden:

Die erste hieß – wie gesagt - *Gisela* und war die Tochter des bayerischen Herzogs Heinrich II. des Zänkers und Schwester des späteren Kaisers Heinrich II. Sie hatte um 996 n.Chr. im zarten Alter von elf Jahren den Ungarnkönig Stephan zu heiraten, wodurch die Ungarn christianisiert wurden.

Und die zweite Dame ist die byzantinische Prinzessin *Theodora*, die sich 1203 n. Chr. vom Passauer Bischof Wolfger mit dem Babenberger Herzog Leopold VI., dem Glorreichen, vermählen lassen musste. An dieser außergewöhnlichen Hochzeit dürfte der Dichter des Nibelungenliedes im Gefolge des Passauer Bischofs Wolfger teilgenommen haben. Er beschreibt somit über weite Strecken die donauländische Kulturlandschaft des Jahres 1203.

Der Nibelungenlieddichter flicht Einzelheiten aus beiden Hochzeiten in Kriemhilds Vermählung ein. Das witzigste Detail der Stoffverflechtung ist der Besuch der literarischen Figur *Kriemhild* am Grab ihres realen Vorbilds Gisela im Kloster Niedernburg bei Passau[18]. Wahrscheinlich wertet es der Autor deshalb ab - mit den Worten *noch ein klôster* -, weil sein Bischof Wolfger 1191 die Äbtissin abgesetzt hatte und das Kloster inzwischen verlotterte.

Die Grenzfeste HAINBURG (*Heimburc*) erreicht der Hochzeitszug noch auf den Pferderücken. Man fragt sich, warum die Hochzeiter nach 17 Tagen des Feierns vor den Toren Wiens nicht auf der Donau weiterreisen. Der Fluss wäre hier breit genug und die gefährlichen Felsen im Flussbett längst vorüber. Doch gerade im Wiener Becken verlor damals der Fluss seinen Charakter. Der düsenartige Austritt des Flusses aus der Wiener Pforte in die Ebene hinaus verursachte ein Ausufern der Wasserarme zwischen Schotterbänken mit nichts als Untiefen. Daher müssen sie noch etwas zuwarten, bis sie Floße zu Wasser lassen und diese miteinander verklampfen können, sodass es aussieht, als würde ein einziges großes Stück Land flussabwärts driften.

---

[18] ... vgl. Hansen, S.88

Dies geschieht von der damals bedeutenden ungarischen Stadt MISENBURG (*Misenburc*) aus, indem sie sich den 140 km langen Ritt bis nach ESZTERGOM (*Etzelnburc*) ersparen. Es wäre auch möglich, dass der späte Umstieg der Reisenden auf Donau-Floße ein Regiefehler des Dichters ist. Er beschreibt ja zunächst ein Hunnenreich, das bis zur Enns reicht. Sobald die Hochzeiter jedoch Hainburg erreichen, wird plötzlich die rezente Grenze des Arpadenreichs spürbar. Das Fallgitter des *Ungartors* zeugt heute noch davon. Erst in der ersten Stadt jenseits der Arpadengrenze würde Etzel dann über ausreichend Macht verfügen, Baumstämme fällen und Floße zimmern zu lassen. Im Lied heißt es, die Frauen hätten es auf der Weiterreise ruhig und bequem. Immer dieser fürsorgliche Blick des Dichters auf die Frauen!

Man erfährt später zwar nie, ob Kriemhild, die sich nun doch *getraut* hat, in zweiter Ehe jemals glücklich wird, aber man kann davon ausgehen, dass es nicht so ist, denn der Nibelungenlieddichter hätte das gewiss hervorgehoben, so wie er es bei Brunhild tut: Erst als König Gunther nach langen Ehejahren erstmals das Königreich verlässt, um seine Schwester zu besuchen, wird seine Gattin Brunhild, die nun monatelang allein bleiben muss, als glücklich bezeichnet. „Endlich unternimmt er mal was, dieser Lahmarsch!" könnte man sich an Brunhildes Stelle denken.

Nicht zuletzt dieses Detail spricht Bände über die Frauenkenntnis des Dichters. Ebenso zeugt vom diskreten Feingefühl eines Frauenkenners, dass Brunhild ihren Sohn Siegfried genannt hat. Man fragt sich, wer von den beiden Männern eigentlich der echte oder aber zumindest der ersehnte Vater sein muss. Solche und mehr raffinierte Details, wie das „Blut-" bzw. „Tränen-Schwitzen" Kriemhilds vor einer zweiten Ehe beweisen, dass sich der Nibelungenlieddichter sehr gut in Frauen hineinversetzen konnte. 2009 ist sein Meisterwerk von der UNESCO gewürdigt und als herausragendes Beispiel der europäischen Heldenepik zum *Memory of the world* erhoben worden. Damit ist den politisch argumentierenden Gegnern des Lieds eine Niederlage bereitet worden.

Meiner Ansicht nach ist der Autor entweder ein spät berufener Mönch oder gar kein Mönch gewesen. Dass er anonym blieb, könnte ein Zeichen sein, dass er letzten Endes und hintergründig die Heiratspolitik des Passauer Bistums kritisieren wollte, denn er zeigt deutlich, wie diese Politik scheitert, obwohl sich König Etzel als ein liebenswerter Ehemann und auch sonst als äußerst tolerant und großzügig erweist. Also doch ein polemisches Epos auf Seiten des heiligen Wolfgang und seiner puristischen Bodensee-Ideologie?

II.

In den *Kinderstädten* von München, Salzburg und Wien gibt es neben den üblichen Berufen auch den des Standesbeamten. Wenn Kinder heiraten und von Kindern getraut werden, dann lassen sie sich jedoch nicht mit einem Vertreter des anderen Geschlechts vermählen. Oft werden vielmehr Fünfer- oder Sechsergruppen miteinander getraut. Lässt sich ein Kind mit nur einem Partner ein, dann meist nur mit Mister Unbekannt, welcher lediglich auf dem Papier existiert, oder aber mit Gegenständen. So liest man in Trauungsurkunden von Kinderstädten, dass viele den Bund fürs Leben mit Gummiringen, Stiften, Rucksäcken, Schirmmützen und Sneakers einzugehen bereit sind.

Auch bei den Künstlern gewinnt man den Eindruck, dass sie mit einem Partner allein nicht glücklich werden können, sondern dass sie sich in gleichem oder in höherem Ausmaß ihrer kreativen Seite zuwenden müssen.

Für Kärnten wäre als ein solches Beispiel GLOBASNITZ/GLOBASNICA zu nennen, wo der windische Tischler *Johann Elbe* seit 1976 an einer Burg mit zwölf Türmen baut, in deren Umfriedung er auch sein hölzernes Vaterhaus integriert hat, in dem einst mehrere Geschwister groß gezogen wurden. Die Landwirtschaft ist heute verpachtet und liefert zusammen mit der Witwenpension seiner Frau *Ljudmila* die finanzielle Grundlage seiner schöpferischen Existenz. Alle Details der Burg, sowohl funktionale Teile als auch künstlerische Elemente, entstanden in den Händen des drahtigen Handwerkers, den man nie nach Hause radeln sieht ohne einen Sack Weißzement auf der Schulter, aus dem die nächste Skulptur für den Schlosspark entstehen wird. Auch alle Gemälde im Inneren seiner Burg hat er selbst gemalt und dabei alte Meister bemüht. Kurz vor der Fertigstellung ist nun sein *Schloss Elberstein* ins Verzeichnis der touristischen Sehenswürdigkeiten der Region aufgenommen worden. Johann Elbe wirkt heute müde. Der viele Kalk im Baumaterial scheint die visionäre Leuchtkraft seiner rastlosen blauen Augen gelöscht zu haben. Nun beginnen die Augen seiner Frau Ljudmila zu leuchten, die auf eine gemeinsame Zeit der Entspannung zu hoffen scheint.

Ein eindrucksvolles Beispiel für eine beidseitige Künstlerehe lernte ich in Südfrankreich kennen: Der Erbauer des Schlosses von LA NAPOULE, *Henry Clews Junior*[19], starb nach einem erfüllten Leben am 28. Juli 1937, gerade noch rechtzeitig, um nicht vom gräulichen zweiten Krieg betroffen zu sein. Nicht auf dem Dorf-Friedhof von Mandelieu wurde er begraben, sondern in einem alten Turm des Schlosses, nur einen Fußmarsch weit von der Filmmetropole CANNES entfernt, situiert am angeblich feinsten Sandstrand der Buchten weit und breit. Auf seinem Grabstein liest man aus verblassenden Lettern:

If God grant me three score and ten
I shall be ready to depart.
I shall have finished with my art
And with the ways and wiles of men.
I hope, however, to return
But not as Ouija spook before
Pures, spiritists, or Marxist or
Scientific feminist - I yearn
To come at eventide as sprite
And dance upon the window sill
Of little folk, wide-eyed and still
When summer moon is shining bright.

---

[19] ... Als Quellen dienten eigene Beobachtungen, die Homepage „Château de la Napoule" vom 30.8.09 sowie Filme und Informationstafeln vor Ort

And I shall dance with might and main
To let dear little children see
How quaint and funny I can be.
From science I shall set them free
And give them mirth and mystery
And myth and fairy lore again.
                                                    Henry Clews, Jr.

Henry Clews kam aus der New Yorker Wallstreet-Banker-Aristokratie, war zunächst - wie sein berühmter Vater - Makler gewesen und hatte in zweiter Ehe *Mary Elsie Whelen Goelet* geheiratet, eine ebenso wohlhabende und geschiedene Amerikanerin, die seine künstlerische Leidenschaft verstehen konnte und ihn darin bestärkte. Über seine Braut, *die sich traute*, ließ Henry folgende Zeilen in Stein meißeln:

... and this is why our walls are high around me and Mary, so high I only see the sky and the blue eyes of Mary – the sky blue eyes of Mary – the angel of my aerie.

Frau Clews stammte von einer Kunstmäzenatenfamilie aus Philadelphia ab und fühlte sich in der Haute societé von NEWPORT, Rhode Island, genauso zu Hause wie bei den Aristokraten in Paris und an der Azurküste. Ihrem innigsten Wunsch, Opernsängerin zu werden, konnte sie erst während ihrer Ehe nachgehen, indem sie Hauskonzerte veranstaltete, in denen sie selbst die Arien sang.

Von Anfang an hatten die Clews das berufliche Sicherheitsnetz abgelegt. Mary Elsie war Henry in eine Welt ohne Existenzsicherung gefolgt. Ihre Ehe sollte ausschließlich der freien Kunst gewidmet sein, die wiederum ausschließlich dazu dienen sollte, sich ein Paradies auf Erden zu verwirklichen.

Sie hatten damit 1914 in der Weltstadt der Kunst begonnen, in PARIS. Doch um dem Nachkriegselend der Großstadt zu entkommen, hatten sie 1918 im milden Klima der Côte d` Azur, nahe einem der ältesten Golfplätze Frankreichs, in MANDELIEU LA NAPOULE eine Ruine erworben, die Jahre vor ihrer Ankunft noch als Glasfabrik gedient hatte. Das

Ehepaar Clews renovierte diese Anlage aus der Römerzeit bzw. aus dem 14. Jahrhundert achtzehn Jahre lang. Dabei wurden zwar der römische und der Sarazenenturm erneuert, aber die übrigen Gebäude wurden nach eigenen Vorstellungen neu errichtet.

Marie, so nannte sich Mary Elsie seit ihren Pariser Jahren in Respekt vor der Jungfrau Maria, war ausgebildete Architektin und plante und gestaltete einen Schlosspark, kammerartig und mit zentralem Springbrunnen, in französisch-maurischem Stil, gesäumt vom ungezügelten Hintergrundgrün eines englischen Gartenteils.

Henry ergänzte die Mauern, Arkaden, Nischen und Plätze durch einen Figurenbesatz aus unzähligen Dämonen, die seiner Phantasie entsprangen. Diese Phantasiewesen klassifizierte er nach geheimnisvollen Kriterien als *Gods, Ogs, Jinns* und *Wogs*. Während Jinns eher menschliche Züge tragen, erscheinen Ogs stärker tierbezogen. So etwa zeigt ein Octopus-Og menschliche Gesichtszüge und ein mildes Lächeln. Gnome wurden sie fast alle, seine Schöpfungen. Mit diesen durchkomponierten, ästhetischen Mischwesen, die immer viel zu große Köpfe, aber eine Fülle von interessanten, weil abwechslungsreichen Ornamenten tragen, möchte man sich am liebsten anfreunden, denn sie könnten maskierte Kinder sein: weitere Kinder, die die Clews trotz glücklichster Ehe nicht mehr bekommen konnten.

Trotz ihrer Fremdheit wirken die Gnome sympathisch, was nicht zuletzt auf die Harmonie ihrer Formen zurückzuführen ist. Gewölbe stattete Henry mit schuppigen See-Ungeheuern aus, auf Säulen und Sockeln platzierte er gorgonenhafte Schnabeltiere. Aber man fürchtet sie nie und hegt den Verdacht, die ganze Menagerie, ein Feuerwerk an Kreativität des Bildhauers, könnte an Kinderseelen adressiert sein. Diese These wird dadurch unterstützt, dass das Gesamtwerk des international geachteten wie geächteten Bildhauers und Malers (abgesehen von seinem 1923 unter dem Titel *Mumbo Jumbo* erschienenen einzigen und melancholisch gestimmten Roman über die New Yorker Szene) auf Humor abzielt.

Formal ist sein bildnerisches Schaffen von Weltrang: perfekte Proportionen und meisterhafter Variationsreichtum, verbunden mit Witz und Satire, das ist ein selten doppelter Boden an Interpretationspotential. Damit steht er seinem Pariser Lehrmeister *Auguste Rodin* in nichts nach. Henry Clews schloss sich täglich in sein Atelier ein: Vormittags schrieb er, nachmittags modellierte er und gab seinen Steinmetzen Regieanweisungen.

Umgeben von Rehen, Flamingos, Schwänen, Papageien und einem Marabu in ihrem Park erwarteten die Clews Gäste vor dem ausladenden Türschild mit der Aufschrift *Once upon the time.*

Einer ihrer Nachbarn, Harry Graf Kessler, ebenso Kunstkenner und Mäzen, beschrieb in einem seiner Tagebücher von 1918 bis 1937 einen Besuch bei den Clews: *Ich wurde das Gefühl nicht los, dass ich in einem Kino-Mittelalter erwartet wurde, wo das Paar die Gäste willkommen hieß. Die Begrüßung war verblüffend. Henry Clews trug weiße Hosen und eine Art rotviolette Seidentunika, die ihm bis zu den Knien reichte. Seine wahrhaft hübsche Frau hatte sich als Königin der Nacht zurechtgemacht, ganz in Schwarz, mit goldenen Sternen. Hinter ihnen warteten drei weiß gekleidete Diener, die Hände am Hosensaum, und dahinter zwei glänzend weiße Bulldoggen, die aussahen wie große chinesische Statuen. (aus dem Englischen der Homepage).*

Kessler war zufrieden mit dem Essen, dem Champagner und den inspirierenden Gesprächen mit Henry Clews über *Nietzsche*, aber er hatte eben den ganzen Abend über das ungute Bauchgefühl, dass sie *alle gefilmt würden, in diesem gotisch-mystischen Speisesaal.*

Das Groteske, Bizarre der Figurenwelt dürfte also auch ein wenig auf das Paar abgefärbt haben und dem Gastmahl einen etwas schrulligen Gesamtcharakter verliehen haben. Man fragt sich heute, ob man jemanden ernst nehmen kann, der sich selbst als *Don Quijote* bezeichnet und seinen Sohn *Mancha* nennt.

Trotzdem scheinen Mary und Henry das glücklichste Paar der Welt gewesen zu sein: ein hübsches Paar inmitten eines selbst geschaffenen Paradieses, an dem sie ein Eheleben lang arbeiteten, ein irdisches Paradies, das sich nach Henrys Tod als Stiftung *Château de la Napoule* mühelos in die Reihe der Künstler-Parks entlang der Azurküste einreiht.

Diese Fondationen werden nicht nur von Kunstfreunden aufgesucht, sondern es irren dort auch Bräute herum, die für gewöhnlich an den Strandpromenaden von Nizza und Cannes aufzufallen pflegen und die sich wohl am liebsten mit dem Geld selbst vermählen würden. So kann es vorkommen, dass sich eine solche Braut zwar traut, aber nur für begrenzte Zeit. Danach wird sie derart spröde und unerträglich, dass Mann sie gern ziehen lässt, selbst wenn sie ihn damit finanziell in den Abgrund stößt. Die einzig feste Beziehung, die eine solche *Braut auf Zeit* hat, könnte ihr Kfz-Mechaniker sein.

III.

Als eine *Braut, die sich nicht traut* könnte man derzeit auch die Mehrheit der Konsumenten bezeichnen, und zwar dann, wenn es um den Kauf eines Wagens mit Solar-, Strom- oder Gasantrieb geht. Dabei sind es gerade diese Fahrzeugtypen, die uns ein neues Zeitalter an Lebensqualität zu eröffnen versprechen.

In den letzten zweihundert Jahren sind unsere Nasen mehr und mehr *zugewachsen*, denn es wurde uns durch die allgegenwärtige Verbrennung zunächst der Kohle, später des Erdöls und seiner Nebenprodukte, zusehends erschwert, die natürlichen Gerüche unserer Lebensräume wahrnehmen zu können.

Um ein Beispiel zu nennen: Es war mir geradezu unmöglich, an der Côte d´ Azur ein Geruchstagebuch zu schreiben, wie ich es eigentlich vorgehabt hätte. Denn der strenge Abgasgestank überlagerte alles andere. Einzig auf den Anhöhen von ST. AGNES, dem höchst gelegenen Küstendorf Europas, einem Piratennest oberhalb von MENTON, das nur über eine gefährliche Serpentinenstraße erreichbar ist, konnte ich endlich Landluft wahrnehmen, verursacht durch den Bergwind, der das Aroma von wild wucherndem Thymian transportierte.

Welche Möglichkeiten bietet uns hingegen die Zukunft: Die geruchslosen Antriebsarten der Verkehrsmittel werden uns künftig ein sinnliches Paradies eröffnen. Die Menschen werden wieder die ganze Palette des Geruchsrads erfahren können. Mussten sie bisher ihre Nasen in Weingläser stecken, um etwas wahrnehmen zu können, werden wieder viele Düfte zu wehen beginnen, so, wie es uns alte Gedichte überliefern. Ich schätze mich glücklich, diese Zeit noch erleben zu dürfen, denn derzeit jubelt man schon über den Geruch eines einzigen Zitronenbäumchens, das am Übergang zur Pflanzenwelt des Gartens dem Zimmer näher steht als der Terrasse.

Von Zeiten der kombinierten Antriebsarten werden zunächst Siedlungen profitieren, die zwar in unmittelbarer Nähe von stark frequentierten Verkehrsadern liegen, wo aber der Verkehr im Ortsbereich heute schon reduziert ist.

Damit könnten auch die mit farbigen Gemüsen geschmackvoll bestückten Salzburger Verkehrsinseln gemeint sein oder das verkehrsberuhigte und doch virile Zentrum von FUSCHL AM SEE, wo man schon die frische Seeluft riecht, obwohl das Gemeindezentrum weit vom See entfernt liegt. Leicht beschwingtes Shoppen ist die Folge.

Größtes Veränderungspotential hätte das Ortsgebiet von MONDSEE. Dank feudalen Großgrundbesitzes liegt die alte Klostersiedlung heute noch getrennt von der Strandpromenade mit den Schiffsanlegeplätzen. Eine pfeilgerade Alleestraße führt durch einen wenig genutzten Grüngürtel hindurch und verbindet beide Zentren miteinander. Die Marktgemeinde scheint das oben erklärte Wiedererstarken der potentiellen Geruchswelt erkannt zu haben, denn seitlich der Allee wurde ein erster Schritt zu einer künftig veränderten Nutzung gesetzt, indem schon zaghaft geschwungene und auch ein wenig bepflanzte Wege angelegt wurden.

Bereits heute stehen diese in Verbindung mit dem Element Wasser, das vor Ort als Bach und als Kneippbeckenanlage vorkommt. Seitlich davon liegen derzeit noch Wiesen, die einen geringen Artenreichtum an Blumen aufweisen und offenbar landwirtschaftlich genutzt sind. Wichtigste Voraussetzung dafür ist der breite unbebaute Streifen Grünland. Da er bis zum See leicht abfällt und sich in Kessellage befindet, wäre er hervorragend dazu geeignet, ihn zur Gartenanlage in der Tradition von Renaissancegärten bzw. heutiger Fondationen umzugestalten.

Ein Garten für das Leben im Freien, für die Angestammten wie für Touristen. Damit könnte man nicht nur ein Stück nach außen sich öffnendes neues Glück schaffen, sondern auch Besucher anziehen: Ein Garten als Sinnenerlebnis am Übergang zwischen Ort und See.

In der Gestaltung dieses Gartens könnte sich die Persönlichkeit des Bauherrn widerspiegeln, der Garten als Produkt seiner geistigen Leistung. In drei Terrassen könnte sich die Anlage dem Gelände anpassen und durch Treppchen miteinander verbunden sein. Zur Alleestraße hin könnten Balustraden Platz finden, um die gerade Achse zwischen Ort und See nicht nur durch alte Bäume betont zu sehen. Die Futtermauern der Terrassen würden das Aufgreifen von Fassadenmotiven der Mondseer Bürgerhäuser erlauben, aber auch versteckte Grotten ermöglichen. Statuen und Podeste würden Weglinien betonen und Kontraste erhöhen.

Bei diesem Vorhaben könnten Steinarten der Umgebung Verwendung finden: Kalkstein, gelber und roter Marmor, Konglomeratvariationen oder der inzwischen schon sehr selten gewordene Weinsberger Granit. An idyllischen Plätzchen mit Parkbänken könnte dann auch der leicht verwitternde Buntsandstein Platz finden.

Grundprinzip sollte immer die harmonische Ausgewogenheit sein zwischen den Formen der Häuser und denen der Kunststeinsetzungen. Als Wegmaterial sollte Kies aus Kalkbrüchen überwiegen, weil der akustisch die Art des Fortschreitens (im Leben) erlebbar macht, indem er etwa ein Zögern entlarvt. Der Kiesweg als ein Spiegelbild des Menschen, aber auch als ein weiteres sinnliches Bauelement.

Die Terrassen könnten bepflanzt werden mit Hecken aus Buchs, Lavendel, Myrte und Rosmarin. Und in Vasen, Schalen und Beeten könnte eine bunte subalpine Blumenwelt Einzug halten. Besondere Exklusivität könnte die Anlage durch den Besatz von Palmen gewinnen, den Fürsten des Pflanzenreiches. Nicht vergessen werden sollte auf ein Veilchenbeet, damit sich ein nächtlicher Besucher des Parks, wie etwa der späte Minnesänger *Neidhart von Reuenthal*, hinabbeugen und seine Prostata daran riechen lassen kann.

Ein elementares Gestaltungselement wäre das Wasser. Da der Hang südwärts ausgerichtet ist, lechzt der

Passant, der die Wegstrecke vom Ort Mondsee bis zum See mehr oder weniger rasch zurücklegt, nach einer Erfrischung in Form feinster Wassertröpfchen.

Ein solcher Sprühregen könnte erfolgen als Brunnenerguss, als imitierte Quelle, als Kaskade, als Fontäne, als Wassertreppe, als Wasserspeier und als eine Pergola aus Wassersäulen. Wasser verliehe dieser fiktiven Anlage beiderseits der Mondseer Allee nicht nur Lebendigkeit, sondern es zeugte auch von der Macht und dem Vermögen des Bauherrn bzw. der Gemeinde. Da sich ein solcher vertikaler Wasserkreislauf bereits durch ein einziges Solarpaneel betreiben lässt, wären die Betriebskosten minimal, denn Bedarf und Energieeffizienz würden im Gleichklang agieren und sich nach der Intensität der Sonneneinstrahlung richten.

Zu erwähnen wäre dann auch der Figurenbesatz, dessen Auswahl eine Einheit ergeben sollte, und zwar eine thematische.

Als ein ideales Motto, das alle historischen Besonderheiten, sowohl den Gebirgsrand in Form der Drachenwand und des Schafbergs als auch den Werdegang des frühmittelalterlichen Klosters als auch den Mondseer Jedermann als auch die Sommerfrischen des Exzentrikers August Strindberg miteinschließt, bietet sich der Satz „Alles unterliegt der Metamorphose" an.

Die beiden markanten Kalk-Berge sowie das weiche, sanfte Material der Flyschzone, auf der der Markt seinen Platz finden muss, leiden unter starken Materialbewegungen, die die Verwitterung beschleunigen und das Aussehen der Formationen - in geologischen Dimensionen gesehen - rasch verändern. Sogar die Autobahnbasis ist davon stark betroffen.

Eine gewaltige Veränderung erfuhr auch das Kloster Mondsee, und zwar zunächst durch die Politik Josefs II., der das Kloster aufheben ließ. Eine tausendjährige geistige Produktionsstätte, die weltberühmt war für die *Mondseer Unziale*, eine Letternvariante in frühmittelalterlichen Codices, und die geniale Schreiber hervorbrachte, wie *Erhard Kolb (Mondseer Antiphonar)*, musste all die wertvollen Handschriftenbestände abtreten, von denen ein Drittel den

Transport nach Wien nicht überdauerte, weil das Donauschiff am Zwillingsfelsen bei der alten Stadt GREIN im Strudengau zerschellte. Grein ist seinerseits berühmt durch das *Greiner Marktbuch*, eine kostbare Handschrift aus der Werkstatt des Illuminators *Ulrich Schreier*, der auch im Kloster Mondsee arbeitete. Der *Mondseer Jedermann* wiederum erfährt seine Metamorphose durch eine Figur namens *Tod*.

Und der Dramatiker *August Strindberg* suchte seine geistige Nahrung und Veränderung, die er für ein neues Drama brauchte, bei seinen Ehefrauen. Für jedes neue Drama eine neue Frau. Sobald die Ehe keinen Dramenstoff mehr versprach, hielt Strindberg Ausschau nach Neubesetzung seiner Lebenspartnerrolle. Zur Zeit seiner Mondseer Aufenthalte, nach 1893, war dies Ehefrau Nummer zwei, *Frida Uhl*. Vielleicht hat sie es bereut, dass sie sich mit dem unsteten Dramatiker aus Schweden einzulassen wagte, der nichts als Unheil ins Haus (ihrer Eltern) brachte, besonders in SAXEN, wo im nahen CLAM eine Schlucht nach ihm benannt zu sein scheint.

IV.

Dies erinnert mich an eine andere Geschichte, nämlich an ein Erlebnis von Udo, den ich schon im Buch *Azur-Fenster* vorgestellt habe. Als er in Begleitung seines Freundes Felice am Strand von OLINDA bei RECIFE Beach-Volleyball spielte, lernte er auch ein Mädchen vom Land kennen, das als Sozialarbeiterin in einer *Favela* vor Ort tätig war, unterstützt von der katholischen Kirche.

Als dann irgendwann an diesem Abend von der Ladefläche eines Trucks herunter eine *Banda* Samba spielte, tanzte er mit ihr wild herum, indem sie beide in die Hocke gingen, sich drehten, die Knie gegeneinander drückten oder lachend mit den Hüften gegeneinander schlugen, so, wie es bei den Favela-Bewohnern die Art ist.

Es dauerte nicht lange, bis sich Violetta in Udo verliebt hatte. Doch der hasste es am meisten, wenn eine Frau über Liebe quatschte. Liebe für ein ganzes Leben lang, alberte er. Und je mehr er alberte, desto mehr verfiel Violetta seinen

45

badeseeblauen Linzer Augen. Als sie beide zwischen den Strandpalmen an einer *Caipirinha* sogen, fehlte nicht viel und Violetta hätte sich an Udo gelehnt.

Der jedoch dachte sich: Violetta ist eigentlich gar keine wirklich authentische Person. Eine vom Land mitten unter den Leuten der *Favela Candelaria* und sie selbst kein bisschen arm, sondern aus dem relativ wohlhabenden Mittelstand. Das passt alles nicht zusammen. Kein stimmiges Bild!

Und weil unstimmige Bilder in Form unpassender Personen als Besatz einer Ideallandschaft Udo nachweislich auch in Irland irritiert hatten, hielt er vorsichtig Distanz zu Violetta, die schon in seinen Kragen zu kippen drohte, so sehr haftete sie an ihm. Sie kam ihm vor wie eine der weichen Uhren von Salvador Dalí, deren Körpermasse überall daranfließt, darüberhängt und sich jeder Situation gegenüber erneut verformt und anpasst. Violettas Körper schien ihm wie ein Sack aus Gefühlen, der sich heiß den harten Formen der Umgebung nähert, sie zu umhüllen versucht und so nie eine eigenständige Form erhält. Ihr Haar, das nicht wirklich irgendeine Schönheit irgendwelcher Art besaß und vor allem keinen Wohlgeruch verströmte, erschien nach außen hin grenzenlos. Er glaubte sich davor in Acht nehmen zu müssen, denn es war nicht auszuschließen, dass ihn dieses Haar an irgendeiner Stelle seiner Haut, wo er es überhaupt nicht erwartete, berühren würde. „Eu voce amo muito!" stammelte sie und drohte ihm ins Gesicht zu fließen, nur weil er seine Hand einen Augenblick lang in ihrem Schritt vergessen hatte.

Udos Freund *Felice* hieß eigentlich *Wolfgang*. Dieser Name passte zwar zu Salzburg, wo der Reisepartner in der Musikabteilung eines Radiosenders neue CDs vorstellte, doch Udo schien der Name Wolfgang verdächtig. Er hatte das Gefühl, es gäbe zu viele Wolfgangs in Salzburg. Udo meinte, es grenze schon an ein faschistoides Verhalten, sein Kind Wolfgang zu nennen. Also nannte Udo Wolfgang *Felice*, den Glücklichen, denn wer hat schon das seltene Glück, sein Hobby zum Beruf machen zu können?

„Felice muss herhalten!", murmelte Udo, zog seine Hand zurück und brachte Violetta wieder in eine halbwegs aufrechte Position. Zu seinem Glück kamen in dem Moment Violettas Freundinnen vorbei und forderten sie auf, mitzukommen, zur *Großen Mama*. In der Dunkelheit sahen sie aus wie Schwalben der Nacht, wie ein Schwarm Fledermäuse zwischen Palmen und Meer.

Rasch streiften sie ihre Kleider über ihre Stringtangas und Felice und Udo griffen nach ihren sandigen Beinhosen, obwohl es immer noch drückend heiß war.

Große Mama, das klang eben nach Religion, und diese will in jedem Fall respektiert werden.

„Ich überlege es mir noch!", sagte Udo zu Violetta, die sich den gesamten Weg herauf vom Strand in die Vorortstraße bei ihm eingehängt hatte und auch nicht loslassen wollte, als sie in den grellen Lichtkegel der Laterne gerieten.

An einem weißen Haus mit leeren Fensteröffnungen vollzog sich ein geheimnisvoller Wortwechsel durch einen Türspalt hindurch. In der Reihe der Wartenden rückten sie langsam nach. Doch zwei weiß gekleidete Männer verwehrten ihnen das weitere Vordringen. Die Überredungsversuche der Mädchen scheiterten.

Erst als die Große Mama kam, erfolgte die Aufforderung zur Passage. Die einzige Bedingung, die sie stellte, war, die Gäste mussten sich außerhalb des *Terreiros* aufhalten. Damit meinte sie den leeren Platz ihrer Aktion.

Udo und Felice machten es den Mädchen nach und stellten sich dort auf, wo die geheimnisvoll störende und zuwider handelnde Kraft des Gottes *Exu* noch nicht überwunden war. Vor dem Terreiro hingegen stand der von Geistern gereinigte Langtisch, auf dem alle Gäste der Feier ihre Naturalien ablegten, um Exu, den Störenfried, zu beschwichtigen. Solche Naturalien waren Melonen, Bananen, Ananas, Papayas, Orangen, Äpfel, Weintrauben, ein Stück Zuckerrohr und alkoholische Getränke aller Art, vom Flaschenbier bis zum weißen Rum.

Die Sicht auf das Terreiro wurde in dem Moment unmöglich gemacht, als Frauen in blütenweißer Bahianer Tracht einen Ring um das Terreiro schlossen. Der Ritus war nach außen hin offen, jeder konnte dazustoßen, aber der innere Ring schloss die Mehrheit der Teilnehmer vom Geschehen aus. Erst als die weißen Frauen in Trance gerieten, öffnete sich der Ring und sie schwärmten einzeln aus, um mit flackernden Augen nach Opfern für ihre Glück spendende Annäherung zu suchen. Felice war einer dieser Opfer und dazu ausersehen, mit Glück geradezu überhäuft zu werden. Wie eine Gabelzunge ragten zwei Zigaretten aus den beiden Mundwinkeln seiner Bahianerin. Sie inhalierte noch einmal beide Zigaretten, dann griff sie nach einer und schob sie Felice in den Mund, der bekennender Nichtraucher war, sich aber im Angesicht der Gotterfüllten nicht wehrte, um die religiösen Gefühle nicht zu verletzten. Mit bedauernswert leidvollem Gesicht und zögerlich rang sich Felice einen Wunsch nach dem anderen ab. Einer der anwesenden Männer herrschte Felice an, er möge sich rasch entscheiden, um den kurzen Augenblick, den der Kontakt zu einer jeden Gottheit dauert, optimal zu nützen. „Wünsch dir Glück, Liebe und Geld!", rief er Felice zu.

Kaum hatte Felice zugestimmt, schwebte die Gottgerittene weiter, glitt mit den Augen über die anderen der Gruppe hinweg, als wären sie nicht vorhanden, und versenkte ihren Blick schließlich in Violetta. Diese schien noch keineswegs vom Spirit der Umgebung erfüllt zu sein, war noch nicht initiiert und mit den Gedanken anderswo.

Da wurde sie von der Besessenen gepackt und begrapscht, ja regelrecht durchgeknetet, um allem Bösen den Weg aus ihrem Körper heraus zu bahnen. Die letzten Reste des Sündenfalls streifte sie einzeln von Violettas Fingern ab, dann trottete die Besessene schnaubend und wie ein weißes Pferd wiehernd davon.

Nach einiger Zeit löste sich ein anders Medium aus der Umgebung und steuerte auf den Altar Magdalas zu, der jetzt christlichen Magdalena. Die zugehörige Puppe war aus Wachs und trug ein Flamenco-Kleid mit Rüschen, Kastagnetten und einen dunklen Fächer. Vor einem Bronzespiegel nahm die Puppe Tanzhaltung ein. Hinter ihr stiegen in Schnitzwerken weiße Rosse auf. Zu ihren Hufen lagen als Opfergaben eine Flasche Champagner, mehrere Kerzen und Trauben. Diese Opfergaben warteten auf gnädige Akzeptanz durch die weibliche Gottheit.

Als das menschliche Medium den Altar erreicht hatte, übernahm es die Tanzhaltung der Wachspuppe. So empfing das Medium den Geist der Göttin. Die von Gott Gerittene wiegte ihre üppigen Körperformen in runder Weise aus den Hüften heraus und schürzte ihren Rocksaum abwechselnd vorn und hinten, als wollte sie unter dem weißen Rock auslüften. Dann reckte sie die Arme weit über den Kopf, strich sich andeutungsweise über das lange Haar am Hinterkopf und ließ diese Bewegung ausklingen in einem ausladenden Nach-vorne-Streifen der Handfläche.

Mit durchgestreckter Halswirbelsäule, also hoch erhobenen Hauptes, ließ sie das Haar weit nach hinten fallen und orientierte sich nur durch die engen Sehschlitze eines zusammengekniffenen Augenpaars. Dann griff sie sich eine Traube vom Tisch des Gottes Exu, hielt sie empor und begann sich langsam auf die Außenstehenden zuzubewegen. Einem jeden hielt sie die ganze Traube vor die Augen, bis man die Lippen schürzte und eine der fruchtigen Perlen abnabelte. Damit verbunden war wiederum das Recht auf Wunscherfüllung. Ein anderes Medium, das sich aus dem Ring gelöst hatte, schritt auf ein Glas mit Champagner zu, nippte daran und leerte den Rest zur inzwischen offen stehenden Tür hinaus auf die Straße.

Wahrscheinlich sollten die Geister vor der Tür draußen beschwichtigt werden oder aber die Einlassschneise der Götter sollte gereinigt werden. Die Gäste mussten sich mehrmals auch selbst vom Bösen befreien. Zu diesem Zweck wurde das Böse gemeinsam hinaus gesungen. Dabei rotierte der rechte Zeigefinger und kehrte symbolisch alles Unreine von sich ab.

Weit vorn, unmittelbar vor dem großen Christuskreuz, thronte - durch einen Baldachin verborgen - der *Orixa* des Krieges, *Obalué*. Er war als ein Lebensbaum dargestellt.

Ein satanisch rot gekleideter Wuschelkopf hatte bisher im Halbdunkel hinter der Großen Mama agiert und watschelte nun, einer beschnittenen Chinesin gleich, langsam durch die Schar der Gläubigen hindurch. Soeben hatte er sich noch laut darüber beklagt, dass die Fleischwerdung der Götter durch geistige Abwesenheit mancher Besucher empfindlich gestört werde.

Udo dachte zunächst, er wäre es, der nun aus dem Haus gewiesen werde, weil er sich gerade allzu irdische

Freuden vorgestellt hatte, und einem Ex-Ministranten scheint man es lebenslang anzukennen, wenn er etwas Verbotenes getan hat, selbst wenn es nur in Gedanken passiert ist.

Doch der Oberpriester steuerte an Udo vorbei auf die offene Tür zu und besprühte den Asphalt draußen. Nach seiner Rückkehr begoss er zwei schwarz bemalte Schottersteine und bespritzte dann die Glut eines Kohlenöfchens. An der Kultstätte zurück eröffnete er einen Ritus, der an die katholische Kommunion erinnerte, mit dem Unterschied, dass er statt Hostien schwarz gewürztes Maniokmehl verwendete, welches er mit beiden Händen aufnahm, um nichts davon zu verschütten. Nun ließ sich die Kinderstube des Oberpriesters nicht mehr verleugnen: Er war mit größter Wahrscheinlichkeit Seminarist im Jesuitenkloster von Olinda gewesen.

Die Ausspeisung erfolgte streng getrennt. Zuerst wurden die überdimensionalen Hostien an alle Männer verteilt, später an alle Frauen. Wie in Moscheen und Tempeln Indiens wurde die Kommunion nur barfuß gewährt. Die Ordnungskräfte wachten über die geordnete Verteilung.

Die Inhalte für seine Ansprache wählte der Oberpriester bunt gemischt aus. Zunächst erzählte er, dass ihn ein Rauschgiftsüchtiger auf der Flucht vor der Polizei um Hilfe gebeten hätte. Diese Geschichte beendete er jedoch nicht, sondern er ging dazu über, den Monat August zu personifizieren und zu beschimpfen. Dieser Monat wäre nicht geeignet für das Anrufen der Gottheiten und schaffe ständig Verwirrung. Im nächsten Moment machte er den Teufel für dasselbe verantwortlich und warf ihm vor, dass er seinen Altar im Versammlungsraum mit dem hl. Antonius teilen würde. Mit dem Teufel musste er Exú meinen, denn dieser belegt im brasilianischen Candomblé bekanntlich die Rückseite der Statue des hl. Antonius.

Nicht ohne Kirchenlatein einzustreuen, schickte der Oberpriester zwischendurch ein Stoßgebet zum Himmel empor und berichtete sodann über eine Erleuchtung, wonach ihm seine zwei Bischöfe erschienen wären. Die Leute sollten sich mehr um Bischof Antonius kümmern, forderte er, und dessen Namenstag nicht vergessen. Am Ende stellte er seine Helferinnen, also die Medien, und seine Helfer, die Ordner, mit

Namen und einzeln vor. Er verlangte mehr Respekt vor ihnen und ließ sie beklatschen. Auch alle anderen Äußerungen des Oberpriesters endeten in einer evozierten Beifallskundgebung. „Ich werde nicht so bald sterben, weil ich der Sohn des Meeres bin!", behauptete er schließlich von sich und brach die Vorstellung ab, weil ihm nichts mehr Neues einfallen wollte. Mit der weiblich anmutenden Bewegung eines *Kapitäns vom Strand* verabschiedete sich der Oberpriester vor dem Altar des Teufels. Den Ausklang bildeten inhaltlich bunt gemischte Lieder, darunter eine Samba, dann ein Lied des Erzbischofs Levebvre, weiters Glory Halleluja und ein Jesuslied, das diesen als Jesuinho, als süßliches Kind in der Krippe, definierte.

Nach Auflösung der Versammlung konnte man sehen, wie die weiß gekleideten Frauen weiße Luxuslimousinen bestiegen. Die anderen Gäste verschwanden hinter der torlosen Pforte zur Favela.

Nur Udo und Violetta verharrten noch am Straßenrand. Felice eilte inzwischen in Richtung Strand, denn das ungewohnte Inhalieren hatte sich auf seinen Magen geschlagen. So hielt er nach einer Möglichkeit Ausschau, ihn zu entleeren. In die Favela traute er sich nicht, aber am Strand gab es ein öffentliches WC.

„Und?", fragte Violetta, „liebst du mich auch?"
„Nicht genug!", antwortete Udo und nach einigem Zögern: „Nein, ich kenne da jemanden, der dich mehr liebt als ich, der dir ein Leben lang die Welt zu Füßen legt, der dich auf Händen trägt und alles tut, was du von ihm verlangst. Aber er traut sich nicht, es dir zu offenbaren!"
„Tz, tz?", zweifelte Violetta, wurde davon aber dann doch neugierig und Udo hatte plötzlich das Gefühl, sie habe ihre alte Kraft zurückerlangt.
„Wird wohl der Zauber der Großen Mama sein", brummte er, „der sie wieder stark gemacht hat!"
„Sag es mir, bitte!", bettelte sie.
Doch er neckte sie und so wurde sie unsicher und argwöhnte, dies wäre ein erneutes Liebesspiel mit ihr.
„Nimm mich mit in dein Land," bat sie, „ich werde dir eine gute Frau sein!"

51

Aber Udo blieb kalt und höflich. Er dachte bei sich, es wäre höchste Zeit, sie loszuwerden. Deshalb beschleunigte er seinen Schritt und holte Felice ein.

„Felice!", sagte er, „Als wir die ersten paar Tage hier waren, hast du mir gestanden, dass du dich in Brasilien verlieben könntest. Weißt du noch?"

„Pah, das war nur so dahingesagt!", antwortete Felice. „Das glaube ich dir jetzt aber ganz und gar nicht. Ich weiß, dass du ein Mensch bist, der vorausplant. Und ich habe ganz den Eindruck, du möchtest eine Brasilianerin glücklich machen!"

„Gefallen würden mir die Mädchen hier schon, aber wie soll das gehen? Mit vierunddreißig fehlt mir immer noch der Mut, eine anzusprechen. Ich meine, mit einer mehr als über Sport und das Wetter und die Musik zu reden. Du weißt schon, was ich meine!"

„Ich denke, ich kann da Abhilfe schaffen!"

„Du wirst doch nicht vorhaben, meinetwegen ein Mädchen anzusprechen!"

„Naja, ich kenne da jemanden, der sich ernsthaft für dich interessiert! Deine großen braunen Reh-Augen mit den langen Wimpern, darauf fährt sie ab!"

„Eine, die nur auf mein Äußeres steht? Vielen Dank, das ist es nicht, was ich suche. Ich will eine Frau fürs Leben finden, keinen Bettvorleger!"

„Meine ich ja, eine Frau fürs Leben!"

„Wer soll das sein, der sich für mich interessiert? Meinst du eines der Mädchen, mit denen wir heute Volleyball spielten? Unter denen hätte ich keine bemerkt."

„Doch, es ist eine von denen. Die Hübscheste! Hast du Vorurteile?"

„Es ist mir eigentlich egal, ob eine arm ist und aus der Favela kommt, sie muss nur ehrlich zu mir sein!"

„Stell dir vor, sie kommt gar nicht aus der Favela!"

„Aber wir kennen hier doch kein andres Mädchen!"

„Doch, soll ich dir verraten, wer es ist?"

„Wer ist es? Du hast mich neugierig gemacht!"

„Versprich mir erst, dass du mit ihr redest! Du musst mit ihr über ihre Gefühle reden!"

„Zuerst möchte ich schon wissen, wer es ist, sag es mir endlich!"

„OK, ich flüstere es dir ins Ohr: Es ist ... Violetta!"

„Spinnst du? Violetta interessiert sich doch ausschließlich für dich!"

„Du irrst dich, sie hat nur Augen für dich! Den ganzen Abend hat sie mir nur von deinen Rehaugen vorgeschwärmt! Ich selbst hatte keine Chance bei ihr!"

„Wer´s glaubt, wird selig!"

„Dann eben nicht, wie du willst!"

„Ist es wahr?"

„Ihr Problem ist, sie ist genauso schüchtern wie du! Sie traut sich nicht, es dir zu sagen, was sie fühlt. Aber sie liebt dich. Glaub es mir! Ich werde jetzt noch einmal hingehen und mit ihr über dich reden! Warte hier! Wenn ich dir pfeife, kommst du zu uns rüber und ich rede dann für dich, ok?"

„Gut! Probieren wir es so, wie du sagst!"

Udo kehrte zu Violetta zurück, nicht ohne eine Caipirinha mitzubringen.

Sie freute sich und wollte ihm dafür um den Hals fallen. Doch er wehrte ab und sagte: „Vorsicht, wir sind nicht allein, Felice hat mir soeben seine Gefühle für dich anvertraut. Er hat mir gestanden, er hätte sich in dich verknallt!"

„Was, Felice? Der? Der hat ja noch kaum ein Wort mit mir geredet! Der soll mich plötzlich lieben? Und wenn schon, ich liebe dich und nur dich, Udo!"

„Du irrst dich in mir, Violetta, glaub mir, ich bin ein furchtbar schlechter Mensch, aber Felice, der hat ein Herz und ein Seele, der ist sauber! Zugegeben, er redet nicht viel, aber stille Wasser sind tief, Violetta! Glaub mir, er liebt dich mehr als ich es kann! Ich z.B. mag dich, aber mehr als Amiga, nicht als eine Novia! Die Chancen, dass morgen jemand anderer kommt, der dich so sehr liebt wie Felice, diese Chancen stehen sehr schlecht. Das Leben gibt dir eine Möglichkeit, nütze sie! Erhöre sein stilles Flehen, Violetta!"

„Du hast nur mit mir gespielt, nicht wahr?"

„Ja, ich geb´s ja zu, es war nicht fair, deine Gefühle zu erwecken. Aber ich bereue es ja, das getan zu haben. Und ich möchte meinen Fehler wieder gutmachen, indem ich euch zusammenbringe! Du gehst ihm jetzt entgegen und wenn ihr euch gegenübersteht, sagst du kein Wort und umarmst ihn einfach! Versprich mir, dass du kein Wort sprichst dabei, sonst verlässt ihn der Mut und er läuft dir davon!"

„Wenn du meinst, ich vertraue dir immer noch, Udo!"

„Gib mir das Glas! Das wird euch im Weg sein!"

„Ich glaube, ich mag ihn jetzt schon ein wenig! Glaubst du, wird er mich mitnehmen, nach Österreich?"

„Na klar, verliebt wie der ist, wird er morgen einen Flug für dich buchen!"

„Langsam fang ich an, ihn richtig zu mögen!"

„Also los jetzt, sonst überlegt er es sich noch anders!"

Ein schriller Pfiff ertönte und danach fanden Felice und Violetta zusammen, ohne irgendein Wort zu wechseln. Man braucht die Sprache eben nicht überall, manchmal ist sie einem direkt im Weg. Aber man sollte sich ihrer besser bedienen, um Klarheit zu gewinnen.

Spätestens in Österreich wurde deutlich, dass der jeweils Andere doch kein so großes Liebespotential hatte, wie zuvor angenommen. Aber weil sie schon den ersten großen Schritt gesetzt hatten, setzten sie in einer Art *Flucht nach vorn* den zweiten Schritt nach und bestellten das Hochzeitsaufgebot. Dabei konnte sich Violetta in Etikette und Dekoration flüchten. Seit den ersten Eindrücken, die Violetta von Felices Mutter hatte, dachte sie an nichts anderes mehr als an das Ende der Tage. Die Schwiegermutter behandelte sie schlechter als ein Dienstmädchen. Das Schlimmste jedoch war, dass sich Felix bei wirklich gravierenden Entscheidungen auf die Seite seiner Mutter schlug, indem er deren Meinung zu erklären und damit zu verteidigen versuchte.

Dazu kam, dass das Nest, das Felice für Violetta vierunddreißig Jahre lang vorgewärmt hatte, dass dieses Nest einem Museum glich, das nicht nur selbst ein alter Fachwerkbau war, sondern auch noch Jahrhunderte alte und völlig veraltete Alltagsgegenstände beinhaltete. Die unbequemen Sessel, der zu kleine Schreibtisch, die mit bemalten Brettern vertäfelten Wände, die ausgestopften Kleintiere, die Rotwildtrophäen und Gämsenhörner, die Murmeltier- und Auerhahn-Attrappen, die vielen Wappen des

Geschlechtes, dessen letzter Nachfahre Felice zu sein schien, die alten überdimensionierten Ölbilder irgendwelcher Vorfahren von Felice, die er sicherlich gar nie kennen gelernt hatte, die Putzenscheiben in den Fenstern etc., alles war mit einem dunklen Grauschleier überzogen und hätte dringend geputzt oder besser entsorgt werden müssen, um dem Paar einen Neustart zu ermöglichen.

Da Felice dafür kein Verständnis gehabt hätte, hätte Violetta die Sachen packen und nach Brasilien fliegen müssen. Aus. Punkt. Ende! Diese drei Wörter hätten genügt, um all die Schmach zu überwinden.

Doch Violetta stand ihrerseits unter großem Erfolgsdruck. Sie hatte den Eltern täglich stolz von ihrem sozialen Aufstieg berichtet. Das ganze Dorf bewunderte sie und für die Mädchen aus der Favela war sie zum großen Vorbild aufgestiegen. Sie konnte nicht mehr zurück.

Udo, den sein schlechtes Gewissen plagte, zeigte sich selten bei ihnen. Und wenn er einmal auf Besuch kam und Violetta ihm im geeigneten Augenblick ihr Leid zu klagen versuchte, lenkte er geschickt ab, denn eigentlich wäre es nur allzu gerecht gewesen, wenn er Violetta gepackt und entführt hätte.

Am Strand von Olinda hatte er aus Langeweile Fäden gezogen, jetzt konnte er sehen, was er angerichtet hatte. Und es sollte noch schlimmer kommen. Felice stand genauso unter Erfolgsdruck, weil gemunkelt wurde, er könne keine Kinder zeugen. Dies war eine unerhörte Unterstellung, doch sie traf ihn so sehr, dass er seinen Lebensweg danach ausrichtete. Und entsprechend kam auch bald ein Kind nach. Das süße Mädchen hatte die dicken Lippen der Mutter und die Rehaugen des Vaters, aber mehr wollte die Großmutter nicht zugestehen, denn sie wollte ebenso vertreten sein, im Gesicht der Kleinen.

Währenddessen kämpfte Violetta mit der Winterkälte, die sie anfangs gar nicht bemerkt hatte, aber was noch schlimmer für sie war: Es gab keine Samba-Schulen, keine Caipirinha-Bar, keine Bandas, kein Candomblé, keine Capoeira, keinen Strand, nur ein Sechzehntel des brasilianischen Fruchtsäfteangebots etc. Jeden Tag wurden es mehr Dinge, die Violetta plötzlich vermisste, je weiter sie sich innerlich von Felice entfernte, der bereits am zweiten Kind zu basteln begann. Jetzt fiel ihr plötzlich auf, dass Felice kleiner war als sie. Sie suchte nach Ausreden, um nicht mit ihm ausgehen zu müssen. Aber gerade das ärgerte Felice, der seine Brasilianerin gern hergezeigt hätte. Er präsentierte sie der Öffentlichkeit wie eine Jagdtrophäe. Aber meist saß sie zu Hause herum, weil ihr die Schwiegermutter unterstellte, sie hätte zwei linke Hände und sollte die Hausarbeit besser lassen. Sie selbst würde selbige trotz hohen Alters auf sich nehmen. Aber sie würde von Violetta Dankbarkeit erwarten.

Das Paar verstrickte sich immer tiefer in seine Hilflosigkeit und beide Partner wussten nichts davon, dass auch der jeweils andere bei Udo Rat und Hilfe suchte. Dieser Gast aus Linz jedoch reagierte nicht anders, als dass er seine Besuchsfrequenz verringerte, weil ihm keine Lösung einfiel.

Bis er eines Tages auf die Idee kam, ihnen wieder einzuflüstern. Und so kauften sie denn eines Tages ein Haus am Strand von Olinda, fürs Rentenalter.

Nach der ersten gemeinsamen Besichtigung dieses Hauses am Strand kehrte Felice allein nach Salzburg zurück. Das Kind ging bei der Scheidung in seinen *Besitz* über, denn Freund Udo war zwischenzeitlich auch wieder einmal in Olinda zu sehen gewesen, und zwar in den Armen der Armen. Und diese Neuigkeit war schneller als Udo *in personam* nach Salzburg gelangt.

So hatte sich nun doch noch alles zum Erträglichen gewandt, obwohl sich die Braut mit dem Falschen *getraut hatte*.

V.

Als eine Gemeinde, die sich lange schon *traute* , eine neue Verbindung einzugehen und mit Innovationen vorzupreschen, kennt man die oberösterreichische Gemeinde BAD SCHALLERBACH. Ihre jüngere Vergangenheit liest sich wie eine einzige Erfolgsgeschichte.

Wegen ähnlicher geologischer Bedingungen wie in Galizien, dem   ehemals am weitesten entfernten Kronland Österreichs,   bohrt man probeweise nach Erdöl und stößt stattdessen in 461m Tiefe auf einen kräftigen Brunnen aus Schwefelthermalwasser, welches zwar nach faulen Eiern stinkt, aber den Vorteil hat, mit 37°C auszutreten, also quasi in Körpertemperatur.

Zunächst versucht man die Rohre wieder aus der Erde zu ziehen, um den Wasseraustritt zum Versiegen zu bringen, doch die Rohre bleiben stecken, die Quelle lässt sich einfach nicht zähmen. Das Thermalwasser rinnt in diesem Jahr ungenutzt in den Fluss Trattnach. Alte Fotos zeigen, wie sich die Bewohner in Reih und Glied in der angenehm warmen Pfütze neben dem Wasserschwall aalen. Mit der Zeit merken einzelne Badende, dass die Schwefelbrühe heilend wirken kann. Diese Beobachtung führt dazu, dass die Quelle gefasst wird und eine Kuranstalt entsteht.

Doch die Gemeinde ruht nicht. Sie erkennt die Zeichen der Zeit und schließt im Jahr 1955 als erste österreichische Kommune ein Partnerschaftsabkommen ab, und zwar mit einer belgischen Gemeinde.

Heute *traut sich die Braut* Bad Schallerbach immer noch und geht Wagnisse ein, die die Zeichen der Zeit konkretisieren. Das Erlebnisbad zum Beispiel ist bei den Kindern bis in den Salzburger Raum und darüber hinaus gefragt. Und mit einem ungewöhnlichen Gartenkonzept unweit der Therme berührt die Gemeinde die Seele der Menschen:

Über eine pfeilgerade *Wassergarten*-Achse erreicht der Besucher einen *Schwefelquellgarten*, wo das Ruhe- und Kontemplationspotential einer solchen Quelle verstärkt wird, durch Kugeln aus Buchs und vertikale Granitplatten. Kreisförmig um die Quelle angeordnet, vermitteln sie eine dem Altertum angelehnte Atmosphäre. Die Steinplatten symbolisieren verschiedene Erdschichten, durch die das Wasser aufwärts strebt. Sprühregen erinnert an die Nebel von Avalon. Zum blauen Salbei und zu den Rohrputzergräsern setzen die orangen Blüten von Tulpen, Sonnenbart, Löwenmaul und indischem Blumenrohr einen harten Kontrast. Das schönste Blau liefert jedoch der hohe Leberbalsam.

Hinter der künstlichen Eruptionssäule löst sich die gerade Achse des Gartens auf und geht über in verschlungene Wege, entlang denen sich Rutenhirse, Reitgras und Bandkraut in Zopfmustern ausbreiten. In der Ferne rahmen Silberweiden den Garten ein, von denen Samenflocken schneien, die sich auf dem toten Teichwasser sammeln.

Unweit davon findet man während des Sommers auch Steinmetze des Gestaltungskreises der Fachschule HALLEIN bei der Arbeit. Sie haben in mehreren Jahren den *Garten der Stille* geschaffen, mit *Auferweckungsdenkmal, Stillgeborenen-Denkmal* und Urnengemeinschaft.

Hinter einem klobigen Granittor beginnt die Allee aus Grabsteinen mit ungewöhnlichen, aber sympathischen und oftmals tiefsinnigen Formen. So etwa wächst aus einem oval geschliffenen liegenden Stein ein Boot heraus. In der unbehauenen „Handfläche" eines Granitwollsacks hat sich aus Regenwasser eine runde Pfütze gebildet. Anderswo streben Bambusstäbe in verschiedene Richtungen auf und die Inschrift am Sockel fragt: „Wohin führst du mich?"

Zur lochförmigen Mitte eines fast kreisrunden Grabsteins steigt eine Treppe auf. Vor mir liegt nun gar ein Mühlstein mit der Aufschrift: „Es geht ewig zu Ende und im Ende keimt ewig der Anfang". Dieser Sinnspruch wird durch junge Gerste veranschaulicht, die aus dem zentralen Loch des Mühlsteins sprießt.

Schließlich stoße ich auf transparente Metallfolien, die auf Aluminiumrahmen gespannt sind und jeweils die Fotos von einer menschlichen Rückseite zeigen, die Rückseiten von Menschen die sich abgewandt haben und weggehen, hinüber in eine andere Welt.

Am Ende des Parks entdecke ich schließlich einen eindrucksvollen Meditationsgarten, bestehend aus einer doppelten Wall-Anlage, die die Tonwellen symbolisiert. Im Zentrum sind geschnittene Weidenzweige neu gepflanzt worden und die frischen Triebe zu einer kreisrunden Hütte zusammengebunden. Im Inneren dieser kunstvollen Pergola bilden Sitzgelegenheiten einen Kreis und von der Wallanlage her wird rundum mit Stimmen aus der Natur beschallt: ein Elementarerlebnis, am besten zu genießen mit
... einer *Braut, die sich traut!*

BLACK AND WHITE ON THE ROAD
Eine jugendliche Reiseerzählung mit Music-Downloads

Hier, schlag du mal drauf, sagt Blacky und reicht mir das Küchenmesser. Im Rasen fixiert er die Bachforelle und wartet auf meinen Einsatz. Zwölf Stück hat er schon totgemacht, indem er mit der Rückseite der Schneide auf die Rücken der Tiere geschlagen hat. Ich brech niemandem das Kreuz, sage ich, auch nicht einer Forelle.

Du Warmduscher, sagt er und Recht hat er. Ich dusche lieber warm als kalt, da fallen mir bessere Songs ein. Ich will gerade Buddhist sein und zerbreche mir den Kopf darüber, wie ich es schaffen soll, kein Tier zu töten. Die Stechmücken scheinen mich neuerdings besonders zu mögen. Bisher war das kein allzu großes Problem gewesen, weil ich mich nachts in einen Kammerjäger verwandelte. Aber seit ich Konfuzius und Lao Tse gelesen habe und über Hermann Hesses Siddhartha zum Buddhismus gelangt bin, muss ich mich – viel umschwärmt - foltern lassen.

Blackys Familie führt einen Nahversorger-Laden in ST.JOHANN und deshalb hätte Blacky nie die Möglichkeit, Buddhist zu werden. Seine rasche Hand ist gefragt, in Bezug auf Hühner, Enten und Fisch. Schweine erledigen die Bauern. Aber für Kleintiere sorgt Blackys Familie selbst, sie werden erst auf Nachfrage *gerichtet*.

Irgendwann muss ich es schaffen, von Fisch und Fleisch wegzukommen, denke ich, sonst schaffe auch ich die Nachfrage. Die Spagettisauce reicht nicht, weil Blacky vergessen hat, seiner Mutter mitzuteilen, dass sie heute einen Gast haben.

Möglich, er hatte es nicht einmal vergessen, möglich, er war nur zu faul dazu, seinen Mund aufzumachen. Blacky redet nicht gern, man hat den Eindruck, dass die Wörter im Rachen wie Klöße stecken und ihm Schmerzen bereiten. Man muss ihm jedes Wort *aus dem Mund herausziehen*, so sagt man hier für jemanden, der seine Mundhöhle zu selten lüftet. Obwohl da sicherlich eine Menge Bakterien entstehen, riecht Blacky nicht schlecht aus dem Mund. Er ist zwar schon einundzwanzig, aber Leute unter dreißig riechen immer gut, auch wenn sie sich länger nicht gewaschen haben. Was nicht heißen soll, dass sich Blacky nicht wäscht.

Ein strenger Geruch hingegen strömt aus der Achsel eines Fernfahrers, der gerade auf der Bildfläche erschienen ist, um uns abzuholen. Er muss folglich älter als dreißig sein. Wir lassen die restlichen Nudeln auf dem Teller zurück, jetzt macht es nichts mehr aus, dass die Soße nicht ausreicht, und wir greifen nach unseren Sachen. Das Wichtigste ist die Trinität Schlafsack, Rollmatte und Reisepass. Alles andere ist *erschnorrbar*. Da ich bereits von der Stadt heraufgekommen bin, sind die Schlafutensilien an meinem Tramperrucksack festgeschnallt. Aber Blackys Rucksack fehlt noch das Konzept. Rasch legt er Hand und letzte Schnallen an und vergisst beinahe auf den Abschiedsgruß.

Er findet es nicht der Mühe wert, die Mutter zu küssen. Das war bei mir anders. Ich trampe zwar ohne ihre Erlaubnis durch halb Europa, aber verabschiedet habe ich mich ordentlich. Man weiß ja nie, wie und wo eine solches Risiko endet.

Der Fahrer des Wagens wohnt in demselben Ort wie Blacky und hat zu seiner Arbeitsstelle eine weite Anreise. Zu unserem Glück gelangen wir mit ihm bis nach MÜNCHEN.

Obwohl es im Sommer lange hell ist, erreichen wir den Fuhrpark der Brauerei *Löwenbräu* erst während der Dunkelheit. Das erweist sich als ein Vorteil, denn so können wir unbemerkt die Schlafkoje des Lkw beziehen, was eigentlich inzwischen verboten ist. Blackys Bekannter ist bereit, uns bis in den Norden Deutschlands mitzunehmen. Ein Lkw-Fahrer, scheint es, muss lediglich darauf achten, dass sein Fuß nicht allzu schwer wird, nur so kann er sich die Arbeit ersparen, den Fahrtenschreiber nachträglich zu manipulieren. An die geringe Fahrtgeschwindigkeit muss ich mich erst gewöhnen, ich bin anfangs viel zu unruhig und quassle viel zu viel.

Einerseits will so ein Fahrer ja unterhalten werden, aber alles hat seine Grenzen. Schließlich komme ich zur Erkenntnis, dass sich mit einem Lkw-Fahrer keine Diskussionsrunden veranstalten lassen. Wichtiger ist da schon, dass sich ausreichend Bierdosen in Griffweite befinden, denn bei einem Lenker eines Lasters mit Anhänger sollte der Blick auf die Fahrbahn nicht abreißen müssen.

Vor Aufregung über das Ungewisse, das uns erwartet, wenn wir im Ruhrgebiet ausgeladen werden, kann ich in dieser Nacht kaum ein Auge zudrücken. Wo werden wir die nächste Nacht verbringen?

Auch am nächsten Morgen scheint sich die Sonne nicht erheben zu wollen, ich habe den Eindruck, ich könnte mit einem blütenweißen Melitta-Filter den Morgenkaffee aus der Luft filtern. Meine Nasenschleimhäute fühlen sich unangenehm trocken an. Als ich daran kratze, erhalte ich ein Sekret, das ich zu einem schwarzen Kügelchen rollen kann. Es schmeckt bitter, nach Kohle und nach Rost.

Das Fabriksgelände ist überall mit schwarzem Staub bedeckt und riecht nach Kohlenkeller. In der Zeit, in der unser Fahrer in einer Einlaufstelle Papierkram erledigt, suche ich Kontakt zu einem Lkw-Lenker mit holländischem Kennzeichen. Unser nächstes Reiseziel heißt Rotterdam und ich rechne mir aus, dass wir dort schon die Nachtfähre nach England erreichen könnten.

Der Angesprochene erweist sich als extrem mürrisch. Am Ende habe ich das Gefühl, er will uns gar nicht mitnehmen. Ich versuche ihm klarzumachen, dass wir auf seine Hilfe angewiesen sind und er deswegen eine Art Verpflichtung hätte. Obwohl wir noch so jung sind, müssen wir uns regelrecht aufdrängen. Auch während der Fahrt null Konversation. Unmittelbar nach der Staatsgrenze zweigt er nach NIJMWEGEN ab und lässt uns auf Höhe einer Tankstelle vom Hochsitz abspringen.

Diese Tankstelle liegt an einem Kanal, wohin ich zunächst einmal austreten gehe. Mein Blick schweift über frischgrüne Graslandschaften, die auf dem Reißbrett entworfen sein könnten, so gleichmäßig eben verlaufen sie. Tankwart ist ein Fünfzehnjähriger. Sonst ist weit und breit kein Personal zu sehen. Ihm gefällt mein Ami-Schlafsack. Der wärmt zwar nicht mehr gut, denn seit dem Zweiten Weltkrieg war er auf dem Dachboden vergammelt, aber für einen Gammler ist er besser als nichts und ich brauche ihn. Der Junge schenkt uns trotzdem Abziehbilder der kultverdächtigen

Zigarettenmarke *Marlborough* und schwärmt uns von einem Freudenhaus in Nijmwegen vor, das er „Neimege" ausspricht. Wir waren beide noch nie in einem Freudenhaus, tun aber so, als ob, und ich glaube, der Junge auch nicht, denn wer wirklich genösse, der würde schweigen. Eine verruchte Langhaarige, pechschwarzes, weil gefärbtes Haar, stelle ich mir dort vor, sie serviert gerade Kunden Getränke, ihre Jacke hat Wildlederfransen. Sie trägt das Gesicht der Sängerin von *Shocking Blue*. Ich summe deren ersten großen Hit, zugleich meinen Lieblingshit: *Venus. I am your Venus, I am your fire, your desire* ... Meine erste englischsprachige Single und die von einer holländischen Band mit irren Verkaufszahlen.

Mich ekelt vor Frauen, die sich verkaufen. Blacky würde sich durch so jemanden ebenso wenig aufhalten lassen, denn er ist frisch verliebt. In seinem Dorf hat er eine Holländerin kennen gelernt, die aus dem Süden des Landes kommt, aus der Industriestadt *Helmond* bei *Eindhoven*, und auf der Rückreise aus England wollen wir sie besuchen. Wie wird sie aussehen?

Auf meinem Zeichenblock kritzle ich mit einem Bic-Kugelschreiber in größtmöglichen Lettern das Wort *Rotterdam*. Blacky und ich wechseln uns nun ab, um am Straßenrand zu stehen und das Schild hochzuhalten. Es nützt nichts. Wir schmoren der sengenden Nachmittagssonne entgegen. Erst nach Stunden hält ein Kombi. Nach ein paar Kilometern müssen wir wieder auf die Straße und zu Fuß die lange *Waal*-Brücke queren. Ich habe vorher nie einen so erdbraunen, breiten und langsam fließenden Strom gesehen. Am anderen Ufer beginnt eine breite Straße mit vornehmen, niedrigen Häusern, diese haben blank geputzte Fensterscheiben, aber keine Vorhänge dahinter. Der protestantischen Philosophie entsprechend sollte sich jeder Mensch so korrekt verhalten, dass er überall beobachtet werden könnte.

Ich lebe lieber mit Vorhängen, denke ich, das gibt mir das Gefühl, auch einmal unaufgeräumt sein zu dürfen. Die Leute *zerreißen* sich ohnehin über alles den Mund, da muss ich nicht auch mein Zuhause nach außen stülpen. Aber es erzeugt Respekt, wenn jemand so transparent wohnt. Man hat dann das Gefühl, derjenige befinde sich auf dem rechten Weg.

Nach dem rechten Weg fragen auch wir zwischendurch immer wieder mal und gelangen so nach vielen Kilometern zu einer Tankstelle, wo gerade ein rotes Cabrio abgefüllt wird. Der Fahrer staunt nicht schlecht, als wir direkt auf ihn zueilen und ihn bitten, nach Rotterdam mitfahren zu dürfen. Leider will er nur nach Arnhem, trotzdem nützen wir die Chance, ein Stück weiter zu kommen.

ARNHEM, du wunderbar saubere Stadt mit den typischen Dreiecksgiebeln, du schenkst uns eine weitere Tankstelle, wo wir fragen können! Doch ohne Erfolg. Ich erinnere mich an den Kriegsfilm *Die Brücke von Arnheim*, in dem unter großen Verlusten Meter um Meter Brückenanteil erkämpft werden muss. Auch wir scheinen dem Land hier Meter um Meter abringen zu müssen. Blacky entdeckt einen Lkw mit Rotterdamer Kennzeichen, doch ohne Fahrer. Auf gut Glück warten wir im Schatten des Lasters, doch vergeblich.

Also weiter, da hält ein Wagen, wir laufen, und als wir schon nahe sind, fährt er ein Stück weit und hält abermals an, wir laufen nach und als wir näher kommen, braust er davon und biegt mit quietschenden Reifen rechts ab. Der junge Beifahrer grinst uns dabei schadenfroh nach. Das macht müde.

Noch müder sind wir nach ein paar Kilometern Fußmarsch. Gegen Abend stellen wir uns entlang einer geregelten Kreuzung auf, doch niemand beachtet uns und wir ziehen weiter, eine parkähnliche Landschaft entlang.

Unser Kartenmaterial ist schlecht, von den Niederlanden besitzen wir nur eine unmögliche großmaßstäbliche Karte, die einer von uns aus seinem Schulatlas herausgetrennt hat. Es überrascht uns, als wir erfahren, dass fünf Kilometer hinter Arnhem eine Schnellstraße beginnt, die in Rotterdam endet.

Die Autos brausen bereits mit einer solchen Geschwindigkeit an uns vorbei, dass ein Anhalten einer Vollbremsung gleichkäme.

Planlos geistern wir den Radweg entlang, der neben der Schnellstraße verläuft. Unsere Müdigkeit nimmt überhand, ebenso der Hunger. Blacky kauft teures Sandwich-Brot in einem Nobelrestaurant, an dem wir vorbeikommen. Wir tragen uns mit dem Gedanken, uns neben der Verkehrsache ins Gras zu werfen und zu schlafen. Vielleicht würde uns am nächsten Morgen etwas Vernünftiges einfallen. Da hören wir das Surren von Mopedmotoren. Die Fahrer halten unweit von uns und zünden sich Zigaretten an. Als wir gleiche Höhe erreichen, sprechen wir sie an und fragen, warum so schwer vorwärts zu kommen sei. Das *Liften*, sagen sie, wäre wohl schwierig geworden, denn es habe vor wenigen Wochen einen schecklichen Mordfall gegeben. Ein Anhalter habe den Autofahrer getötet. Seither wolle keiner mehr Fremde mitnehmen.

Wir sehen folglich keine andere Chance für unser Fortkommen, als dass wir uns ihnen aufdrängen. Die Burschen reagieren überrascht, aber sie sind bereit, uns zu helfen, und nehmen uns ein Stück weit mit. Infolge des Gesamtgewichts samt Rucksäcken kommen die Zweiradritter kaum vorwärts. Ich rechne schon damit, dass im nächsten Augenblick der Motor versagt.

Flaches Land, sehr dichter Baumbestand, in UTRECHT zweigen wir rechts ab, in blauer Leuchtschrift kündigt sich eine Papiertaschentuch-Fabrik an, da stirbt tatsächlich eines der Mopeds ab. Es dauert, bis wir weiterkommen. Danach geht es wieder flotter voran: Amersfort, Soust, meine Gedanken kreisen um den Deutsch-Unterricht: Beim Klang der Ortsnamen *Utrecht* und *Soust* assoziiere ich den Inhalt von Heinrich von Kleists Komödie *Der zerbrochene Krug* sowie Grimmelshausens Roman *Simplicissimus Teutsch*. Aber aus der visuellen Wahrnehmung lässt sich keine Verbindung zu diesen Werken der Weltliteratur herstellen. Ein Bahnübergang, den wir queren, schafft eher Bezüge zu Gerhart Hauptmanns Erzählung *Bahnwärter Thiel*, wohl keine angestammte Dichtung dieser Gegend.

An der Bahnlinie Richtung Amsterdam setzen uns die beiden Mopedlenker ab und brausen nach Utrecht zurück. Wir haben uns bei Ihnen bedankt und verabschiedet. Nun essen wir Brot mit Streichkäse und trinken dazu kalten Kaffee. Um 22:45 fährt der Zug Richtung AMSTERDAM in die Station ein. Mir graut vor dem Gedanken, dass wir erschöpft und zu derart später Stunde noch eine Schlafgelegenheit suchen müssen.

Als wir schließlich um ein Uhr nachts hundemüde den Zentralbahnhof von Amsterdam erreichen, lungern in der Halle überall schmierige Typen herum. Die Rauschgiftszene ist weltbekannt. Zum Glück ist die Jugendherberge nicht weit. Doch dort halten sich bereits viele Jugendliche im Flur auf. Sie alle haben keinen Schlafplatz mehr bekommen und hoffen auf ein Wunder. Vielleicht wollen sie durch ihr Warten insistieren, trotzdem aufgenommen zu werden. Ich erinnere mich, dass mir mein neuer Klassenkamerad Horst Krenn vor der Reise geraten hat, unser Glück im *Sleep in* zu probieren, einem privaten Hostel. Es funktioniert. Wir zahlen jeder vier holländische Gulden und steigen eine enge Holztreppe hoch. Oben betreten wir einen Schlafsaal in Turnsaalgröße, aus dem uns erschreckend strenger Geruch entgegenweht. Es riecht, als hätten alle Anwesenden Schweißfüße.

Die eng gestellten Stockbetten sind nichts als leere Eisengestelle, auf denen je eine dünne, stark verschmutzte Schaumstoffmatratze liegt, die aussieht, als wäre sie von Ratten angeknabbert worden. Wir finden noch zwei freie Plätze nebeneinander und stellen das Gepäck dazwischen. Die Schuhe stelle ich außen neben das Bett. Da meldet sich ein Mädchen, das oberhalb schläft, und warnt mich vor Diebstahl meiner Schuhe. Ich bedanke mich für ihren wertvollen Tipp und stecke die Schuhe in Höhe meines Kopfes unter die Schaumstoffmatratze. Ohne Schuhe wäre eine Weiterreise undenkbar.

In der stickigen Luft und wegen der Diebstahlsgefahr finde ich nur unzureichend Schlaf. Erst am nächsten Morgen realisiere ich, wie stark verschmutzt auch die Toiletten sind. Es gibt keine Klobrillen, überhaupt kein Papier und das Wasser steht knöcheltief. Zum Glück tragen wir Holzpantoffel, so genannte *Clogs,* die gerade im Trend liegen und hohe Sohlen haben.

Als wir die Herberge erleichtert verlassen, erinnern wir uns daran, dass auch zwischen den Gassen der Stadt das Wasser steht. Hier ist es allerdings in Kanäle gefasst. Wir marschieren diese Grachten entlang und über Plätze, auf denen sich *Fixer* aus ganz Europa treffen. Überall liegen Taschentücher und Spritzen herum. Die Papierkörbe reichen nicht, für den vielen Abfall.

In diesem Jahr wird Amsterdam von Jugendlichen regelrecht überschwemmt. Dafür hat die Stadtregierung zu wenige Vorkehrungen getroffen. Man hat sich nicht vorstellen können, dass Europas geburtenstarke Jahrgänge so jung schon zu reisen begännen. Die Frauen in den Schaufenstern sehen alt aus gegen uns. Die meisten von ihnen lesen oder maniküren sich die Fingernägel, solange man sie nicht bucht. Manche wollen dem Geschäft ein wenig nachhelfen, indem sie sich ans Fenster setzen und die Beine unter dem Rock breitmachen. Doch das Angebot der sitzenden Schönheiten geht am Bedarf vorbei und so bildet sich keinerlei Preis für etwas. Niemand von uns jungen Leuten kümmert sich um ihre Präsenz. Es sieht auch keine Frau jünger aus als dreißig und somit wesentlich älter als unsere Aufbruchsgeneration. Die *Achterburgvaal* verfehlt ihren Zweck, angesichts dieser Trauben von Jugendlichen, die sich überall bilden.

Am *Waterloo-Plane* findet ein Markt für allerlei Krimskrams statt. Er ist bestens besucht, obwohl man die Sachen teilweise kaum vom Müll auf dem Dam unterscheiden kann. Ich kaufe mir zwei Ringe und trendige Ketten aus Kunstperlen. Wir schreiben das Jahr sechs nach achtundsechzig, doch ich möchte das Rembrandt-Museum sehen. Zuerst finden wir nicht hin, dann sind wir zu müde, denn wir haben ja die Rucksäcke angeschnallt.

Die Milch schmeckt wunderbar fett und süß und wir senden Ansichtskarten an unsere Verwandten und Freunde.

Die Ausfallstraße aus A-Dam scheint kein Ende zu nehmen, sodass wir umkehren und ein Stück weit mit der Bahn reisen. Weil das so bequem ist, steigen wir gar nicht mehr aus. Über Harlem fährt die Bahn einen Kanal mit Ansichtskarten-Windmühlen entlang.

In DEN-HAAG trennen wir uns. Blacky will die Nacht bei Bekannten verbringen, ich reise weiter nach SCHEVENINGEN, wo drei *lässige* holländische Jungs wohnen, die ich Wochen vorher beim Zelten am Mondsee kennen gelernt habe. Es ist in inzwischen nicht ungewöhnlich, nach kurzer Bekanntschaft eine Adresse zu bekommen und dort dann wenigstens eine Nacht schlafen zu können. Doch die Jungs sind nicht da und ihr Vater misstraut mir. Er lässt mich weder eintreten noch lädt er mich auf einen Drink ein.

Vergebliche Mühe. Ich marschiere wieder zur Verkehrsachse zurück. Dass ich im Bus einen Viererblock lösen muss, ärgert mich. Ich übernachte in einer großzügig angelegten, aber für meine Verhältnisse sehr teuren weiß gestrichenen Jugendherberge im Südstaaten-Look und mit Pferden im Park. Ich summe *White white horses* von den *Rolling Stones.*

Erst am nächsten Tag kann ich wieder lachen, als ich zu Fuß ein Dorf passiere, das *Monster* heißt. Dabei denke ich an Frank Zanders Nummer *Hass*, eine Sprechplatte, die oft auf dem Radiosender Ö3 gespielt wird. So ein Unsinn fällt einem ein, man sollte sich besser die unvergesslichen Nachmittags-Sendungen von Michael Kos vergegenwärtigen, vor allem jene über die *Stones.* Vor Jahren wäre mir beim ersten Besuch in einem Plattenladen eine Stones-Platte angelobt worden. Zu Hause hörte ich sie an, auf dem tragbaren Plattenspieler, es gelang mir aber nicht richtig, mich einzuhören. Deshalb tauschte ich die Single *Honky Tonk Woman* wieder zurück und erhielt dafür den uralten Ladenhüter von Manuela, *Lord Leicester aus Manchester.*

Den Chef des Plattenladens auf der Spittelwiese im ehemals amerikanischen Sektor habe ich als sehr unfreundlich in Erinnerung. Ihm missfiel mein Aussehen. Blonde Haare und blaue Augen waren *out.* Wer so aussah, musste lange warten, um bedient zu werden. *Ein Hitlerkind*, hat er sich wohl mir gegenüber gedacht. Aber zum Glück sprossen die Plattenläden wie Pilze aus dem Boden.

Ein sehr guter Laden öffnete an der Mozartkreuzung. Leider machte sich unser Klassenguru einen Sport daraus, ausgerechnet diesen Laden leer zu räumen, indem er Platten nach Wahl aus ihren Hüllen entfernte und in seinem Seesack verschwinden ließ. Unglaublich, dass er dabei nie erwischt worden ist! Andere klauten in Kaufhäusern und in Sexshops. Dafür machten sie einen politischer Hintergrund geltend:

Die Waren dort brauchten ihrer Meinung nach nicht produziert zu werden. Das Klauen war für einige in der Klasse Äußerung einer revolutionären Grundhaltung gegenüber dem Establishment, aber auch eine Art Reifeprüfung. Dazu gehörte ebenso das Abmontieren von Mercedes-Sternen. Fast alle haben diese Phase inzwischen überwunden, denn Reini P. hat mit Klassensprecher Franz neue Initiationsriten eingeführt. Anfangs war das der übermäßige Rotwein-Konsum in einem Altstadtlokal. Zwecks Geldbeschaffung ging Reinis Freund Pepi aber wesentlich öfter Blut spenden als erlaubt und verträglich war. Er wurde so von Tag zu Tag durchsichtiger. Weil er schulisch stark abdriftete, änderte Reini den Ritus.

In der Siebenten begann er sich auf die Demontage des Philosophieprofessors *Phipps* zu konzentrieren. Dieser ist Priester und etwas naiv, um es gelinde auszudrücken. Wir lernen auf seine Prüfungen aus Prinzip nichts und haben trotzdem alle sehr gute Noten. Ist der Prüfungstermin gekommen, arbeiten wir mit zwei Ohrstöpseln. Die Schüler werden dem Alphabet nach abgeprüft. Der Erste tritt mit Ohrstöpseln an, verdeckt vom Haar, das uns allen zumindest bis über die Ohren reicht. Jeder Zentimeter Haarlänge musste zu Hause heiß erkämpft werden. Jetzt ist er von Nutzen.

Der Prüfling setzt sich in eine vereinbarte Bank direkt vor den Katheder. Sobald er sich niedergelassen hat, sucht der Hintermann, meist Erich oder Klassensprecher Franz, das Drahtende am Rücken des Prüflings und steckt es am Tonträger an. Dann hält er das Mikrophon Reini entgegen, der die Prüfungsfrage im Buch nachschlägt und beantwortet. So erfährt auch der Prüfling die Antwort und die Lösung sprudelt zeitversetzt aus ihm heraus.

Der Zweitgeprüfte hat inzwischen unter seinem Pullover den zweiten Ohrstöpsel eingeführt. Reini beherrscht das Procedere schon dermaßen gut, dass er inzwischen auf den Mittelsmann verzichtet, wodurch er die ganze Wertschätzung der Klasse auf sich konzentrieren kann. Dadurch verliert der Klassensprecher an Einfluss.

Ich habe dann das *Hitchhiken* als Initiationsritus einführen wollen, doch hat sich zunächst nur Blacky dafür begeistern lassen. Die anderen dürfen wahrscheinlich nicht, die Mehrheit von uns ist ja erst siebzehn, ausgenommen jene Repetenten, die vom Akademischen zu uns herübergewandert sind. Diese machiavellischen Wölfe haben mit uns sozial denkenden Opferlämmern leichtes Spiel. Aber das ist eine andere Geschichte.

Das Autostoppen jedenfalls machen *Michael Holm, Middle of the road* und *CCR* mit einigen ihrer *Nummern* attraktiv. *The Mamas and the Papas* und *Crosby Stills Nash and Young* taten das schon früher, werden aber erst im Nachhinein von uns Post-Achtundsechzigern entdeckt. Von denen stammt wohl das Friedenszeichen, eine in eine Bronzeplatte gestanzte Rune, die von mir, Fried und Lehmann an einem Lederband um den Hals getragen wird.

Reini P. ist der politisch Radikalste unter uns. Er wohnt zur Zeit bei seiner älteren Schwester in einer Studenten-WG und tritt als Gegner des Vietnam-Kriegs auf. Sein Bruder Kurt ist Chef des KSV und hat aus Moskau ganz andere Informationen zur Verfügung als wir durch den Äther. Mir persönlich gefällt das Foto von Jane Fonda sehr gut, wie sie sich da auf dem Panzerrohr des Vietkong *aufgeilt*, aber für den Vietkong Partei zu ergreifen, das fiele mir nicht im Traum ein. Das unterscheidet mich deutlich von Reini P., obwohl uns die Liebe zur Literatur verbindet. Offenbar fehlt mir der Erfahrungshorizont der Diskussionsrunden in den Studenten-WGs. Wenn Reini so weitermacht, gewinnt er noch den *Rauriser Literaturpreis*!

Jane Fonda mag ich, besonders im Film *Klute*. Aber Reinhards politische Thesen kann ich nicht nachvollziehen. Auch die *Mao-Bibel* erheitert mich bloß, während sie von meiner Gitarren-Freundin Elfriede als Dogma angesehen wird. Im Gegensatz zu ihr lehne ich alle Gewalt ab, deshalb sind mir doktrinäre Bücher suspekt.

Allerdings scheue ich nicht davor zurück, für eine gute Sache auf die Straße zu gehen, wie z.B. für Pater Jakob Förgs hoffnungslose Amnesty-Fälle, die im Knast gelandet sind und gefoltert werden, weil sie ihre Meinung kundgetan haben.

Einmal sind wir laut skandierend und mit hoch erhobenen Transparenten über dreißig Kilometer, bis nach Mauthausen, gezogen. Schließlich regnete es und wir übernachteten im Heu. Dabei blieb an mir eine Schwarzhaarige kleben, die eigentlich schon mit einem Wehrdiener liiert ist, daher rufe ich sie nicht allzu oft an, aber sie wäre immer für mich bereit. Das langweilt.

Freie Meinungsäußerung bedeutet mir alles. Ich habe bisher sieben Jahre meines Lebens in Internaten vergeudet. Während des kommenden und letzten Schuljahrs darf ich endlich zu Hause wohnen. Ich habe jetzt ein eigenes Zimmer.

Den alten Kleiderkasten habe ich quer gestellt und ihn zu einem wesentlichen Bestandteil einer Schlafecke gemacht, die ich mit Postern von Popmusikgrößen austapeziert habe. Die meisten Darstellungen stammen von Konzerten der Rolling Stones, aber auch die Hochzeit Mick Jaggers in St. Tropez spielt eine tragende Rolle. Ja, St. Tropez, das ist der Inbegriff des sonnigen Südens, dorthin würde ich auch gern reisen. Dieser Ort scheint das Flair eines lateinamerikanischen Dorfes zu besitzen. Keith Richards hat eine offene Ketchupflasche gegen die Hotelzimmertür geschleudert. Vielleicht war er scharf auf Mick Jaggers barbusige Braut Bianca ;-)

Das nächste Dorf auf meiner Wegstrecke heißt HOEK VAN HOLLAND und ist der Endpunkt Festlandeuropas. Rundum nur Schafweiden, heftiger Wind, Meer und als Kulisse der Hafen von Rotterdam. Von hier aus startet die Fähre in den Osten Englands.

An der Endhaltestelle des Überlandbusses stoße ich auf Blacky, den im Moment zwei Finninnen in Beschlag genommen haben. Ich bin überzeugt, er merkt es gar nicht, dass die es auf ihn abgesehen haben. In dieser Hinsicht fasst er ein bisschen langsam auf. Er ist sich dessen gar nicht bewusst, dass er gegenüber Frauen eine unwiderstehliche Wirkung hat. Gewelltes und fülliges pechschwarzes Haar, ein schwarzer Seehundbart und dunkle Augen, dazu ein sehr männlich geschnittenes Gesicht wie Nick Knatterton oder Jerry Cotton. Und wenn er nicht rasiert ist, auf unserer Reise ohnehin der Dauerzustand, dann sind frivole Damen auch noch von seiner vermeintlichen Verwegenheit beeindruckt.

Realiter jedoch können sie diese unmöglich verifizieren, denn Blacky hat eine ganz und gar kaufmännische Ader geerbt, die er auch im täglichen Umgang nicht verhehlt.

Einige Zeit später spazieren wir zu viert den Damm entlang und Blacky erheitert sich am finnischen Wort für Mundharmonika. Zum Glück hat er seine *Echoharpe* griffbereit, denn er ist ausgezeichneter Musiker und kann uns mit Ennio Morricones *Lied vom Tod* die Wartezeit verkürzen.

Erst vier Stunden später legt die Fähre nach England ab. Kurz davor vermissen die beiden Mädchen eine kleine blaue Tasche und verdächtigen uns, doch am Schalter finden sie die Tasche wieder. Ihr Misstrauen hat aber Distanz geschaffen. Wir würden anderen Trampern nie etwas klauen. Genau fünf Viertelstunden vor Ende des Monats Juli legt die Fähre ab und taucht in pechschwarze Nacht. Ein mulmiges Gefühl, wenn man an Deck steht und da draußen am stürmischen Meer absolut nichts erkennen kann. Holländische Gulden haben wir noch alle verbrauchen können, aber englische Pfund führen wir sehr wenige ein. Für ein paar Drinks werden sie reichen. An der Bar bestellen wir *Becks Bier* und setzen uns zu drei Männern an den Tisch. Sie versuchen unser Vertrauen zu gewinnen, aber ich habe kein gutes Gefühl dabei. Irgendetwas stimmt nicht, bei ihrer Konversation. Es betrifft mehr die nonverbale Ebene. Schließlich erreicht die Unstimmigkeit auch die verbale Ebene. Sie fügen, als wäre dies selbstverständlich, mehrmals den Begriff *Jailhouse* ein, machen ihn schließlich sogar zum Zentrum der Unterhaltung. Auf meine Frage *And why have you been in jailhouse?* tischt uns der Angesprochene eine wackelige Geschichte auf, auf die hinauf wir uns am liebsten in unsere Kabine zurückziehen würden.

Aber eine solche Kabine haben wir nicht buchen können, deshalb suchen wir nun schleunigst nach unserem Gepäck, das wir aber unversehrt vorfinden.

Wir legen unsere Matten und Schlafsäcke am Boden aus. Doch der Warteraum neben dem Gepäckraum, wo wir jetzt liegen, hat einen so hohen Kleinkinderlärmpegel, dass wir dann doch unseren Schlafplatz wechseln und den Teppichboden eines anderen Warteraums bevorzugen.

Bei Anbruch der Morgendämmerung herrscht auf dem Außendeck ein reges Kommen und Gehen. Seit Stunden schon haben sich zahlreiche Passagiere wegen des hohen Seegangs über die Reling gebeugt, sobald sie etwas loswerden wollten. Jetzt drängen viele andere nach draußen, um das Meer zu sehen.

Bereits um fünf Uhr dreißig Ortszeit legen wir in HARWICH an. Die Hafenpolizei kommt an Bord und besetzt die Schreibpulte. Der Pass muss vorgewiesen werden und der Zweck des Englandbesuches angegeben. Bei Aufenthaltsort und Wohnadresse müssen wir mogeln. Blacky fällt gerade noch ein, dass ihm seine Schwester irgendeine Adresse mitgegeben hat, und ich führe eine Nonnenkongregation in London an. So kommen wir ohne Schwierigkeiten durch die Kontrollen, die offenbar wegen IRA-Aktivitäten sehr streng verlaufen.

Obwohl wir uns beeilen, sind wir nicht die Ersten, die sich an der schmalen Straße zwischen Hafen und Stadt aufstellen, um eine Mitfahrgelegenheit zu ergattern. Ein Hippie-Paar mit flatternden Gewändern versucht ebenso sein Glück. Doch uns ereilt dieses schon nach ein paar Metern in Gestalt eines Mini. Der sehr gepflegt aussehende langhaarige junge Fahrer trägt Stiefletten wie die Musiker von *Shocking Blue*. Solche würde ich auch gern tragen. An den Schlagzeugpedalen sehen sie besonders elegant aus, genau so wie am Gaspedal. Während des Gesprächs stellt sich heraus, dass der Fahrer tatsächlich Musiker ist und gerade von einem Kurzurlaub bei Freunden in Amsterdam zurückkehrt. Was für ein tolles Leben!

Wir dürfen ihn bis IPSWICH begleiten und erfahren dabei die Segnungen jenes gelobten Landes, das wir bislang nur aus dem Schulunterricht gekannt haben: Die Schulen und Geschäfte öffnen nicht vor neun!

Vor vielen Häusern prangt das Schild *For sale*. Sobald die Morgensonne über den Nebel siegt, zeichnen sich am Ufersaum die Schlote der Stadt Ipswich ab. Wir trennen uns nur widerwillig von unserem Fahrer, der uns einen ersten ausgezeichneten Eindruck von den *lässigen* englischen Umgangsformen geliefert hat, und versuchen unser Glück auf der Straße in Richtung Norden.

Es dauert nicht lange, da pickt uns ein Bus mit Landarbeitern vom Fahrbahnrand auf. Indem sich die Passagiere im Fonds schmal machen, entsteht noch Platz für uns beide. Die Landschaft heißt nun nicht mehr Essex, sondern Suffolk. Eigentlich wollen wir nach Great Yarmouth, aber die Arbeiter fahren in Richtung Norwich. Wegen undeutlicher Aussprache verstehen wir leider ihren Soziolekt nicht. Weder von dieser Sprachvariante noch von den Orten an dieser Küste haben wir im Englisch-Unterricht etwas gehört.

Über einen weiteren *Lift* erreichen wir NORWICH. Die Läden haben inzwischen geöffnet und hungrig, wie wir sind, suchen wir gleich nach einer Snackbar. Über eine Treppe gelangen wir an eine Theke, wo wir bestellen. Das Speisezimmer nebenan ist einfach eingerichtet: einfache Möbel und weiße Plastiktischtücher. Aber billig ist es hier. Wir essen süßlichen Schinken mit Ei und trinken ein jeder zwei Glas Milch.

Über dieses Getränk der Geborgenheit gelangen wir in den Schoß der Kirche, eine Kathedrale mit nie zuvor gesehenem gotischen Zierrat im *Perpenticular-Style*. Sogar das englische Fischblasenmotiv verläuft anders, als wir es aus Mitteleuropa kennen, genau so *strange*, weil verzerrt oder ausgestellt wie unsere Glockenhosen. In einer Seitenkapelle entdecke ich sogar keltische Wandmalereien. Ich bekomme Appetit auf mehr Kirchenvisitationen und versuche, Blacky für die Kathedrale von Ely zu begeistern, die für ihre Vierung berühmt ist, aber für uns einen kleinen Umweg bedeuten würde. Er lehnt ab, das würde uns nur von unserem Ziel Schottland ablenken und zu viel Zeit kosten.

Noch mehr Zeit würde ich auch gern in Norwich verbringen, denn diese Stadt verfügt sowohl über eine wunderschöne Kathedrale als auch über eine dazu passende geschlossene Altstadt aus roten, rosaroten, gelben und weißen Häusern im Fachwerkstil.

Blacky drängt vorwärts und wir bekommen eine Mitfahrgelegenheit nach BRECKLAND, wo wir jedoch lange Zeit am Straßenrand warten, in der Mittagshitze.

Plötzlich hält ein tief liegender Wagen, in dessen Fond wir besser nicht zugestiegen wären. Auf den Sitzen hocken nämlich völlig reglos vier *Rocker* in schwarzen, mit Ketten behängten Lederjacken und pechschwarzen Sonnenbrillen. Aber wenn wir nicht zusteigen, bekommen wir erst recht Probleme mit ihnen, rufe ich Blacky zu. Wir zwängen uns rein und eine Höllenfahrt beginnt. Der Fahrer überholt seelenruhig in unübersichtlichen Kurven und steigt kräftig aufs Gas. Während ich vor Angst die Augen schließe, bleiben die Rocker völlig gelassen. Es grenzt an ein Wunder, dass es zu keinem Crash kommt.

In CAMBRIDGE besorgen wir uns Fingerfood und setzen uns auf die Campuswiese zwischen den Wasserläufen, über die wir schon im Englisch-Lehrbuch *Ann and Pat* gelesen haben. Halbwegs gesättigt sehen wir uns danach im St. Jones- und im Kings-College um. Auf dem Rückweg warnen uns zwei Schweizerinnen vor der voll besetzten Jugendherberge. Das bedeutet nichts anderes, als dass wir unser Glück bei der nächsten Herberge versuchen müssen. Das Verzeichnis nennt uns Huntington. Doch jener Fahrer, der uns am Straßenrand aufliest, beteuert, in Huntington existiere gar keine Herberge. Daher bringt er uns ins sechzig Kilometer entfernte PETERBOROUGH, wobei wir zum ersten Mal den Highway A1 befahren, der uns in den nächsten Tagen bis nach Schottland hinauf begleiten soll.

Peterborough ist keine übliche Destination für Tramper und Interrailer, daher erhalten wir ohne Probleme Schlafplätze. Der Herbergsvater will von uns alle möglichen Formulare ausgefüllt haben. Dann kaufen wir billig Lebensmittel ein und fallen todmüde in die Betten. Von denen sind nur wenige belegt.

Ein Linienbus bringt uns anderntags zur Autobahn. Wir wandern gemächlich den Highway entlang und einer von uns beiden streckt sichtbar seinen Daumen zur Seite, während der andere Mundharmonika bläst. Mein Repertoire beschränkt sich allerdings auf den Dylan-Song *How many roads*, den ich immer wieder von vorn beginne. Das US-Open Air-Konzert *Woodstock* muss dagegen langweilig gewesen sein. Sich drei Tage lang durch ein Megaphon manipulieren zu lassen, das muss öde sein. Ich glaube, ich hätte das nicht ausgehalten: „Macht jetzt alle das und das und das!" Das war ja eine einzige Verkaufsveranstaltung für Drogen, Prostituierte, Haschkekse, Aschramzubehör und ... was weiß ich. 1969 und die Treue zum Partner wurde abgeschafft. Mädchen wurden dazu verurteilt, Gemeinschaftsware zu werden. Der Große Bruder mit dem Megaphon bestimmte, was zweihunderttausend junge Leute zu tun hatten. Und dann die Künstler! Roger Daltrey von den WHO war heiser und sang gar nicht wirklich. Joan Baez tat so unprofessionell, als würde sie im eigenen Kibbuz auftreten. Nur Alvin Lee von *Ten Years After*, Joe Cocker und Carlos Santana überzeugten, gemäß dem Konzertmitschnitt.

Auch Blacky könnte mit seinen Songs einen Abend füllen. Er ist ein begnadeter Akkordeonspieler. Aber mit diesem Instrument wäre er in Woodstock falsch gelegen. Mit romantischen Balladen auf der Mundharmonika bringen wir einige Meilen hinter uns, bis wir linkerhand zu einer Tankstelle gelangen. Beim Befragen der Tankenden haben wir Glück. Es findet sich jemand, der sich bereit erklärt, uns bis zur Ausfahrt Nottingham mitzunehmen. Hoch über den Wäldern des Forrest klettern wir raus. Ich muss rasch mal austreten und steige zu den Büschen hinab. Ausgerechnet in dem Augenblick hält oben eine schwarze Limousine. Blacky steigt voreilig zu. Als ich über dem Böschungsrand auftauche, wie ein Robin Hood der siebziger Jahre, zeigt sich der Fahrer zunächst gar nicht erfreut. Er hat sich inzwischen mit Blacky angefreundet und sich ihm gegenüber als Musiker geoutet. Als Schlagzeuger bleibe ich nur geduldet, im Fonds des Wagens.

Der Lenker hat rotes Haar, trägt billige, aber dickwandige Krankenkassabrillen, ist unrasiert und einfach gekleidet. Sein Aussehen passt nicht zum großzügigen Charakter seines Wagens. Missmutig beobachte ich, wie er Blacky im Verlauf eines intensiven Fachgesprächs unter Musikern beharrlich oft die Hand auf den Oberschenkel legt. Blacky fällt so etwas - wie immer - nicht einmal auf.

Schon nach ein paar Kilometern beweist uns der Fahrer, dass er es nicht eilig hat. Er steuert eine Autobahnraststätte an und lädt uns auf Tee mit Milch ein. Wir haben nun einen guten Eindruck von ihm, doch dies ändert sich, denn er fährt nicht mehr auf die Autobahn auf, sondern nimmt - ohne uns zu informieren - die Abfahrt zum nächsten Ort, der PONTEFRACT heißt, vielleicht ein römischer Name. Eine alte Schlossruine scheint hier berühmt zu sein, doch wir interessieren uns nicht dafür, weil wir vorher nie etwas davon vernommen hatten. Scheinbar interessiert man sich nur für Dinge, von denen man schon irgendwann mal gehört hat.

Wir fordern Patrick, unseren Lenker, auf, nach Doncuster weiterzufahren, doch er hört nicht auf uns. Es sieht ganz so aus, als wären wir nun zu seiner Beute geworden. Wir können uns jedoch nicht vorstellen, worauf dieses ungewöhnliche Verhalten hinauslaufen soll.

Patrick verweigert unsere Wünsche und zwingt uns den Besuch der Ruine auf. Bei zwei hübschen Mädchen zahlt er für uns drei den Eintritt und erklärt uns dann mit ausladenden Gesten irgendwelche Einzelheiten. Dabei legt er wiederholt den Arm um Blackys Schultern, um seine Verweise zu verdeutlichen. Mir ist gar nicht wohl bei der Sache und ich halte mich deshalb im Hintergrund.

Als uns Patrick danach in ein düsteres Pub einlädt, in dem so gut wie ausschließlich Männer verkehren, die uns bereits beim Eintreten neugierig mustern, bin ich auf alles gefasst. Patrick stellt uns sogleich der Wirtin vor, angeblich eine Deutsche. Doch spricht sie kein Wort in unserer Sprache. Umso angeregter unterhält sie sich mit Patrick und gebraucht dabei den lustig klingenden mittelenglischen Dialekt, in dem das -u- nicht als -a-, sondern als -u- gesprochen wird. *Nicht wahr* wird als *-ne* ? übersetzt, als wären wir in Deutschland. There is sumething up, ne?

Patrick bringt uns schwarzes Guinness-Bier mit einem Schuss Sherry. Dieser wird extra serviert. Da ich nicht ausschließen kann, dass sich darin kein Betäubungsmittel befindet, lasse ich mir für den ersten Schluck lange Zeit. Vom Nebentisch herüber lächelt ein junger Mann freundlich warm. Mir hingegen läuft es dabei kalt über den Rücken und ich wende mich ab. Patrick fordert uns wiederholt zum Trinken auf. Wir wagen es erst, nachdem Patrick zuerst getrunken hat. Patrick trinkt rasch und ohne Zurückhaltung. Er macht uns dadurch Mut.

Nach drei Bieren mit Sherry verlassen wir das eigenartige Pub. Wir hoffen jetzt auf eine Weiterfahrt, doch zeigt Patrick weiterhin keinen Willen, uns nach Doncuster zu chauffieren. Er steuert geradewegs auf eine Fabrik zu, wo er seinen Arbeitsplatz hat. Dort führt er uns durch die Fabrikshallen und präsentiert uns überall als seine Freunde vom Festland. Unter seinen Kollegen befindet sich auch ein junger Mann, der Patricks Bewunderung genießt. Allerdings erfahren wir nicht, was in dieser Fabrik erzeugt wird.

Nach diesem Rundgang will uns Patrick plötzlich auf der Straße aussetzen. Doch wir haben keine Ahnung, wie wir wieder von hier wegkommen sollen. Nun wird er unverschämt und verlangt Geld von uns. Am Ende steigen wir doch wieder bei ihm ein, ohne etwas zu zahlen. Von diesem Moment an zeigt er sich nur noch von seiner besten Seite. Er erzählt über sich, dass er aus Schottland stamme und hier in Pontefract arbeite. Nebenberuflich sei er als Musiker tätig und er spiele in einer Band mehrere Instrumente.

Ein Band von Dampfkraftwerken zieht sich durch Mittelengland und Patrick will uns eines davon unbedingt zeigen. Der Chef ist sein Bruder, daher bekommen wir eine interessante und fachkundige Führung, aber die Wartezeit beträgt nicht weniger als eine Stunde. Wir sind fasziniert von den gewaltigen Rohrsystemen.

Weil nun endlich der Funke übergesprungen ist, erklärt sich Patrick sogar dazu bereit, uns in der Dunkelheit noch bis YORK zu chauffieren, wo sich wieder ein Youth Hostel befindet. Er zeigt uns auch noch die Stadt York, besonders die Kirche. Als wir zusammen ein letztes Bier trinken, stoßen wir auf einen Kapuzinerpater an, der hier ebenfalls seinen Gerstensaft konsumiert. Ich denke an einen von Robin Hoods Begleitern, Bruder John, obwohl der Nottingham Forrest längst hinter uns liegt.

Von York nach Newcastle upon Tyne gelangen wir am nächsten Morgen rasend schnell. Die einzigen Unterbrechungen sind durch Teepausen verursacht, die die Lenker immer wieder zwischendurch einlegen. Dabei lädt man auch uns zu einem Glas Tee mit Milch ein. NEWCASTLE ist die Stadt der fünf Brücken über den Tyne-Fluss und ich glaube, das Kloster *Lindisfarne* wäre nicht unweit von hier zu finden, doch Blacky winkt wieder ab: Wir dürfen keine Zeit verlieren!

Mit unseren sperrigen Rucksäcken können wir uns nur schwer einen Weg durch das Gedränge in der Innenstadt bahnen.

Der Highway endet schon in Newcastle. An der Ausfallstraße nach Norden probieren wir eine Technik aus, die wir zuvor nie erprobt haben. Wir warten an einer geregelten Kreuzung und laufen während der Rotphase die Autokolonne entlang, um an die Fahrzeuglenker appellieren zu können. Damit haben wir tatsächlich Erfolg und ein Auto nimmt uns bis zu einer Tankstelle außerhalb von Newcastle mit.

Wir betreten die Imbissstube hinter der Tankstelle. Die Wände des Großraums sind von oben bis unten mit Fotografien von KöniglInnen und prominenten

Filmschauspielerlnnen behangen. Wir bestellen Sandwiches und *Shandy*, eine Art Radlerwasser, auf das uns am Vortag Patrick aufmerksam gemacht hat. Shandy gibt es in Dosen und die Sandwiches sind hier keine gleichschenkeligen Dreiecke, sondern mit Schinken und Ei gefüllte Semmeln, daher sehr nahrhaft.

Danach steigen wir zu einem jungen schottischen Paar ins Auto. Die Szenerie wird zunehmend ländlicher. Wogende Getreidefelder, dahinter das Meer. Am Ende einer kleinen Bucht irgendeine Ruine.

EDINBURGH erreichen wir erst am Abend, obwohl wir nirgends aufgehalten worden sind. Am Holyrood-Park vorbei, dem Scott-Monument und die Princess-Street entlang werden wir bis vor die Jugendherberge kutschiert, wo wir uns von dem netten Pärchen verabschieden.

Auch in der Herberge ist uns das Glück hold. Nur noch drei Betten sind frei, zwei davon belegen wir. Hier bleiben wir zwei Nächte, denn wir müssen dringend unsere Unterwäsche waschen. Dies erledigen wir mit kaltem Wasser und einem Schaummittel im Handwaschbecken. Ein Tramper hat auch immer eine Schnur dabei.

Nach der Besichtigung von Stadt und Burg treffen wir auf einen Salzburger Motorradfahrer, der schon einige Monate lang mit Freunden unterwegs und mit der Fähre von Norwegen herübergekommen ist. Er jammert über den hohen Fährpreis.

In einem Fish and Chips-Laden schmeckt der panierte Fisch so schlecht, dass wir ihn auf den Müll werfen.

Als wir nach zwei Nächten in Edinburgh packen und aufbrechen wollen, müssen wir leidvoll erfahren, dass unsere Wäschestücke nicht trocken sind. Daher wickeln wir sie feucht in Plastiksäcke ein, eine fatale Entscheidung.

Um ca. 9 Uhr morgens lässt uns am Stadtrand ein Lkw-Fahrer zusteigen, der uns bis ABERDEEN mitnimmt. Während der Fahrt werden wir vollgedröhnt mit schottischer Volksmusik. Irgendwie haben wir das Gefühl, die Hauptverkehrsachse verloren zu haben, denn das Verkehrsaufkommen ist niedrig geworden.

Von der Stadt Aberdeen, die am Meer liegt, sehen wir nur die Außenbezirke. Eine Schnellstraße verläuft als ein halber Ring bis ans andere Ende der Stadt. Davon strahlenförmig abzweigende Ausfallsstraßen sind der Grund dafür, warum wir die ganze Stadt umgehen müssen. Nach jeweils fünfhundert Metern stoßen wir auf eine Kreuzung mit einer Ausfallsstraße. Es wäre unmöglich, hier anzuhalten, wir müssen bis zum bitteren Ende am nördlichen Zipfel der Stadt *latschen*. Dort kritzle ich in möglichst großen Lettern unser Tagesziel auf den Zeichenblock. Doch das lange Wort *Inverness* passt nicht zur Gänze aufs Blatt. Deshalb verkürze ich den schottischen Städtenamen zu einem vermeintlich verständlichen *Invern*. Dann halte ich die Tafel hoch.

Kaum ein Auto ist zu sehen. Am frühen Nachmittag endlich hält der Kombi eines Tischlers an. Die Straße, die wir entlangfahren, wird mit der Zeit einspurig und wir, genau genommen ich, werde immer nervöser. Irgendetwas läuft falsch. Ich frage den Tischler mehrmals verzweifelt, ob er auch wirklich zum angegebenen Ort fahren würde, wie er auf dem Zeichenblatt zu lesen steht. Er nickt ein jedes Mal und beteuert in einem unverständlichen Gebrumm die Korrektheit seiner Unternehmung. Wir sind nicht allzu lange unterwegs, als er in einem Dorf in einer Hauseinfahrt plötzlich anhält und uns aussteigen heißt. Jetzt protestieren wir lautstark. Hier sagen sich Fuchs und Henne gute Nacht, das kann nicht die Stadt Inverness sein. Dazu waren wir auch nicht lange genug auf Achse.

Der Fahrer packt mich am Arm und zieht mich zum Ortsschild. Auf diesem steht deutlich zu lesen: INVERRURIE Ein Blick auf die Karte zeigt uns, dass jedes zweite *Kaff* hier mit der Bezeichnung *Inver-* beginnt. Den letzten Buchstaben meines Schildes hat er also falsch gelesen oder missachtet. Uns schwant Böses. Wie sollen wir aus diesem Kaff je entkommen? Kaum ein Fahrzeug verirrt sich hierher und fährt dann erst nur bis zum nächsten Dorf. Von der Hauptverkehrsroute sind wir weit abgekommen.

Nur wenige Kilometer weit bringt uns demnach der nächste *Lift*. Wir müssen der Strecke Meile um Meile abtrotzen. Den gesamten Nachmittag vertrödeln wir auf dieser mehr als Landstraße. Erst ein Tierarzt wird zum rettenden Engel. Er nimmt uns bis zur nächsten Stadt mit, nach Elgin. Die Fahrtzeit vergeht rasch, denn er erzählt, dass er im nächsten Jahr im Salzkammergut urlauben wolle, weil er ein Keltenfan sei.

ELGIN ist der nördlichste Punkt unserer Reise, den wir jedoch gar nicht angepeilt und nur durch Zufall erreicht haben. Zum Glück hält hier gleich ein Auto, mit dem wir bis nach INVERNESS zurückreisen können. Und so erreichen wir die südwestlich von Elgin gelegene Stadt zwar noch während der Dämmerung, aber viel zu spät in Bezug auf unsere Konkurrenten. Die Jugendherberge ist inzwischen von den Interrail-Reisenden zur Gänze besetzt worden. Doch wir haben noch einmal Glück im Unglück. Wir treffen auf einen Norweger, den wir von Edinburgh her kennen, und wir bedrängen den freundlichen Zeitgenossen so lange, bis er sich bereit erklärt, uns nachts ein Fenster zum Einstieg zu öffnen. Gegen das Versprechen, dass wir die Jugendherberge in der Morgendämmerung gleich wieder verlassen würden, willigt er endlich ein.

In der Folge müssen wir die Stunden totschlagen, die uns noch bis zur Sperrstunde der Herberge fehlen. So besteigen wir die Burg und verspeisen hoch über den Dächern der Stadt, was wir im Supermarkt erworben haben. Dudelsack und Trommelwirbel einer schottischen Band hallen von der Princess-Street herauf. In einer Art Tagesheim für Jugendliche dürfen wir dann fernsehen. Wir sehen die Nine o Clock-News und einen spannenden Krimi. Dabei bekommen wir auch Tee und Kekse serviert, nur einschlafen dürfen wir in diesem Aufenthaltsraum nicht.

Daher brechen wir um zweiundzwanzig Uhr dreißig auf, klettern über den Zaun der Jugendherberge und schleichen zum vereinbarten Fenster. Man hat uns gewarnt, es gäbe einen Hund in der Herberge, aber falls es ihn gibt, hat er uns nicht gerochen. Der Norweger hat sein Versprechen gehalten und wir steigen ins offene Fenster zu ebener Erde ein.

Da beginnen deutsche Interrailer, die am Fenster liegen, über unsere Dreistigkeit zu lamentieren. Von ihnen angewidert, spulen wir unser Programm ab, sehen uns aber dann doch gezwungen, den Deutschen zu versprechen, dass wir früh am Morgen wieder verschwunden sind. In der

Finsternis tasten wir nach dem schmalen Gang zwischen den Stockbetten und breiten dort unsere Schlafmatten aus. Ich schlafe diese Nacht sehr fest, doch bei Tagesanbruch lösen wir unser Versprechen ein. Der neue Morgen hat uns leider einen Wetterumschwung beschert. Der Himmel ist verhängt und es regnet beständig. Als wir unsere Schlafsäcke einrollen und auf die Rucksäcke schnallen, strömt eiskalte Luft durch das offene Fenster. Da mein feuchtigkeitsempfindlicher Ami-Schlafsack obenauf gebunden ist, wickle ich ihn in Plastiksäcke ein. Außer uns beiden schlafen noch alle im Saal. Ohne ein Wort zu sprechen, spulen wir das Programm rückwärts ab: beim Fenster raus, am Küchenhund vorbei, über den Gitterzaun auf die Straße. Stumm bleiben wir auch, als wir mit eingezogenen Köpfen durch den Landregen latschen.

Wir verlassen die schlafende Kleinstadt und stellen uns unter einen Baum neben der Straße in Richtung Castle Urquart am LOCH NESS, dem eigentlichen Ziel unserer Reise. Einmal geprüft zu haben, ob *Nessi* tatsächlich existieren könnte, mit dieser Erfahrung wollen wir im Herbst zu unserer Klasse zurückkehren. Die Straße führt den *Lochs* entlang, den Fjorden Schottlands, doch kaum ein Auto fährt hier. Erst nach Stunden des Wartens kommt das Dreiradauto des Milchmanns vorbei. Wir winken und kaufen jeder ein Pint Milch, das ist etwas mehr als ein halber Liter. Auf seiner kleinen Ladefläche hockend, schlürfen wir die Milch und greifen nach Cornflakes aus der Pappschachtel. Doch nach wenigen Kilometern schon wendet das Gefährt und wir müssen wieder an den Straßenrand.

Inzwischen hat wenigstens der Regen ein Ende. Doch wir sind durchnässt und frieren. Am späten Vormittag hält ein kleiner Lastwagen, dessen Fahrer sich als ein Kauz erweist, der gut ins Klischee dieser Gegend passt. Die Landschaft ist beeindruckend: Links und rechts der Straße erheben sich lang gestreckte, mit Moos bewachsene Gebirgsbuckel, entlang denen – wie mit Lineal gezogen – die Baumgrenze verläuft. Die Waldbestände sind ausschließlich Nadelhölzer, die auf der Talsohle von fruchtbarem Land abgelöst werden. Neben bebauten Feldern liegen alte Ruinen. Vor ihnen weiden Schafe und Kühe. In ihrer Mitte das stille blaue Gewässer.

Als ich unseren Fahrer frage, wann sich das geschuppte Untier das nächste Mal aus dem See erheben würde, beteuert er, sein Kollege hätte es erst vor wenigen Monaten gesehen. Kopf und Schultern hätten aus dem Wasser geragt. Für einen kurzen Augenblick kann er mich von seiner Ernsthaftigkeit überzeugen, dann nicht mehr. Eigentlich wäre *Castle Urquart* das Ziel unserer Reise gewesen, doch dort parkt im Moment kein einziges Auto. Auch sonst scheint sich bei diesem schlechten Wetter niemand hierher zu verirren. Daher beschließen wir übereinstimmend, die warme Fahrerkabine erst am Ort der nächsten Übernachtung zu verlassen, in FORT WILLIAMS. Kurz vor diesem Städtchen weitet sich das Tal und der höchste Berg Großbritanniens wird sichtbar: der BEN NEVIS.

Irgendein markantes Zeichen sollten wir schon setzen, in Schottland, sage ich, wir sind so weit hergereist und nicht einmal in Castle Urquart ausgestiegen. Die Besteigung des Ben Nevis wäre eine würdige Alternative. Blacky willigt ein. Der Ben Nevis ist ein Grasberg und sieht nicht höher aus als der Linzer Pöstlingberg. Wir geloben einen Aufstieg am nächsten Tag und kaufen Brot und Käse ein, die Wurst halten wir für zu teuer. In der Nähe der Kirche bietet sich uns eine überdachte Sitzgelegenheit, wo wir essen können. Die Leute schütteln allerdings den Kopf darüber, dass wir hier sitzen und essen, denn es hat inzwischen dicht zu schneien begonnen.

Ein einziger Blick reicht aus, um festzustellen, dass aus der Besteigung des Ben Nevis nichts werden kann. Über Nacht würde es weiter schneien und eine nur wenige Zentimeter dicke Schneeschicht würde den Aufstieg mit unseren glatten Schuhsohlen vereiteln. Wenigstens Ansichtskarten sollen unseren Besuch hier bezeugen.

Als wir weiterstoppen wollen, merken wir, dass sich der Ort unangenehm lang das *Loch Linnhe* entlangstreckt, das bedeutet einen langen Fußmarsch. Konnte man über den Fortgang der Reise bisher nicht klagen, so verändern sich nun die Verhältnisse auf der Westseite der Insel.

Wie aus dem Nichts tauchen jetzt Gruppen von Autostoppern auf. Zwei Burschen halten eine Tafel mit der Aufschrift *Please* in die Höhe. Sie und viele andere werden vor uns mitgenommen. Zwei weitere Schotten wandern hinter uns nach, neben ihnen hält ein Auto. Nun erfasse ich blitzschnell die Situation und fordere Blacky auf, hinter dem Auto her zu laufen, so schnell es gehe. Der Kombi wäre groß genug für uns alle.

Er bringt uns durch GLEN COE, ein Hochland, dessen natürliche Schönheit uns das lange Warten vergessen macht. Die Straße führt über Hügel und Gräben, die nur von grasgrünen und neapelgelben Moosen und Flechten bewachsen sind, alles trieft vor Feuchtigkeit und Frische, und hie und da springen über Rundlinge glasklare Bäche zur Straße herunter. Als wir nach langer Fahrt wieder in ein Dorf kommen, verlassen Blacky und ich den Bus, weil wir nach Glasgow weiter müssen, anstatt zurück nach Edinburgh.

Kurze Zeit später hält ein Kombi mit Arbeitern auf dem Weg nach Glasgow. Wir dürfen hinten Platz nehmen, wo die Teerfässer stehen. Dort hockt schon eine Tramperin mit langen blonden Zöpfen, eine Amerikanerin, wie sich im Gespräch herausstellt. Jetzt erst gibt sich auch ein Arbeiter als Amerikaner zu erkennen. Die beiden verstehen sich gleich auf Anhieb, sie stammen zufällig aus der gleichen Stadt. Wie schön, wenn sich zwei finden!

Noch vor der Dämmerung erreichen wir GLASGOW und die Jugendherberge dort. Kaum jemand übernachtet hier, dafür treffen wir auf einen jungen Englisch-Lehrer aus Deutschland, der am Morgen mit dem Flugzeug angekommen ist. Er hat sich für ein Unterrichtsjahr in Glasgow entschieden. Die erste Nacht will er in der Herberge schlafen, dann will er sich eine Wohnung suchen. Er verrät uns, dass er seine Entscheidung eigentlich schon bereut hat. Er hat sich etwas umgesehen und die Armut bedrückt ihn. Viele Italiener wohnen hier, meint er und bedauert auch diesen Umstand.

Als wir die Plastiksäcke mit der feuchten Unterwäsche öffnen, reißt uns der strenge Modergeruch zurück. Daher verschließen wir sie rasch wieder und lassen die Wäsche darin weiterhin stinken, denn für die Wiederholung des Waschgangs und das Trocknen ist jetzt keine Zeit.

Zu viel Zeit verbringen wir hingegen am nächsten Tag auf dem Highway. Mit verschiedenen Doppeldeckerbussen fahren wir zunächst zum Stadtrand, wo wir an einer Tankstelle unser Glück versuchen. Erfolglos wandern wir stark verschmutzte Straßen entlang, immer weiter vorwärts. Immerhin nimmt uns der zweite von uns angesprochene Lkw-Fahrer bis zum Highway mit, der aber kein normaler Highway ist, sondern ein Motorway. Das bedeutet, dass dort neben einer Reihe anderer Verbote das Autostoppen untersagt ist. Wir wollen es trotzdem riskieren.

Gezählte fünf Stunden verbringen wir schließlich inmitten der Autoabgase, ein Krematorium samt Rauchfahne vor Augen. Zwischendurch regnet es *Cats and Dogs*. Schließlich schleppen wir uns den elendslangen Weg zurück zur Stadt und nehmen den Bus zum Bahnhof. Reiseziel haben wir keines mehr. Wir wollen nichts als möglichst weit weg von hier.

Die Stadt Chester scheint in entsprechender Distanz zu liegen. Daher kaufen wir Tickets nach dort und verbrauchen dafür einen Großteil unseres Geldes.

Im Zug trocknen unsere Kleider halbwegs und wir strecken unsere müden Glieder aus, um etwas zu entspannen. Doch dabei stören uns zwei überdrehte Mädchen, die abwechselnd laut schnattern und Musik hören. Erst in Birmingham steigen sie aus.

In Crew müssen wir umsteigen und erreichen CHESTER am Spätnachmittag. Ein sauberes, übersichtliches altes Städtchen überrascht uns. In der Jugendherberge kaufen wir Lebensmittel. Der Herbergsvater verlangt horrende Preise dafür, aber alles Schimpfen nützt nichts. Die Geschäfte haben schon gesperrt.

Da sich in den Zimmern Waschbecken befinden, kneten wir unsere streng riechende Wäsche noch einmal gründlich durch, um sie danach kräftig auszuwringen.

Doch am nächsten Morgen bleibt uns wieder nichts anderes übrig, als die feuchte Kleidung einzupacken. Wenigstens ist die lähmende Schlaffheit vom Vortag verschwunden. Aber beim Begriff „Glasgow" würde uns auch künftig noch der panische Schrecken erfassen.

Im Nachhinein bedaure ich es, dass wir uns nicht dazu aufraffen konnten, einen Zwischenstopp einzulegen, um den Lake-District zu besuchen. Ambleside und Windermere, die Häuser aus Naturstein, die farnbesetzten Trogtäler, Narzissen an der Feuerstelle, William Wordsworth und Thomas De

Quincy fallen mir dazu ein, und dessen pflastersteingroße Opiumpfeifenköpfe poltern ins Bild und auf die Straße, wo sie einen Moment später einen Weg mit guten Absätzen pflastern, der uns aus dem idyllischen Städtchen hinausführt, in Richtung Süden. Es ist uns bereits zur Gewohnheit geworden, dem Milchmann zu winken. Milchmänner sind unglaublich nett. Sie halten immer an, weil sie denken, wir wollen Milch kaufen. Das ist ja auch der Fall, aber wir wollen mehr. Diesmal klappt es nicht. Macht ja auch nichts, denn die paar Kilometer, die uns der Milchmann befördern könnte, haben wir mit einem Pkw rasch wieder aufgeholt.

Ich habe das erfrischende, heimelige Getränk noch gar nicht abgesetzt, da hält plötzlich eine Limousine am Straßenrand. Weder Blacky noch ich hatten den Daumen nach außen gedreht. Deshalb überrascht es, dass uns ein älterer Herr mit freundlichen Worten einsteigen lässt. Er bietet uns Bonbons an und fragt - wie ein Taxler - nach dem Reiseziel: über Wrexham nach Shrewsbury. Unterwegs zeigt er auf eine alte Kathedrale und spielt den Reiseleiter. Das ist sicherlich der beste *Lift*, den wir je gehabt haben, denke ich, denn er drängt sich uns in keiner Weise auf, er ist einfach selbstlos nett. Beim Durchschreiten des Ortes erfreue ich mich am idyllischen, alten SHREWSBURY.

An der Ausfallstraße braucht es einige Zeit, bis uns schließlich ein Farmer aufliest und mitten aufs Land bringt, nach LUDLOW, dem überregionalen Zentrum für Viehzucht. Viele Bewohner hier scheinen vom Rind zu leben. Ein wöchentlicher Viehmarkt ist nicht das Einzige. Das Zentrum von Ludlow ist kein Kirchenplatz, sondern ein riesiges Rindergehege mit angrenzenden Baracken für den Handel. Es ist Mittag und die Sonne wärmt uns angenehm. Zu dieser Tageszeit ist der Ort wie ausgestorben. High Noon! Die Gehege leer, die Baracken leer, die Straßen leer. Der weiße Staub im Gehege, in dem sich einmal die Woche die Rinderbeine drängen, brennheiß.

Wir schlendern die Hauptstraße abwärts, vorbei an leeren Friseurläden, an leeren Lebensmittelläden, bis wir zur Schlachterei gelangen. Dort biegen wir ab, nach links, über eine Steinbrücke.

Am anderen Ende ein stark verwittertes Kirchlein mit überwucherten Gräbern ringsum, das scheinbar einzige Gotteshaus des Ortes. Wir probieren nacheinander, die Klinke nach unten zu drücken, doch die wettergegerbte Holztür bewegt sich nicht. Nun steuern wir geradewegs auf das Farm-Gatter zu, um unsere guten Vorsätze zu verwirklichen. Wir wollen hier drei Tage lang arbeiten und etwas Geld verdienen. Eine absurde Idee, aber wir versuchen es. Wer wagt, gewinnt. Die Farm steht mitten im Weideland. Die Frau des Farmers sagt uns, dass ihr Mann auswärts sei und ihn sein Manager vertrete. Wir fügen uns ihrer Aufforderung, dass wir auf ihn warten sollten.

Währenddessen gebe ich mich meiner Neil-Young-„Harvest"-Gestimmtheit hin. Die Songs des kalifornischen Blumenkinds lassen mich dahinschmelzen wie den Frühlingsschnee zwischen den Narzissen von William Wordsworth. Doch der Manager des Bauern in Ludlow antwortet rau und bestimmt. Er kommt in einem flotten Sportwagen angefahren und trägt Anzug und Krawatte. Leider benötigt er im Moment keine zusätzlichen Arbeiter. Gegebenenfalls müssten wir uns ohnehin für einen Monat verpflichten. Mein Gott, so viel Zeit haben wir doch gar nicht!

Wir sollten unser Glück im Hühnerschlachtbetrieb versuchen, meint er fürsorglich. Doch dazu haben wir absolut keine Lust. Wir haben wohl beide Angst davor, unsere Gestimmtheiten würden darunter leiden.

Rasch etwas zwischen die Zähne gesteckt und *On the road again!* Eigentlich könnte man eine Reise nach Song-Titeln zusammenstellen, schlage ich vor. Doch Blacky brummt Unverständliches. Etwas Unbestimmtes treibt ihn zügig vorwärts, er nimmt nicht einmal mehr Rücksicht auf Sehenswürdigkeiten. Ich kann ihn nicht dazu überreden, mit mir in Wales einzufallen.

Zwei Burschen nehmen uns ein paar Kilometer weit im Auto mit, doch bis zur Jugendherberge benötigen wir doch noch mehrere Hitch-Hikes, weil sie abgelegen von jeder Hauptstraße in WELSH BICKNOR am Flüsschen Wye zu finden ist. Trotz Abgeschiedenheit führt der Herbergsvater ein strenges Regiment und verlangt von uns, dass wir

Baumwollschlafsäcke, so genannte *Sheet-Sleepingbags* benutzen. Diese haben zwar nur geringes Gewicht, trotzdem sind sie uns fortan lästiger Ballast. Wir reden uns heraus, indem wir behaupten, genau solche Schlafsäcke zu besitzen. Doch weder ich noch Blacky haben diesen Typ Schlafsack zum Überziehen einer leichten Decke vorher gekannt. Ein schmaler Pfad führt uns am nächsten Morgen einen steilen Hang hinauf. Die Jugendherberge im Schatten der Bäume liegt bald hinter uns. Zwischen taufrischen Wiesen, auf denen ungestört Schafe und Ziegen weiden, bewegen wir uns Richtung Süden. Wir sind weit und breit die einzigen Menschen und durch uns lassen sich die Tiere nicht aus dem Rhythmus des Wiederkauens bringen. Schließlich müssen wir doch querfeldein stapfen, um die schmale Landstraße zu erreichen. Auf dem mürben Asphalt schreiten wir so tüchtig aus, wie es unsere Holzpantoffel und die schweren Rucksäcke zulassen. Auf Höhe eines Laubwalds verliert die Straße stark an Höhe und strebt talwärts. Sobald sich der Wald lichtet, kündigen einige Häuser ein Dorf an.

Die Leute hier scheinen alle noch zu schlafen. *Morning has broken, like the first morning ...* Vielleicht ist den Walisern ja der Schlaf heilig, sage ich zu Blacky und erinnere mich an Dylan Thomas` *Milchwald*-Schnarchgeräusche. Ich schäme mich direkt, dass unsere Holzpantoffeln mitten durch den Ort klappern. Die alten Hausmauern reflektieren das Geklapper. Sobald dieser Verkehrsweg in einen breiteren einmündet, führt dieser nun entlang dem Wye-Fluss, der eigentlich ein Bach ist. Nach einem Wäldchen sind wieder ein paar Häuser zu sehen, eines davon eine Tankstelle, an der eine Fernstraße tangiert. Auf diese Tankstelle schreiten wir zu, um unsere Chancen, mitgenommen zu werden, und damit unsere Attraktivität zu testen.

Wir müssen nicht lange warten, bis uns ein Handwerker bis nach CARDIFF mitnimmt. In der Hauptstadt von Wales wollen wir zuerst die alte Burg besichtigen, aber der Eintrittspreis ist so hoch angesetzt, dass wir es uns anders überlegen und lieber in die nächstbeste Snackbar etwas essen gehen. Bei einem fahrenden Limonadenverkäufer erstehen wir danach einige Getränke und füllen sie in unsere leeren Feldflaschen um. Danach stoppen wir weiter und erreichen bald NEWPORT.

Von Cardiff führt eine Autobahn an Newport vorbei. Es ist uns einfach nicht möglich, von dort aus weiterzukommen. Auf der kurzen und sehr steilen Auffahrt zur Autobahn will und kann keiner anhalten. Wir beschließen, nicht tiefer nach Wales hinein vorzudringen. Mir ist ohnehin der Name jener Siedlung entfallen, wo Leopold Kohr unterrichtet hat. Seine Statements sprechen mich an: *Small is beautiful!* und *David gegen Goliath, alles andere ist reaktionär!* Ach ja, jetzt erinnere ich mich wieder: *Aberystwyth* heißt die Stadt des Leopold Kohr.

Nach einigen Stunden des Wartens geben wir das Trampen auf und nehmen den Linienbus bis zu jenem walisischen Ort, der dem Bristol-Channel am nächsten liegt. Über die lange Brücke nimmt uns dann ein netter Bursch mit, der sich auf dem Weg ins englische Bristol befindet. Nebenbei ersparen wir uns die Maut.

Da es schon bald dämmert, besteigen wir in Bristol einen Doppeldeckerbus nach BATH, wo die nächste Jugendherberge verzeichnet ist. Müde schleppen wir uns mit den raumgreifenden Rucksäcken und den querliegenden Schlafsäcken über die enge Wendeltreppe ins Oberdeck des Busses und lassen uns auf die breite Hinterbank fallen. Als der alte Schaffner nach oben kommt, um seine Fahrkarten anzubieten, machen wir von seinem Angebot keinen Gebrauch und sehen interessiert aus dem Fenster. Der banale Trick gelingt, vielleicht nur deswegen, weil wir sehr sehr junge Reisende sind.

Im Bus zur Jugendherberge von Bath spricht uns dann ein Afrikaner an, erkundigt sich nach unserem Vorhaben und rät uns, wir sollten doch besser im Universitätsgebäude übernachten. Diesem Vorschlag misstrauen wir zunächst und verlassen den Bus bei der Jugendherberge. Wir müssen aber zur Kenntnis nehmen, dass die Herberge keinen Platz mehr für uns hat. Nun schleppen wir uns weiter den Berg hinauf , bis zur gelobten Universität.

Diese ist ein moderner Bau, architektonisch beeindruckend, sie liegt auf der Anhöhe hinter einem großen Teich, in einem Campusgelände aus Rasen und Parkplätzen. Im Hof treffen wir auf viele junge Leute. In einem Kontrollraum sitzen Wächter in blauen Hemden. Etwas naiv fragen wir ausgerechnet dort, ob wir hier übernachten dürften. Die Abfuhr ist uns gewiss. Erst als wir uns mit dem gleichen Anliegen an einen Studenten wenden, an dem das Jahr 68 nicht spurlos vorübergegangen ist, führt uns dieser in den Fernsehraum im zweiten Obergeschoss. Er gibt uns noch den Tipp, uns vor dem Wachebeamten in Acht zu nehmen, der um Mitternacht seine letzte Runde dreht. Falls er uns bemerke, würde er uns wahrscheinlich hinauswerfen, warnt der Student. Wir machen es uns auf den weichen Ledersofas bequem und verbergen unser Gepäck darunter.

Da das Fernsehgerät bis Mitternacht Bilder in den Raum wirft, machen wir es wie die anderen Studenten und starren wie gebannt auf den Bildschirm, wo gerade Graf Dracula sein Unwesen treibt. Das Sofa fühlt sich so kuschelig an, dass ich es gar nicht mehr wahrnehme, als ich die Position verändere und *wegschlafe*. Das Gemisch aus Auspuffgasen und Ozon, das man täglich an den Straßenrändern einatmet, macht einen bis zum Abend hundemüde.

Am nächsten Morgen sind wir wieder regeneriert und guter Dinge. Deshalb rücken wir entgegen erster Zweifel doch nicht davon ab, die Südwestecke der Insel zu bereisen. Die Megalithen von Stonehenge und ein geheimnisvoll nebeliges Dartmoor mitsamt einer Anzahl von Kriminalfällen reizen unsere Phantasien aus und locken uns mehr als andere Ziele an. Leider haben wir im Englisch-Unterricht noch nie etwas über die Abtei von Glastonbury erfahren dürfen, die auf der mythischen Insel Avalon, dem Eingang zur Anderswelt, liegen soll, deswegen suchen wir auch nicht danach.

An diesem Tag besichtigen wir neben der Kathedrale auch das römische Thermalbad von Bath, das wir wieder aus einem frühen Englisch-Lehrbuch der Reihe *Ann und Pat* kennen. Doch leider hat uns der Lehrer auch nicht darüber informiert, dass wir im Museum auf eine deformierte Maske einer keltischen Gottheit achten sollten, die unter den römischen Fundamenten gefunden worden ist. Daher empfinden wir es lediglich als nett, wieder mal eine römische Therme zu sehen, die uns an SALZBURG erinnert.

Wir stoppen noch bis SALISBURY, wo wir unsere Vorräte ergänzen, nachdem wir uns schon im

Universitätsladen von Bath mit billigen Lebensmitteln eingedeckt haben. Wir brauchten zwar einen ganzen Nachmittag lang für die kurze Reisestrecke, aber letzten Endes haben wir Glück, dass wir in der weitläufigen Jugendherberge eingelassen werden, bevor die Masse an Auto-, Bahn- und Busreisenden eintrifft. Für alle ist wieder mal bei weitem nicht Platz und die Tramper haben für gewöhnlich das Nachsehen. Erstmals seit langer Zeit kann ich mich wieder mal mit jemandem auf Deutsch unterhalten. Blacky spricht ja den lieben langen Tag kaum etwas. In unserem Zimmer sind Berliner einquartiert, die von der grauenvollen Todeszone quer durch die Stadt erzählen. Sie berichten auch von Freunden, die mit dem Vw-Bus nach Indien gereist sind und ich träume heimlich davon, dieses scheinbar phantastische Land, in dem Gautama Buddha gewirkt hat, später einmal zu bereisen. Als Tramper fühle ich mich irgendwie indisch. Und die Beatles waren ja auch dort und haben sich von einem geheimnisvollen Meister belehren lassen. Das Santana-Plattencover *Abraxas* drängt sich in mein Bewusstsein: Innen ein doppelseitiges Meer am sonnengereiften Kürbissen und mitten darin eine nackte und empfängnisbereite afrikanische Schönheit. So stelle ich mir Indien vor. Unsere Visionen vom Reisen dauern lang in die Nacht hinein an.

Die Kathedrale von Salisbury übt auf Blacky keine ausreichend große Anziehungskraft aus, sodass er es lächerlich findet, dass ich am Morgen extra von der *Jugendherberge* in die Stadt hinunter steige, um sie mir anzusehen. Als ich ganz ohne schwere Last auf dem Rücken durch die schmalen Altstadtgassen schlendere, strahlt mir die Morgensonne mit heller Kraft entgegen, um sich dann mehrmals für kurze Zeit verspielt hinter den hohen Giebeln der Alstadthäuser zu verbergen und nur hervorzublinzeln. Die Einwohner von ABTENAU würden diese Lichtwechsel „Kegel zählen" nennen: Die Sonne zählt die Kegel.

Mit meiner Ausnahme hat sich noch kein Mensch auf der gepflasterten Gasse eingefunden, lediglich kleine Milchflaschen warten auf Podesten und Türschwellen und zeugen davon, dass sich die Gasse bald mit Leben füllen wird. Auf den weißgelb leuchtenden Flaschen perlt noch der

Morgentau, genau so wie auf den Gräsern, Halmen und Blättern des englischen Rasens, der die eindrucksvolle gotische Kathedrale umsäumt. Ich rüttle an jedem Tor des Gotteshauses, doch man kann keinen fragen, wer den Schlüssel verleiht. Und Blacky hat mir nur wenig Auszeit eingeräumt, bevor wir aufbrechen wollen. Deshalb kann ich nicht warten. Der frische Tau auf einer Milchflasche lädt dazu ein, hinzugreifen, die Flasche zu öffnen und daraus nach Herzenslust zu trinken, doch ich kann der Verlockung leicht widerstehen. Uriah Heep kommen mir in den Sinn. Diese Band hat eine Hardrock-Langspielplatte produziert, die *Salisbury* heißt und häufig im Studentenzentrum in der Linzer Bischofstraße gespielt wird.

Als ich später noch einmal mit Blacky in der Nähe der Kathedrale vorbeikomme, sehe ich keine Möglichkeit mehr für einen Abstecher. Eine diesbezügliche Anfrage würde Blacky wohl endgültig verstimmen. Bis kurz vor Stonehenge nimmt uns dann ein netter älterer Herr mit.

STONEHENGE habe ich mir vorher als einen einsamen, besinnlichen Ort vorgestellt, wo man in Ruhe zwischen den Steinkolossen meditieren könnte. Doch ein hässlicher Stacheldraht beult sich rundherum auf und eintreffende Reisebusse sorgen dafür, dass die dicht gedrängte Menge an Besuchern nicht verebbt. Für eine nahe Ansicht der Steine muss man extra Eintritt bezahlen! Warum gibt es hier so viele Aufsichtspersonen? Passiert das aus Angst vor Terroranschlägen der IRA?

Ich könnte natürlich einen der Wächter fragen, aber ich verspüre dazu keine Lust mehr. Nicht einmal Informationstafeln gibt es. Ein verdrießlicher Ort! Die Atmosphäre hat man ihm genommen.

Die breite Straße in Richtung London verspricht wenigstens einen raschen *Lift*. Wir bewegen uns den Straßenrand entlang vorwärts und die hohe Geschwindigkeit der Fahrzeuge wirbelt uns ein jedes Mal den Fahrtwind ums Gesicht. In einiger Entfernung halten wir dann unsere Daumen raus. Doch mit der Zeit merke ich, dass es umsonst ist. Ich friere fürchterlich. Die leichte grüne Ami-Jacke aus dem Zweiten Weltkrieg, die ich - genauso wie den Ami-Schafsack – vom Dachboden meiner Großtante habe, wärmt kaum und

Cornwall ist so *bretteleben* und niedrig bewachsen, dass die Atlantikwinde ungehindert darüberfegen können.

Keiner der Autofahrer beachtet uns am Straßenrand, egal, ob wir stehen und ihnen ins Gesicht sehen oder ob wir im Vorwärtsschreiten die Daumen nach außen drehen. Meilenweit drängen wir vorwärts, aber sinnlos, denn wir können eine mögliche nächste Ortschaft nicht einmal in der Ferne erkennen. Nervös geworden greifen wir zu den Cornflakes-Schachteln. In Bath hat man uns abgelaufene Ware *angedreht*, sodass die Flakes alt und bitter schmecken. Jetzt bewährt es sich, dass wir nach einem Teekonsum nie die restlichen Zuckerpäckchen liegen lassen. So können wir wenigstens den schrecklichen Geschmack der Flakes verdecken.

Einmal bemerken wir im hohen Gras und in sicherem Abstand zur Schnellstraße Zirkuswägen. Doch es handelt sich lediglich um eine Hippie-Kolonie. Der Wind trägt uns Gitarrenakkorde zu. Zumindest dafür ist er gut. Kurz kommt *Mungo-Jerry*-Stimmung auf: *In the summertime, when the weather is fine* ... Na ja, so fein ist es gar nicht. Bald hören wir nur noch das Klappern unserer Holzschuhe und sehen nichts als Wiesen, Felder, vereinzelt Bäume, jetzt auch ein Wäldchen. Doch es hält noch immer kein Auto an, um uns aufzunehmen.

Im Trott gebiert mir die Verzweiflung eine neue Strategie. Ich schlage vor, dass wir uns trennen. Blacky, der über mehr Ausdauer verfügt, soll voran gehen, ich hinterher. Wir sollten versuchen, einzeln vorwärts zu kommen. In der nächsten Ortschaft würden wir dann wieder zusammenfinden.

So machen wir es dann auch. Und plötzlich geht das Konzept auf. Sobald Blacky aus meinem Gesichtsfeld verschwunden ist, hält ein Auto an. Aus der Trance erwacht, muss ich mich zweifach vergewissern, ob meine Wahrnehmung auch tatsächlich gerechtfertigt erscheint.

Es handelt sich um eine junge Frau, die mich zusteigen lässt. Das erste Mal, dass eine Frau angehalten hat. Mein Milchgesicht scheint Wirkung gezeigt zu haben. Erst beim Zusteigen bemerke ich, dass auf der Rückbank ein Baby liegt und schläft. Beim Anfahren teile ich der Frau begeistert mit, wie sehr mich ihr Entschluss, anzuhalten, freut, aber viel

Zeit habe ich nicht, sie auch auf Blacky vorzubereiten. Zunächst stutzt sie über diese unverhoffte Wende, dass hinter der nächsten Bergkuppe ein Zweiter warte, doch kann ich sie davon überzeugen, dass wir ein unzertrennbares Duo sind und es unmoralisch wäre, Blacky auf der Straße zurückzulassen.

Sie hält also an, sobald wir ihn eingeholt haben, und lässt ihn zusteigen. Als sich die beiden jedoch von Angesicht zu Angesicht gegenüberstehen, merke ich, wie ihr Gesicht an Farbe verliert und sie ganz verzagt wird. Jetzt erst wird mir bewusst, wie sehr sich Blacky auf unserer Reise verändert hat. Sein Gesicht ist jetzt viel schärfer geschnitten, mit der Gewichtsabnahme haben die Gesichtslinien jeden Rest von Milde, der vorher schon kaum vorhanden war, verloren. Der Dreitagesbart hat sich über Hals und Nacken ausgebreitet und das ungekämmte lange Haar hat sich zunehmend verfilzt. Mit einem Wort, Blacky könnte man derzeit kaum von einem entlaufenen Häftling unterscheiden.

Aber ein Zurück scheint die junge Frau nicht mehr für möglich zu halten, zumal sie mit uns völlig allein ist und eine Aufforderung zum sofortigen Verlassen des Fahrzeugs ungehört verhallen würde. Sie bildet sich nun offenbar ein, sie wäre in eine Falle getappt und müsste in der Folge von uns eine kriminelle Handlung erwarten. Ihr etwas seitlich flackernder Blick während der Fahrt, die rosig gefleckte Gesichtsfarbe und die unsichere Fahrweise verdeutlichen ihren inneren Zustand.

Dass wir etwas im Schild führen würden, darüber scheint sie sich sicher zu sein, nur was, das überlegt sie noch. Immerhin kämen mehrere Delikte in Frage: Geldraub, Fahrzeugraub, Ausräumen ihrer Wohnung mithilfe ihrer Schlüssel und in ihrer Gegenwart, aber auch Verschleppung, Vergewaltigung oder Kindesentführung, ebenso Nötigung zu einer kriminellen Handlung, wie etwa Zwang zur Mithilfe bei einem Bankraub.

All meine Beschwichtigungen und Beteuerungen, dass wir nur so ungepflegt aussähen, weil wir eben schon lange unterwegs wären, beruhigen die fesche Frau nicht im Mindesten, und so ist es nicht verwunderlich, dass sie bei der nächstbesten Raststation anhält und uns im Auto einsperrt.

Dann siegt doch die Vernunft. Sie telefoniert zwar intensiv mit jemandem, holt aber nicht die Polizei, sondern steigt wieder ein. Sie muss ja einsteigen, weil ihr Baby auf dem Rücksitz liegt, um das sie sich kümmern muss. Sie zeigt aber keine Lust, uns weiterhin mitzunehmen, obwohl wir zu ihr nichts als freundlich gewesen sind. Allerdings ist Blackys Freundlichkeit nur schwer zu erkennen, denn seine schwarzen Augen leuchten auch dann todernst aus dem Stoppelfeld-Gesicht, wenn er gut gestimmt ist. Meiner Charmeoffensive ist es dann zu verdanken, dass sie uns noch bis zum versprochenen Ziel mitnimmt und sich schließlich beruhigt. Das Aussteigen gestaltet sich dann aber doch als eine große Erleichterung auf beiden Seiten. Wir fühlen uns verkannt.

Auf der Tankstelle an der Ausfallsstraße von EXETER muss ich kurz auf die Toilette. Als ich zurückkehre, hat Blacky einen Fahrer angesprochen, der in seinem Kombi nur einen einzigen Beifahrersitz zur Verfügung hat, stattdessen hat er einen Bootswagen hinten dran. Auf der Ablagefläche hinter den Sitzen eingezwängt, muss ich halb sitzend, halb liegend, in Kauerstellung ausharren, bis wir PLYMOUTH erreichen.

Mit starken Verspannungen im Rücken stapfe ich dann hinter Blacky her, durch den abendlichen Regen zur Jugendherberge von Plymouth. Diese ist jedoch voll besetzt, das bedeutet, wir müssen nach Tavistock weiter und können die *Mayflower* nicht besichtigen, die immer noch im Hafen des Ortes ankert. Beim Warten auf den Bus gelingt es Blacky, ein paar Zehnpence-Münzen aus dem Münzschlitz des Photoautomaten zu fischen. Wir teilen sie uns.

Der Bus nach TAVISTOCK quert dann den Dartmoor-Nationalpark, in dem Schafe und Ponys weiden. Die zarten Pastellfarben der Heidelandschaft begeistern mich. Sie wird zerteilt von niedrigen Mauern geschlichteter Steine und gesäumt vom frischen Grün hoher Sträucher und Bäume.

Aber diesen Eindruck entnehme ich, ehrlich gesagt, bloß einer in der Herberge erworbenen Ansichtskarte, denn der dichte Nebel vereitelt jeden Landschaftseindruck. Die Ansichtskarte dürfte übrigens älter sein als ich selbst.

Am nächsten Morgen bemerken wir, dass unsere Rückreise noch einmal über Plymouth verlaufen muss. Und so finden wir doch noch Gelegenheit zur Besichtigung des alten

Segelschiffes, das sich von den Fischkuttern abhebt. Die Zehnpence-Stücke aus dem Photoautomaten rückerstatten wir dem Ort nun als Eintrittsgeld für das Schiffsmuseum. Doch der Besuch zahlt sich nicht aus, mich fasziniert lediglich die Mahagoni-Ausstattung der Kapitänskajüte.

Umso mehr begeistert mich im alten Hafen eine Hausmauer, die ein Könner seines Faches mit Figuren aus der viktorianischen Zeit bemalt hat. Die mehr als lebensgroßen Gestalten erscheinen so wirklichkeitsgetreu, dass man sich als Betrachter in einer Gasse wähnt, in der die Zeit stehen geblieben sein könnte. Ansonsten fühle ich mich angewidert vom Gestank, der durch offen stehende Geschäftstüren strömt: Er kommt von verwesenden Krabben und Fischen, die in den Auslagen immer noch ausgelegt sind.

In einer Snackbar laben wir uns an guten und billigen Kuchen und marschieren dann weiter bis zur Ausfallstraße in östlicher Richtung. Sogar eine Tankstelle gäbe es hier, wo wir Reisende ansprechen könnten. Doch der Tankwart verjagt uns, sobald wir ein Anbahnungsgespräch führen.

Wir ziehen also weiter, bis zur Autobahnauffahrt. Dieselbe Strecke vom Vortag müssen wir nun wieder retour.

Es gelingt uns sogar, an demselben Tag noch bis SOUTHAMPTON vorzustoßen. Der Fahrer ist nett und setzt uns unmittelbar vor der Jugendherberge ab. Das Haus erweist sich zwar als voll belegt, aber wir ergattern noch zwei Schlafplätze in einem Gartenzelt.

Nach unserer Cornflakes-Mahlzeit begegnen wir zwei Wienern etwa gleichen Alters. Sie nennen sich Franky und Erich und wir unterhalten uns bestens.

Tags darauf bereitet uns das *Lifting* große Schwierigkeiten. Erst nach einem langen Fußmarsch hält ein Kleinbus, in dem ein bekennendes Hippie-Pärchen reist. Entgegen meinen Erwartungen trägt der Fahrer keine Blue Jeans, sondern eine Schnürlsamthose von *Levis*. Das bunte Kleid seiner Begleiterin reicht bis zu den Fußsohlen hinunter. Beide haben kein fettes, ungepflegtes Haar, sondern schön seidiges und frisch gewaschenes. Auf unsere Anfrage hin erfahren wir, dass sie zu Freunden in CHICHESTER unterwegs seinen. Das Kuriose an diesem Lift ist, dass sie noch zahlreiche andere Hitchhiker mitnehmen, ja geradezu auflesen. In einem von diesen erkenne ich einen Holländer, den ich schon in Salisbury getroffen habe. Mit ihm plaudern wir während der Fahrt durch die Grafschaft Hampshire. Bis BRIGHTON benötigen wir dann nur noch einen *Lift*. Am Spätnachmittag erreichen wir das Seebad und sind beeindruckt vom viktorianischen Gebäudeensemble.

Die Spielhallen auf den beiden Piers ziehen uns magnetisch an. Das überall beworbene Bingo-Spiel jedoch erscheint uns als zu riskant. Daher bedienen wir lieber die Münzautomaten, ohne dabei reich zu werden. An der Hauptstraße steigen wir in den Bus zur Jugendherberge und fahren an geschmackvoll dekorierten Blumenparks vorbei. Da wir früh dran sind, erhalten wir diesmal ordentliche Betten.

Nächsten Morgen stoppen wir von Brighton nach Hastings. Ab Lewes nimmt uns ein Sicherheitsingenieur für Atomkraftwerke mit, er ist unterwegs nach Dungeness, um dort Kontrollen durchzuführen. Auf die Frage, wohin der Atommüll gebracht werde, gibt er zu: ins Meer gekippt. Er ergänzt sogar, dass der Atommüll sehr gefährlich sei. Auf meine Frage hin, wie es um die Sicherheit des Reaktors bestellt wäre, erzählt er uns wider Erwarten von einem Unglück, das sich einige Jahre zuvor in einem anderen englischen AKW zugetragen hat. Durch einen unbekannten Umstand war die Strahlung, die nach außen gelangte, so groß geworden, dass die nähere Umgebung des Reaktors radioaktiv verseucht war. Der radioaktive Staub hätte sich auf dem Gras abgelagert und sei von Kühen gefressen worden. Über die Milch wären auch viele Menschen verstrahlt worden und hätten allerlei Krankheiten davongetragen. Er beteuert, ein AKW würde nie ganz sicher betrieben werden können, ein Restrisiko werde immer bleiben.

Auch HASTINGS erreichen wir am frühen Nachmittag, sodass wir endlich einmal baden gehen können. Auf der Liegewiese des öffentlichen Bades gefällt mir eine Engländerin. Meine Blicke wandern immer wieder zu ihr hin, obwohl sie eine unattraktiv blasse Haut besitzt. Mich fröstelt und ich drücke mich ganz tief in den Boden, um dem kühlen Wind möglichst keine Angriffsfläche zu bieten. Auch das Wasser ist kalt, an Schwimmen ist eigentlich nicht zu denken.

Gegen Abend begeben wir uns auf Futtersuche und entdecken eine versteckte Snackbar. Der Besitzer bringt uns je drei Doppel-Sandwiches und setzt sich zu uns an den Tisch, weil wir gerade seine einzigen Gäste sind. Seine verstorbene Frau, erzählt er, wäre Österreicherin gewesen. Da erkenne ich in ihm plötzlich einen Autolenker, der uns auf unserer Reise schon einmal mitgenommen hat. Eine nette Überraschung! Bloß, wo war das gewesen?

Die Sandwiches werden mir zu viel, daher packe ich zwei davon ein. Ich wickle sie in Zeitungspapier. Als ich sie jedoch in der Herberge auspacke, schmecken sie so sehr nach Druckerschwärze, dass ich sie wegwerfen muss.

Von London trennt uns jetzt nur noch eine Grafschaft. Als wir am nächsten Morgen vom ersten Autolenker vor einer Obstfarm mitten im Nirgendwo in Eastern Sussex ausgesetzt werden, haben wir noch gar nicht gefrühstückt. Die halbreifen Äpfel auf dieser Plantage verlocken zum Mundraub. Mit dem Verzehr warten wir noch so lange, bis wir außer Reichweite sind, damit wir nicht noch nachträglich bemerkt werden. Doch unsere Gesichter verziehen sich schon beim ersten Bissen und unsere Mägen knurren weiterhin.

Die Essgewohnheiten werden sich in London ändern können. Dort werden wir nicht mehr von *Fish and Chips*, Cornflakes und Milch leben müssen, wie wir es bisher taten, um möglichst rasch auf den Highway zu gelangen.

Nach einem nächsten *Lift* in Richtung London wandern wir wieder, eine schmale Landstraße entlang, auf der kaum einmal ein Auto zu sehen ist. Da die Sonne schon sehr hoch steht, plagt uns Durst. Unsere T-Shirts zeigen längst jede Menge Salzränder. Die Feldflaschen sind leer getrunken und wir beschließen, beim nächsten Haus um Wasser zu bitten. Als es so weit ist, schleichen wir um dieses einzeln stehende Gebäude herum und suchen nach Wasser. Es gibt tatsächlich einen Außenhahn. Doch wollen wir für die Wasserentnahme doch um Erlaubnis fragen. Als wir durch das offene Portal hindurch den Flur betreten, sehen wir, dass in der Küche schon alles zum Kochen vorbereitet ist. Doch unsere Rufe werden nicht erwidert. Niemand scheint im Haus zu sein. Daher verzichten wir auf ein weiteres Vordringen und füllen unsere Flaschen an der Außenmauer auf.

Danach eilen wir rasch zur Straße zurück, um nicht in falschen Verdacht zu geraten. Und kaum haben wir diese erreicht, biegt auch schon ein Auto in die Einfahrt des Hauses. Erleichtert setzen wir unseren Fußmarsch fort und laben uns an den vollen Feldflaschen. Schließlich scheint es mir, als würden wir von einem Auto verfolgt werden. Langsam nähert sich uns von hinten ein honigfarbener Vauxhall. Der Fahrer hat es nicht eilig und nimmt uns mit. Bei Johnny Cash-Musik transportiert uns der Lederjackenfabrikant bis mitten nach LONDON hinein, wo wir vor dem Victoria-Bahnhof aussteigen dürfen.

Die Adresse, wo wir läuten sollen, liegt direkt am Piccadilly Circus. Wie sich bald herausstellt, handelt es sich um eine Nonnengemeinschaft. Diesmal sehen wir ein, dass wir hier nicht übernachten können. Wir fragen uns durch, bis zu einer Zeltstadt in White City. Doch dort wird viel gestohlen, sogar mit Ketten versperrte Plastikschutzsäcke werden zu diesem Zweck aufgeschlitzt.

Irgendjemand gibt uns dann den Tipp, wir sollten es doch rasch in einem Schulgebäude versuchen. Das scheint uns ein verrückter Tipp zu sein, ist es aber nicht, weil die Stadt London in diesem Sommer von Jugendlichen aus ganz Europa geradezu überschwemmt wird – die geburtenstarke Jahrgänge sind aus ihrem Koma erwacht. Deshalb erklären sich inzwischen einzelne Schuldirektoren dazu bereit, ihre Turnsäle zu öffnen. Natürlich nicht ausschließlich für Jugendliche. Bis zum Abend ist der Turnsaal mit Matten ausgelegt. Darauf drängen sich mehr als 100 Personen allen Alters und Geschlechts wie Sardinen in der Büchse. Platzangst habe ich keine, denn im Internat sind wir anfangs auch 42 in einem Schlafsaal gewesen.

Verschiedenste Gerüche durchströmen den Saal. Meist sind es Fettsäuren von Schweißfüßen, die den Nasenkolben erreichen, doch es gibt auch Düfte. So bin ich zufällig an eine Japanerin geraten, die fünf bis zehn Jahre älter sein dürfte als ich. Ich liege so nahe an sie gedrängt, dass ich fast verrückt werde, vom guten Duft ihres Haares. Nur mit Mühe gelingt es mir, meinen hungrigen Arm zu zähmen, der sich verselbständigen möchte und hinüberlangen, um ihr Haar zu fassen. Das Musical *Hair* fällt mir ein, genau genommen der Song *Aquarius*. Die Masse an Schlafenden und die extreme Enge scheint ein älteres Pärchen geradezu als stimulierend zu empfinden, denn sie treiben es so heftig miteinander, dass die gepressten Schreie der Frau durch den Saal hallen. Peinlich, doch niemand beschwert sich. Das ist eben der Zeitgeist. Alles passiert in der Öffentlichkeit. Das Schamgefühl scheint abgeschafft zu sein.

Beim Verlassen des Schlafplatzes höre ich in einem Nebengebäude der Schule eine Band proben. Die *Beats* eines Schlagzeugs fehlen allerdings. Da die Tür nur angelehnt ist, stehle ich mich in den Probenraum und treffe auf Musiker in meinem Alter. Der Kontakt ist rasch hergestellt und ich gebe mich als Schlagzeuger zu erkennen. Daraufhin laden sie mich ans leer stehende *Werkl* und ich mache die ganze Musikprobe mit. Am Ende fragen sie mich, ob ich in die Band einsteigen möchte, sie würden dringend einen Drummer suchen. Ich erzähle ihnen von meiner Band in Linz und unseren Auftritten dort, erbitte mir aber Bedenkzeit.

Die folgenden Tage treibe ich wie von allein durch die Großstadt und male mir alle möglichen Szenarien aus.

In der Kingsstreet kaufe ich einige weiche Blue Jeans. Zu Hause werde ich mir bunte Bortenbänder aufnähen, dort, wo die Hosen ausgestellt und am breitesten sind.

Gestärkt durch mein neues Outfit, schwinge ich mich in der Speech-Corner zu einer Rede für die Friedfertigkeit auf. Alle Gewalt hat ihren Anfang beim Imponiergehaben der Männer. Und warum pflegen diese ihr Imponiergehaben? Weil ihnen langweilig ist. Die Frauen sind ja ein Leben lang mit sozialen Dingen beschäftigt und machen sich überall nützlich. Inzwischen haben die Männer das Gefühl, nicht gebraucht zu werden und entwickeln Minderwertigkeitskomplexe, die sich dann eben in Imponiergebärden äußern. Am Ende zerstören sie die Sandburgen der Anderen, so lange, bis ihre eigene fällt. Aber wir sind doch keine Tiere, dass wir nicht ohne Konflikte auskommen könnten! *Make Love not War!* Auch meine Gürtelschnalle trägt in großen Metalllettern die Aufschrift LOVE. Und um den Hals trage ich die Peace-Medaille, ein Andenken an die französische Zeltstadt Taizé, wo der Buddhismus auf gleicher Höhe mit dem Christentum sein darf: Ein Kirchenzelt für alle Religionen, eine Zeltstadt für alle Nationen.

Aber wie soll ich bloß auf das Angebot der englischen Band reagieren? Wenn ich jetzt die Matura *schmeiße* und hierher übersiedle, kann ich zwar vieles lernen, aber eine Rückkehr nach Österreich wäre dann sinnlos. In Österreich kein Abitur zu haben, das würde bedeuten, das Tor zu öffnen in ein drittklassiges Leben. Andererseits, die Chance, hier in London Erfahrungen zu sammeln, ergibt sich vielleicht nur ein Mal im Leben! Und wenn ich es nur für ein paar Monate oder ein halbes Jahr machte?

In Österreich jedoch habe ich das Fell meiner Fußtrommel längst mit unserem Bandsymbol gestaltet, einem Octopus. Wir nennen uns *Magic Octopus*. Und meine Bandkollegen in Linz, mit denen ich in einer seltenen Harmonie verkehre, möchte ich auch nicht enttäuschen. Genauso wenig unsere Fans und Groupies. Na ja, ehrlich gesagt habe ich bei weitem nicht so viele Groupies wie Andy Baum oder gar Hapi, dem die Herzen nur so zufliegen. Warum sieht der bloß immer so braungebrannt aus? Die weißen Hosenanzüge passen perfekt zu seinem Teint und den blonden Locken. Und dann spielt er auch noch die Sologitarre. Kann da eine Frau widerstehen? Seine Riffs bei Carlos Santanas Nummer *Samba pa ti* sind legendär!

Andy und Hapi bringen auch die meisten Frauen zu den Proben und Konzerten mit. Sie stehen schließlich auch in vorderster Front. Aber Hapi ist nicht so fies wie Andy und unser Bassist Karl, welche anderen grundsätzlich ihre Neuerwerbung auszuspannen versuchen. Hapi hat Charakter.

Das erste Mal mit von der Partie war ich in der Pfarre St. Leopold. Wir haben gleich Fotos gemacht. Dann spielten wir eine Rhythmusmesse. Den zweiten Termin hatten wir im Studentenzentrum in der Bischofstraße: eine Klassenparty am Faschingsmontag. Dabei ließen uns die Veranstalter jedoch nicht in den großen Saal, wo ich vorher mit Christian Egger und seinem Freund Hermann aufgetreten war, sondern sie drängten uns in ein hallendes Zimmer.

Von den angesagten fünfzig Mädchen kamen ganze zwei. Wir spielten u.a. *Born to be wild*, *The Pusher*, *Honky Tonk Woman* und *While my Guitar gently wheeps*. Die starke

Reflexion der Töne an den nahen Wänden irritierte mich derart, dass ich zu spät bemerkte, wie sich mein Fußpedal loslöste und herumzuwandern begann, während der Schlägel ins Leere dippte. Wir alle verloren schließlich auch die Lust am Spiel und so wurde die ganze Party eine *Pleite*. Noch dazu kam unser Mathe-Professor vorbei, den ich zwar gut leiden kann, dessen Fach mir aber das Leben vergällt. Ein Typ namens Franz lag plötzlich reglos am Boden. Weil ich gerade den Erste Hilfe-Kurs absolviert hatte, beugte ich mich über ihn und drückte seinen Brustkorb. Da schoss eine Fontäne Rotwein, durchsetzt mit weißen Krautfasern, aus seinem Rachen. Er musste mittags *Leberschädel mit Sauerkraut* gegessen haben. Sogar im Haar hatte ich das Zeug. Mein erster Erste Hilfe-Einsatz kostete mich mein eigenhändig rot eingefärbtes Lieblings-T-Shirt, denn der beißende Geruch des Magensaftes ließ sich nicht mehr entfernen.

Der dritte gemeinsame Auftritt der Band erfolgte anlässlich eines *Sing in* in der Pfarre. Die Leute, die im Pfarrheim verkehren, sind *schwer in Ordnung* und es ist eine Freude, mit ihnen zu arbeiten. Kooperator Kern hat uns einen Probenraum zur Verfügung gestellt, als Gegenleistung begleiten wir seine Messen musikalisch. Vorher hatte ich einmal in der elterlichen Wohnung zu üben begonnen. Doch Nachbarn hatten sich augenblicklich beschwert. Danach hätte ich im stinkenden Kohlenkeller üben müssen, eine untragbare Situation. Deshalb weiß ich jetzt das Angebot des Probenraums zu schätzen.

In der Pfarre St. Leopold hatten wir das erste große Konzert. Wir spielten als Vorgruppe zu einer stadtbekannten Band, schnitten aber beim Publikum besser ab.

In diesen Tagen hatte auch die Beziehung zu Doro begonnen, ohne dass ich es zunächst gemerkt hatte. Heute küssen wir uns, aber bis es geschah, dauerte es Monate. Wir lernten uns kennen, als ich in der Pfarre erstmals mein Schlagzeug aufbaute. Ich schätzte sie viel älter als sie war.

Als wir im kleinen Saal spielten, versuchte ich mit ihr *anzubandeln* und ich fragte sie nach einem Kaugummi. Sie hat immer einen Kaugummi im Mund. Beim Küssen nimmt sie ihn raus, doch die angenehme Frische wirkt nach, wenn wir mit den Zungen turteln. Das erste Mal hatte sie keinen Gummi dabei. Vielleicht hat sie deshalb seither immer einen im Mund. Nach der Lippeneinteilung der Zeitschrift *Bravo* hat sie schmale Lippen, demnach wäre sie ein sachlicher Typ, also kein romantischer, wie ich es bin. Könnte hinkommen, denn ihr Vater ist Finanzbeamter. Das muss auf sie abfärben.

Nach der ersten Kontaktnahme sah ich sie monatelang nicht mehr. Später erzählte sie mir, dass sie sich beim ersten *Sing in* in mich verliebt hatte. Das Gefühl ist seither gewachsen, sagt sie. Das kam bei ihr so mit der Zeit. Ich Dummkopf hatte nichts davon gemerkt und daher auch nichts unternommen. Ich hatte lediglich versucht, sie klopfenden Herzens auf dem Schulweg anzutreffen, doch mit der Zeit war es mir zu dumm geworden, ihr *zufällig* über den Weg zu laufen, weil sich dabei nie eine Gelegenheit zum Meinungsaustausch bot. In dieser Zeit sprachen nur unsere Augen miteinander. Aber das konnte schließlich auch mit anderen Mädchen geschehen.

Von den Eltern wird sie sehr streng gehalten. Sie darf abends nur ins Pfarrheim, aber nicht in die Disko der Pfarre. Auch andere Lokale darf sie nicht besuchen und jedes Wochenende fährt sie wie selbstverständlich mit den Eltern ins Wochenendhaus an der wasserdichten tschechischen Grenze, wo sich Fuchs und Henne *Gute Nacht* sagen. Wir treffen uns im Pfarrheim und gehen im Petrinumgelände spazieren. Ich liebe die Holzschaukel dort, besonders bei Dunkelheit und Nebel. Wir können uns nirgendwo zurückziehen. Im Wohnblock meiner Oma schleichen wir uns meistens in ein übel riechendes Kohlenkellerabteil und werden von einer neidischen Jungfer, einer Krankenschwester, verscheucht.

Wenn wir uns gar nicht sehen dürfen, telefonieren wir miteinander, wobei die Zeit immer sehr rasch vergeht. Einmal wurde daraus sogar mehr als eine halbe Stunde. Meine Mutter murrt bereits über die hohe Telefonrechnung. Am Wochenende darf ich ja zu Hause wohnen und das Telefon benützen. Während der Woche bin ich noch im Internat. Nach den Ferien werde ich nicht mehr dorthin zurückkehren, das habe ich meiner Mutter bereits eröffnet. Fürs neue Jahr habe ich mich dort einfach nicht mehr angemeldet. Ich sehe es nicht mehr ein, dass ich in Linz im Internat leben soll, wo wir doch gleich jenseits der Donaubrücke, in Urfahr, wohnen.

Aber wie soll ich bloß auf das tolle Angebot der englischen Band reagieren? Musik ist wie Medizin und Virus in einem. Ist es wirklich meine Profession, Musiker zu werden? Das Schlagzeugspiel ist doch genau genommen ein Aggressionsakt, der überhaupt nicht zu meiner buddhistischen Gesamthaltung passt! Hermann Hesse würde seinen Buddha nie mit einem Schlagzeug auftreten lassen.

Manchmal, wenn ich von einer Probe komme, sausen und pfeifen meine ungeschützten Ohren vom Schlagzeuglärm. In den Fingern machen sich Lähmungserscheinungen bemerkbar. Ich kann dann lange nicht mehr schreiben, was für einen Oberstufenschüler nicht gerade optimal ist. Eine körperliche Niedergeschlagenheit ist die Folge längerer Proben, verbunden mit Finger-, Magen- und Ohrenschmerzen.

Aber die positiven Seiten des Musizierens überwiegen. Ich möchte die Samstagnachmittage nicht mehr missen müssen, wenn wir nach der Probe zum Mostbauern am Pöstlingberg hinaufsteigen und uns hinter der Scheune in der Sonne räkeln. Meist sind dann Mädchen dabei, die vorher unsere Instrumente bewundert haben. Und der Mostkonsum erzeugt eine angenehm beschwingte Stimmung, die einem den ganzen Alltagskram vergessen lässt. Der grauenhafte Pissoirgeruch an der Rückwand des Mostbauernhofes täuscht vor, wir befänden uns gerade mitten auf dem Land. Und die Natur liebe ich. Ein bukolisches Bild rundet sich ab. Und dieses Paradies liegt nur eine Viertelstunde von der Probenkammer entfernt! Ein idealer Ort auch, um heimlich zu rauchen. Eigentlich rauche ich ja nicht, aber wenn ich den Qualm einer Marlborough rieche, überkommt es mich.

Auch in London gibt es schöne Parks, aber die riechen nicht. Und der Mensch ist nun mal ein Geruchstier. Am liebsten *schmecke* ich Heu. Das echte kann man in London nirgends riechen. Der englische Rasen wirkt stets unangenehm gepflegt. Auch kein Kuhmist weit und breit, in dem sich Hunde wälzen könnten. Überall nur Marihuana.

Die Welt ist überfüllt von Angepassten, aber ich denke, ich lasse mein Engagement bei der englischen Band doch besser bleiben und kehre wieder nach Österreich zurück.

Blacky zeigt sich überhaupt nicht beeindruckt von meiner Entscheidung, als hätte er sie vorhergesehen. Es interessiert ihn ohnehin nur mehr ein Thema, und das ist seine Ferienbekanntschaft. Nicht einmal den Tower oder das Parlament sehen wir uns von innen an. Je länger die Reise dauert, desto mürrischer wird er. Ich denke, das ist die Sehnsucht nach dem Urlaubsflirt. Oder gilt die schlechte Laune mir? Vielleicht hätte ich ein einziges Mal nur einfach nichts sagen sollen? Wir haben vereinbart, auf direktem Weg und raschest nach Helmond zu reisen. Drei Wochen muss er nun schon ohne eine Nachricht von ihr auskommen: kein Wort, keine Stimme, kein Blick, nichts! Sein Hirn wird wohl im Ausnahmezustand sein, wie bei allen frisch Verliebten.

Unser Vorhaben wird unterstützt von zwei Deutschen, die wir in London kennen lernen. Sie haben eine Bierwette abgeschlossen und sind in Rekordzeit mit alten Rädern bis nach Oostende gefahren. Dort haben sie dann die Räder zurückgelassen und sind mit der Fähre und der Bahn weiter. Die Wette hat nur für das Festland gegolten. Im Tausch gegen eine Runde Bier offerieren sie uns ihre Räder und verraten uns die Codes der Schlösser, denn sie wollen die Rückreise per Bahn antreten. Wir können unser Glück kaum fassen, denn in Belgien dürften die Bedingungen fürs Trampen genauso schlecht sein wie in Holland.

Über CANTERBURY, wo ich zumindest noch einen Kirchenbesuch beim Mordopfer Thomas Morus durchsetzen kann, stoppen wir nach DOVER. Nach einer schlaflosen Nacht marschieren wir zu den Docks. Blacky stürmt rasch vorwärts. Und als ich im gleichen Tempo folgen will, muss ich erkennen, dass ich in London zu viel eingekauft habe, was nun auf meinem Rücken lastet: außer den Jeans auch noch eine schwarze Kunstlederjacke und einige interessante Shirts für verschiedene Mädchen sowie Spielwaren für meine jüngeren Geschwister. Auch ein rotes T-Shirt habe ich gekauft, auf das ich in blauen Lettern die Bezeichnung *Magic Octopus* bügeln ließ. Diese Technik des Aufbügelns scheint in Österreich noch unbekannt zu sein.

Auf meiner Fußtrommel befindet sich der gleiche Schriftzug. Hapi - er ist Werbegrafik-Schüler - hat ihn ganz dünn und sorgfältig haben wollen. Da musste ich Acht geben, dass ich beim Auftragen der gelben Schrift nicht ins Zittern kam. Oberhalb der Schrift liegt auf dem Meereshintergrund im

Farbverlauf Blaugrün zu Gelbgrün ein blauschwarzer Tintenfisch, der aus dem Meer angeschwommen kommt. Inzwischen erreiche ich das echte Meer, die Fährschiffe im Hafen. Blacky hat so viel Vorsprung, dass ich ihn nirgends mehr ausmachen kann. Ein Fährschiff neben dem anderen wartet. Da er spurlos verschwunden ist, betrete ich jenes Schiff, das meiner Meinung nach als nächstes ablegen wird. Doch dann löst sich ein anderes aus dem Verband. Darauf muss sich Blacky befinden, denn hier habe ich ihn auf keinem Deck entdecken können. Wir können uns ohnehin beim Fahrradparkplatz in OOSTENDE treffen!

Ich summe die Melodie von *White is white*. Der Erste, der drüben ist, wartet auf den Kompagnon. Ich bilde mir zeitweise ein, dieser Erste zu sein, doch als ich in Belgien den Radplatz erreiche, ist das zweite Rad bereits weg. Blacky muss schon vorausgefahren sein. Während ich nach der Adresse krame, fällt mir ein, dass ich sie nie notiert habe. Also werde ich mich durch ganz Helmond durchfragen müssen, um das verliebte Paar finden zu können!

Die Radsperre ist gelöst, jetzt steige ich auf, doch der Rucksack ist derart hinderlich, dass ich ihn nicht auf dem Rücken transportieren kann. Für den Gepäcksträger ist er auch zu groß. Ich fühle mich wie der Wolf in der Fabel, der sich mit dem Fuchs im Vorratskeller des Bauern vollgefressen hat und nicht mehr durch das Schlupfloch hindurchpasst. Was bleibt mir anderes übrig, als das Fahrrad zurückzulassen?

Ohne Landkarte kann ich auch keine Straßen nach Helmond lokalisieren. Mir bleibt also nichts anderes übrig, als den Heimweg anzutreten. *Waterloo* fällt mir ein, der Hit der diesjährigen *Song Contest*-Sieger, die sich *ABBA* nennen. Napoleon war auch da gewesen.

In der Hauptstadt Brüssel will ich mir wenigstens noch das Wahrzeichen *Atomium* ansehen. An der Schnellstraße halte ich den Daumen raus. Da von den Fähren viele PKW abfahren, dauert es nicht lange, bis mich der nobelste Schlitten mitnimmt, in dem ich je gesessen bin: Klimaanlage, weiße Lederverkleidung, die Fensterscheiben getönt und ein ruhiges Dahingleiten bei Tempo 160 km/h. Dieser Komfort verlockt dazu, nicht mehr auszusteigen, bevor es nicht verlangt wird, und das geschieht erst an einer Raststätte vor

Aachen in Deutschland. Ganz Belgien wie im Flug an mir vorbei. *Ein kleines Glück* von *Adamo* an der Seite! Das Dropout an der Raststätte ist wie ein Rückschritt in die Welt des harten Alltags. Keiner der zahlreichen Fernfahrer dort will mich mitnehmen. Ich könnte natürlich nach AACHEN rein und mir die Pfalzkapelle Karls des Großen ansehen, doch verspüre ich nicht die geringste Lust mehr dazu, das Heimweh hat mich gepackt.

Eine Stunde später sitze ich in einem Renault 5, der lange vor mir mit dem Fährschiff in Oostende angekommen ist. Beim Trampen bin ich also nachweislich schneller unterwegs gewesen als ein Durchschnittslenker. Doch in der *Ente* schmilzt mein Vorsprung zur Gänze. Erst um drei Uhr Morgen erreicht der Lenker, ein Elementarschullehrer, seinen Heimatort TRAUNSTEIN in Bayern und lässt mich in seinem Haus übernachten. Nach dem Frühstück fährt er meinen Rucksack und mich noch bis zur ersten Autobahn-Raststätte.

Dort spreche ich mehrere Lenker an, doch keiner will mich mitnehmen. Offenbar sehe ich bereits ziemlich verwahrlost aus. Schließlich erpresse ich einen italienischen Cabriolenker, der zum Telefonat mit seiner Freundin in Wels dringend Münzen braucht, die ich besitze. Von Wales nach WELS. Auf diese Weise setzt sich die komfortable und rasche Art des Reisens in Österreich fort und endet selbst in der freundlichen Stadt Wels noch nicht, denn im Audi von Mutters Lebensgefährten Karl, der in einer Küchenfirma im Stadtteil Bernau arbeitet, werde ich an diesem Donnerstag noch bis nach LINZ mitgenommen, wo ich vieles zu erzählen habe.

Vorerst komme ich gar nicht dazu, weil es mir die Sprache verschlägt, als ich mein Zimmer betrete. Sie haben es zu gut mit mir gemeint und es umgestaltet. Schwarzgrüne Tapeten nehmen jetzt die Stelle meiner bislang bestgehüteten, weil schwerstens zu ergatternden *Rolling Stones*-Poster ein. Und der mit Postern gepflasterte Schrank, den ich wie eine zweite Zimmerwand für eine Rückzugsecke quergestellt hatte, dieser lose Singulär ist nun durch einen vom Boden bis zur Decke reichenden Wandverbau aus Pressspan-Platten ersetzt worden, der sich wie ein Arrangement aus Küchenkästchen die Wände entlangzieht. Die Poster an den Wänden sind in den gut drei Wochen meiner Abwesenheit entsorgt worden.

Dafür wird wiederholt betont, wie teuer der Umbau gewesen sei. Niemand merkt meinen Widerwillen, unter diesen Umständen der Zwangsbeglückung zu Hause einzuziehen. Die *Verbauung* ist festgezurrt. Selbst das Bett eingezwängt zwischen den verschraubten Hindernissen. Und ich selbst fühle mich erstarrt, vernagelt und unbeweglich wie in einem Schraubstock. Welch ein Kontrast zur Leichtigkeit meiner luftigen Kleidungsstücke! Das neue Zimmer erlebe ich als Strafe dafür, dass ich ohne Erlaubnis abreiste. Das Telefon scheint meine Vermutung zu bestätigen: An der Wählscheibe hängt jetzt ein Schloss, dessen Schlüssel Mutter verwaltet. Also vorerst nichts mit Anruf bei Doro. Blacky ist in Holland ohnehin nicht erreichbar.

Aber die Erfahrungen der Reise kann mir keiner mehr nehmen! Auch nicht den Spracherwerb! Spracherwerb? In den gut drei Wochen habe ich einen umfangreichen Wortschatz gezüchtet, der ein Spiegelbild unterschiedlicher sozialer Schichten ist, je nachdem, in wessen Auto wir gerade saßen. Dies ist der Grund dafür, dass ich mit den angelernten Phrasen im Unterrichtsfach Englisch von Jahresnote Gut auf Semesternote Genügend abrutsche. Wie engstirnig Lehrer denken können! Die Notengebung des neuen Englisch-Lehrers wurzelt offenbar in einem Minderwertigkeitskomplex, denn um an unsere Schule zu gelangen, musste sich der arrogante Burberry-Trenchcoat-Träger wenig anstrengen, sein Verwandtschaftsverhältnis reichte aus. Das strenge Auswahlverfahren, bei seiner Anstellung *out of order*, lässt er jetzt uns Schülern angedeihen: die Hälfte seiner Englisch-Gruppe steht auf *Genügend*, der Rest auf *Nicht Genügend!* Und das im Maturajahr!

Ich möchte es eines Tages besser machen und ein verständnisvoller Meister werden, die Schüler - vielleicht in Jesus-Sandalen und weißer Toga - unter einem Lebensbaum über die Welt da draußen aufklären. Eine Lichtgestalt will ich sein, ein Furtbereiter, ein Frère Roger Schutz, ein John Mclaughlin, ein Giorgio Strehler! Wir werden sehen. Anstatt Sandalen können mich natürlich auch *Clogs* begleiten, so genau nehme ich es nicht. *Verzicht ist alles,* sagt mein Vater. Dies merke ich am deutlichsten beim Trampen: Jedes Gramm Gepäck zu viel hält einen auf!

Abb. 3: Der Helm vom Pass Lueg, Salzburg Museum

EL DORADO AM PASS LUEG
Kognitiver Interpretationsversuch einer Kulturlandschaft

Im Gasthaus Stegenwald im salzburgischen WERFEN speisten die beiden Wiener Keltologen William und Eleonore zu Mittag. Dabei wurden sie auch mit der örtlichen Geschichte konfrontiert. Sie erkannten, dass der Pass Lueg nicht nur als ein Hindernis für den Verkehr zu sehen war, der sich seit der Frühgeschichte durch den Salzachdurchbruch zwängen musste wie das Ankertau durch das Nadelöhr, sondern der Pass war auch eine strategische Besonderheit zur Verteidigung der Innergebirgs-Region. Im Herbst 1809, informierte sie das Denkmal auf dem Pass, kämpfte der Wirt vom Stegenwald mit einer Gruppe entschlossener Salzburger Bauern und Tiroler Schützen gegen die heranrückenden Truppen Napoleons und der Bayern, die sich mit den Franzosen verbündet hatten, weil sie ihrer Heimat das Schicksal ersparen wollten, als Kriegsschauplatz herhalten zu müssen. Dank Initiative der Schützengruppen um Joseph Struber und Peter Sieberer gelang es den Gebirgsbewohnern, den bereits von den Franzosen besetzten Pass vorübergehend zurückzuerobern. Ihnen kam dabei die Ortskenntnis zu Hilfe.

Schon seit Menschengedenken führten nicht einer, sondern zahlreiche Wege über den Pass. Die frühen Menschen bewegten sich nicht auf einem vorgegebenen Pfad, sondern sie benützten das gesamte Gelände zur Querung. Das hing zum Teil sicherlich davon ab, welcher Abschnitt Waldboden gerade weniger durchfeuchtet war.

„Ob auch der berühmte Kamm- oder Lappenhelm vom Pass Lueg Teil einer Rüstung war?", überlegte Eleonore.

Du meinst, er wäre hier oben vergraben worden, damit der Verteidiger schneller herauflaufen konnte, weil er den Helm nicht transportieren musste?"

„Na ja, dagegen spricht, dass er dann fürs Ausgraben und Säubern des Helms länger gebraucht hätte. Es muss eine andere Erklärung dafür geben."

„Auffällig ist doch, dass es sich um nur einen Helm handelt. Ich tippe daher auf einen Kulthelm, der allein zu besonderen Anlässen verwendet wurde. Erinnere dich an die Ausstellung in Nürnberg, wo wir solche Kulthelme aus Gold gesehen haben!"

Der bronzezeitliche Sonnenkult nördlich der Alpen war Thema einer Nürnberger Ausstellung gewesen, die William und Eleonore besucht hatten. Man konnte sich dort erstmals ein Bild davon machen, wie sehr bereits in der Bronzezeit Sonne und Sternenhimmel beobachtet und ins Alltagsleben miteinbezogen worden waren. Das Neue daran war, dass diese gesellschaftliche und rituelle Ausrichtung auf die Sonne in den nördlichen Vorländern der Alpen erfolgt war.

„Die astronomischen Daten hatten Eingang gefunden in Kult und Kunst. Ein ganzer Saal voll Gold wurde da präsentiert, kein einziges Stück davon fachmännisch geborgen, sondern alles nur von Raubgräbern, Baggerfahrern und bei der Feldarbeit aus dem Boden gewühlt. Und trotz dieser starken Deformierungen war die Bedeutung der mittel- und westeuropäischen Sonnenpriester dieser Zeit deutlich zu erkennen gewesen. Sie trugen hohe, steife Hüte aus Goldblech, deren projektilartig aufragender Zylinder sich nach oben hin verjüngte. Die Goldhüte im Nürnberger Museum sahen nicht anders aus, als würde aus einem Hügelchen ein langer Hinkelstein herausragen."

Nur wenige Monate zuvor war Will mit einer Billigfluglinie nach Irland gereist und hatte dort den salzigen Regen auf der irischen Dingle-Halbinsel auf den Lippen schmecken können. Beim Herumstreunen hatte er den senkrecht emporragenden *Kilfountain*-Stein entdeckt, einen ca. drei Meter hohen Monolithen aus Old Red Sandstone, darum herum einen Steingraben. Ein zufällig anwesender Bauer hatte ihn, den Maler in freier Natur, darauf aufmerksam gemacht, dass der Stein genau im diagonalen Kreuzungspunkt von vier Hügeln läge, welche die Himmelsrichtungen symbolisieren würden. Auf die Goldhüte bezogen konnte also der Hutrand den Steingraben symbolisieren.

„Die Hutform der bronzezeitlichen Priester, die offiziell bis zu den ersten Funden vergessen war, muss sich auch auf rätselhafte Weise überliefert haben, denn die Märchenbücher der Brüder Grimm enthalten Bilder ganz ähnlicher Hüte aus Filz, getragen vom Magier im Märchen *Der gestiefelte Kater*." Als sie sich mit den alten Autos den Forstweg hinauftasteten, merkte Will erst, dass sie sich jener Durchbruchstelle des Salzach-Flusses näherten, wo der geheimnisvolle bronzezeitliche Kamm-Helm aus dem Salzburger Museum gefunden worden war.

„Stimmig ist es hier!" bemerkte Eleonore.

William setzte seiner Phantasie keine Grenzen: „Ich habe da so einen Verdacht. Der Salzachdurchbruch macht sich ja als eine tiefe Einkerbung in einer sonst mauerartig geschlossenen Gebirgslandschaft bemerkbar. Er muss für die Keltensiedlungen im Salzburger Becken ziemlich exakt den Süden markiert haben, also den Höchststand der Sonne. Glaubst du nicht auch, hier könnte eine Sonnenverehrung stattgefunden haben? Schließlich hieß auch der keltische Sonnengott Lug/Lueg. Ihm zu Ehren wird heute noch im irischen Killorglin das *Puck Fair* gefeiert. Während des Lugusfestes wird ein Ziegenbock als König der Berge verehrt und symbolisch mit einem pubertierenden Mädchen verheiratet. Ich halte also eine vorchristliche Kulthandlung für sehr wahrscheinlich. Bisher ist offenbar nicht weiter aufgefallen, dass der hier gefundene Bronzehelm mit Doppelkreissymbolen bedeckt ist, die auf die Sonne hinweisen, genauso wie es auf den heute deutschen Sonnenpriesterhüten der Fall ist. Ich würde den Lappenhelm gern einem Priester zuordnen, der hier, am Einschnitt zwischen Tennen- und Hagengebirge, seine Dienste verrichtet haben könnte, denn der selbe Fixstern, der für den Jahreszyklus verantwortlich ist, ist es auch für die Prosperität der Feldwirtschaft.

Das Doppelkreismotiv, das auf den Lappen des Kammhelms in großer Anzahl zu finden ist, war schon in der Bronzezeit ein Symbol für die Sonne gewesen und ist in dieser Periode erstrangig auf den Goldhüten der Sonnenpriester zu finden, die ihrerseits wieder einen dem Boden verhafteten Hinkelstein nachbilden. Und auch die späteren Bischofstäbe sind zum Teil Ausdruck des Fortlebens des Stabes des bronzezeitlichen Sonnenpriesters, der an der Spitze ein viergeteiltes Ringsymbol aufgewiesen hatte, was in dieser Zeit auch der Form des Wagenrades entsprach. Mit seinem langen Stab muss der glänzende Sonnenpriester wie ein goldener Hirte ausgesehen haben, ein *Dorado* der Alpen."

Mitteleuropa war das Zentrum dieses Sonnenkultes nördlich der Alpen gewesen, der sich innerhalb von Stein- oder Palisadenkreisen vor allem um die exakte Bestimmung von Aussaat- und Erntezeiten kümmerte, für die Landwirtschaft von einer enormen Bedeutung, denn im damals herrschenden Kontinentalklima erfolgten die Übergänge zwischen den Temperaturextremen sehr rasch!"

Am Abend googelten sie ähnliche Helmfunde und entdeckten, dass 2002 auch in Tirol ein fast gleicher Helm gefunden worden war, und zwar zusammen mit Ritualgegenständen in einer Felskluft verborgen. Der Finder hatte mit seiner Taschenlampe zufällig in die tiefe Kluft eines Findlings nahe dem Pillersattel bei LANDECK geleuchtet und nicht schlecht gestaunt, als es goldartig zurückglänzte.

„Der dreizackige Helmaufsatz in der Form einer Hellebardenspitze sieht aus wie der Aufsatz des Bronzehelms aus dem Salzburger Museum!", staunte Eleonore. „Der Salzburger Kammhelm wird allerdings immer noch als Götteropfer zum Schutz der hoch liegenden Übergänge zwischen Nord und Süd, Ost und West, interpretiert. Nachdem der Salzburger Helm lange Zeit als keltisch bezeichnet worden war, ist er in die Mittelbronzezeit, ins 14. Jh. v. Chr., rückdatiert worden."

„Es dürfte sich in beiden Fällen um *Ritualhelme für den Sonnenkult* gehandelt haben, also die alpine Version der *Goldhüte*. Hast du gewusst, dass in der Steinzeit die Hände beim Beten nach oben gestreckt wurden? Auch die hohen Bronze- und Goldhüte müssen den jugendlich wirkenden Sonnenpriester symbolisch mit dem Zenit verbunden haben. Im Flachland war der Abstand dorthin größer, daher fertigte man immens hohe Kegelhüte an. Die kleinere und symbolisch abgewandelte alpine Form könnte aber auch dem Geschmack einer anderen Generation entsprechen. Wer die deutschen Goldhüte gesehen hat, kann jedenfalls ihren Umriss auch im Hellebardenaufsatz der alpinen Bronzehelme erkennen. Der Sonnenpriester oder Priesterkönig könnte zu bestimmten Sonnenständen des Jahres hierher gekommen sein, etwa zur

Sonnenwende oder zu Frühlingsbeginn, dem wichtigsten Datum der Lichtreligion. Ich sehe, wie er seine Bronzerüstung aus dem Depot in einer Felsnische holt und in glänzender Rüstung ein Ritual vollzieht. Gold wie auch polierte Bronze reflektieren die Sonnenstrahlen stark und können deswegen auch die Sonne symbolisieren."

„Vielleicht kam der Priester ausschließlich zur Sommersonnenwende hierher. Das könnte die nächtliche Gipfelfeuerkette erklären, die heute noch um diese Zeit im Tennengebirge veranstaltet wird!".

„Ich sag dir ja, er muss so etwas wie ein goldener Hirte gewesen sein, denk an das Halleiner Goldschiffchen!"

„Ein gleicher Helmfund im Anlauftal bei BADGASTEIN markiert ebenso die Ausrichtung (eines Kultes?) nach Süden! Die Deformierung dieses Kammhelms könnte auch durch einen Hangrutsch bzw. Bergsturz am Korntauern verursacht worden sein, der ihn ins Bachbett transportiert haben könnte!"

Am nächsten Tag stiegen die beiden Forscher mit einem Ortskundigen von GOLLING aus nochmals in höhere Regionen des Pass Lueg auf. Von den drohend schwarzen Regenwolken hoben sich hell und beruhigend hoch die Fichtenstämme ab, zwischen denen man bald querfeldein das steile Gelände erklomm. Der feuchte Boden rutschte unter jedem Tritt weg und die feuchtheiße Luft trieb ihnen den Schweiß in Bächen aus den Poren.

Nach Auskunft des Ortskundigen, der Sepp genannt werden wollte, durchwanderten sie gerade eines der Rückzugsgebiete des *Malifikanten Jackl*, der in den umliegenden Gemeinden junge Leute um sich geschart und in Manier eines Robin Hood Opferstöcke ausgeraubt haben soll, vor allem in Scheffau. Wie sein englischer Kollege habe Jackl nie gefasst werden können, was ihm den schlechten Ruf, Zauberer zu sein, einbracht haben soll. Da seine Mutter, Barbara Koller, eine sehr kräuterkundige Frau gewesen sei, die sogar einen Bergsturz in der Stadt Salzburg vorausgesagt habe, habe sie für die Untaten des Sohnes herhalten müssen und sei als letzte Hexe auf der Burg Golling verbrannt worden. Eleonore erbleichte, als er auch den schmerzhaften *Brustzwick* erwähnte, daher wechselte Sepp das Thema:

113

„Ist es nicht erstaunlich, dass mitten im Überschwemmungsbereich der Lammer, in SCHEFFAU, die zweitälteste Kirche Salzburgs zu finden ist?" „Das wundert mich ganz und gar nicht. Scheffau soll ja bereits in vorrömischer Zeit ein Epona-Heiligtum gehabt haben." Eleonore vermutete im Wirken Barbara Kollers den seit der Antike im Verborgenen betriebenen *Anna Perenna*-Kult, der mit nächtlichen Zusammenkünften, *Bacchanalien* und alternativen Kräuter-Anwendungen verbunden war und in Italien nach anfänglichem Zaudern der Behörden, aber Drängen des Mobs, dann doch zur ersten kirchlich sanktionierten Hexenverbrennung geführt hatte. Ein Synonym für diesen römischen Begriff schien ihr die keltische Pferdegöttin *Epona* gewesen zu sein.

„Kräuterkundigen Frauen," sagte Eleonore, "machte man jahrhundertelang den Prozess. Das kann nicht nur mit Aberglauben zu tun gehabt haben oder mit Unterdrückung uralter Riten und Kulte. Irgendwann muss die Gesellschaft dann erkannt haben, dass man Hexenprozesse auch als einen Wirtschaftsfaktor betrachten konnte, und man hat sie deshalb weiter vorangetrieben. Es gab eine ganze Reihe von Berufen, die gut daran verdienten, vom Wachszieher der Kirchenkerzen bis zum Amtmann, der dafür Geld kassierte, dass er die nackten *Hexen* beschaute, ob sich in Körperfalten Teufelsmale verbergen würden. Natürlich wurde auch jede Art Folter gut bezahlt. Wen wundert es da, dass sich die Hexenprozesse explosionsartig vermehrten?"

Der Guide Sepp Irnberger nickte zustimmend und erzählte nun von seiner ersten Begegnung mit einer Wiener Forscherin, die – wie er meinte - für ihren Idealismus 150 Jahre zuvor verbrannt worden wäre. Die inzwischen verstorbene Frau Erika Kittel hätte allerdings erst im Greisenalter damit begonnen, Felsritzungen miteinander zu vergleichen. Da solche in unwegsamen Gebieten zu finden waren, habe sich die gehbehinderte Forscherin auf Wegbänke und in Gasthäuser gesetzt und dort Jäger nach ihren Eindrücken gefragt.

„Sie zeichnete eine Himmelsleiter auf oder ein Sonnenrad und fragte dann: *Hast du da oben so etwas gesehen?* War das der Fall, dann musste der Befragte Frau

Kittel dorthin schleppen oder ihr die Felsritzung abzeichnen." In unserem Ortskundigen hatte die alte Forscherin einen bereitwilligen Begleiter gefunden, der sie begeistert herumführte, weil er von ihr die Technik des Fragens und Deutens auf Basis der vergleichenden Methode erlernen durfte.

„Die stark bewegten Linien auf den Felsblöcken unter unseren Beinen sind aber keine menschlichen Felsritzungen, sondern riesige Muschelschalen, die im Tethysmeer dicht an Korallenbänken gelebt haben. Durch ihre Versteinerung zaubern sie Wellenlinien in die Felsen, die Ihnen durch Sinnestäuschung eine ungeahnte Leichtigkeit vorgaukeln. Die Schalen dieser so genannten Megalodonten sind härter als der umliegende Korallenkalk. Im Volksmund heißen sie *Kuhtritte*, weil sie wie Abdrücke von Paarhufern aussehen. Kalkbänke mit mehr oder weniger großen Kuhtritten lassen sich zwar bis zum Hohen Dachstein hinüber finden, aber so groß wie hier sind sie nirgendwo!"

Schließlich steuerte die Gruppe auf eine Felswand zu. Während der mühsamen Annäherung erwies sich eine dunkle Stelle als Verfärbung der Wand durch Feuchtigkeit. Sie wandten sich dem hellen Teil der Wand zu und Sepp stellte ihnen die Frage, was sie in den vielen Zeichen erkennen könnten. Auf gleiche Art hätte auch seine Wiener Fachfrau die Alpenbewohner befragt, in der Hoffnung, dadurch etwas tief Verschüttetes frei zu legen, denn es wären die ältesten Menschheitserlebnisse, die sie - mit Scham und Tabu belegt - in ihnen vorfänden.

Ein als Schachbrett bekanntes Zeichen glaubte Will als Geisterfalle interpretieren zu dürfen. Tante Mag hatte ihm Fotos von der Stadt *Bikaner* in Rajasthan gezeigt, wo oberhalb der Hausportale ganz gleich konstruierte Holzrahmen mit Fadenkreuzen hingen. Auf der Felswand vor ihnen konnte man viele nach oben weisende Dreiecke erkennen, wovon eines links zwei Querstriche hatte und einen rechts. Freilich musste man ins Kalkül ziehen, es könnte sich dabei um Zinken handeln, also um Informationen von *Outlaws*.

„Wenn dies nicht zutrifft, dann könnte dieses Dreieck eine Art steinzeitliche Unterschrift sein," vermutete Leonore. „Möglicherweise zeigt sie einen Mann mit zwei Töchtern und einem Sohn oder umgekehrt oder die Striche sind einfach nur Clansymbol. Aber auch Schriftzeichen, wie die *venetischen*, deren sich die Kelten bedient haben, könnten dahinter stecken. *Venedigermännchen*, also Leute aus dem Veneto, haben in dieser Region nachweislich nach Erzen gesucht und wohl auch Zeichen hinterlassen!"

Jene Darstellung, die Will am meisten beeindruckte, war die einer transparenten schwangeren Frau mit einem Ungeborenen im Mutterleib. Ihre Form war sehr großzügig über die Wand verteilt: „Da früher die Darstellungsgröße der Figuren von deren Bedeutung in der Gesellschaft abhing, müssen wir wohl die Bedeutungsgröße berücksichtigen!" Die Ähnlichkeit der Ritzung zur Figur der Venus von Willendorf verblüffte ihn. Der Körper der werdenden Mutter hatte eine ebensolche Zwiebelform mit ausladender Spitze im Schritt und ihr Kopf war gesichtslos. Er bestand aus einem nach oben gerichteten Dreieck, das in viele kleinere Dreiecke zerteilt war, so, als trüge sie eine Gesichtsschürze.

„Von der Darstellung der Lebenspartnerin des indischen Gottes Shiva weiß man, dass ein Dreieck innerhalb eines nach unten weisenden Dreiecks das befruchtete Ei symbolisieren kann. Analog könnten mehrere Dreiecke innerhalb des Zeichens Dreieck mehrere befruchtete Eier symbolisieren," folgerte er.

William versuchte sogleich, sie zu zählen, doch die Anzahl der Dreiecke innerhalb des Kopfes der werdenden Mutter war so undeutlich wahrzunehmen, dass man den Eindruck gewann, es müsse sich um zahllose, besser unzählige Befruchtungen handeln. Plötzlich musste Will laut auflachen: „Schau mal, Eleonore, ein Männchen, dem ein Bein fehlt! Stattdessen ist das Rückgrat sehr naturgetreu geformt! Wenn man die Bedeutungsgröße berücksichtigt, dann hat diese männliche Figur bedeutend weniger zu sagen gehabt als die Große Mutter!", scherzte er.

Der Guide fragte sie, wie sie die Wandgestaltung deuten wollten. Er selbst gab keine Deutungsversion preis. Dadurch zwang er den Betrachter, sich seine eigenen Interpretationen zurechtzulegen.

„Vielleicht handelt es sich insgesamt um eine sehr alte szenische Darstellung des Jahreszyklus", rätselte Will, „die man etwa so beschreiben könnte: Die Erdmutter liegt neben ihrem Sohngeliebten, von dem sie zu einem neuen Jahreszyklus schwanger geworden ist. Dieser Pflanzer wendet sich nach getaner Tat von ihr ab und einem rechts davon liegenden Wandbereich zu, der leider aufgrund der vielen später erfolgten Einritzungen nicht mehr klar zu interpretieren ist. Eines ist jedoch bemerkenswert: Die Große Mutter und ihr Bauernsohn sind nicht neuzeitlich überkritzelt worden, was auf einen gewissen Respekt hinweist, der bis heute gewahrt zu sein scheint!"

„Wie kommst du zu dieser Interpretation?"

„Weil sich zwischen den kleineren und zerstörten frühgeschichtlichen Zeichen ein noch gut erhaltenes Feldsymbol befindet, bestehend aus einem senkrecht stehenden Strichgitter mit Punkten. Diese symbolisieren Setzlinge. Somit lässt sich vermuten, dass sich der Sohngeliebte der Prosperität der Feldwirtschaft zuwendet.

Dass der vom Menschen manipulierte Wandteil am rechten Rand von einer Geisterfalle geschützt wird, könnte darauf hinweisen, dass die Wand von rechts her begangen wurde, wie auch wir es getan haben.

Vor der *Geisterfalle* befindet sich jedoch noch etwas, worauf sie Bezug nehmen könnte: eine Halbhöhle, die etwa kniehoch unter Wasser steht. Sie könnte als ein Eingang zur Anderswelt verstanden worden sein!"

„Warum, denkst du, ist das keine ganz gewöhnliche Doline?"

„In einer Doline könnte sich kein Wasser halten, es würde sofort versickern!"

Die museumspädagogische Interpretationsmethode des Ortschronisten verstrickte sie nur immer tiefer und tiefer in ihre eigenen Hirngespinste. Zu dumm, dass er nichts von seinen Erkenntnissen verriet, die er nach jahrelanger Beschäftigung mit den Felsritzungen haben musste!

„Ich glaube auf der Wand die Erdscheibe mit dem Himmelsgewölbe und den Nachtozean darunter zu sehen. Eine Interpretation, die schon aus der Bronzezeit bekannt ist!"

„Da stimme ich dir zu!", sagte Will.

Die Gegend am Pass Lueg fanden Will und Eleonore dermaßen interessant, dass sie bei Sepp noch eine zweite

Führung buchten: eine Exkursion in die bunte Welt des Karstes oberhalb der Ortschaft SCHEFFAU, in die Welt der *Lias*-Kalke. Dieses Gestein ließ sich unter den Rädern einer *Mühle am rauschenden Bach* zu geheimnisvollen Kugeln formen, deren Oberflächen die Korallen- und Muschelstruktur der rötlichen Kalke besonders gut präsentierten.

Durch das enge Bett eines Wildbaches musste sich die Gruppe zunächst aufwärts tasten, Tritt für Tritt. Aber schon bald erreichten sie das Hochplateau, wo sich ihnen der Ausblick auf eine prachtvolle *Toma*-Landschaft eröffnete, die der Hängetalgletscher nach seinem Abschmelzen zurückgelassen hatte. In der Gegend verstreut lagen mehrere Meter hohe ungeschliffene Felsbrocken, deren Wände zum Großteil mit Ritzungen versehen waren, mit noch viel rätselhafteren Zeichen als an der Wand der Großen Mutter. Wie die Altäre einer Tempelstadt schien jeder Stein einem anderen Kult gedient zu haben, wobei man dem ersten Eindruck nach zwischen Felsen mit Sonnen und solchen mit Schirmen unterscheiden konnte. Doch darüber hinaus existierten Strichverbindungen, die William nicht mehr figürlich nachvollziehen konnte, wie er es seit seiner Beschäftigung mit den steinzeitlichen Aborigines-Malereien gewohnt gewesen war. Will tippte auf einen Sonnenschlitten, wie er in nördlichen Ländern häufig zu finden ist: Ein Alpenpharao lenkt mithilfe eines Staksteckens einen Schlitten und bringt die Sonne im Fonds an ihren Ausgangspunkt zurück. Für diese Interpretation sprach auch die Nordlage der Felsritzung. Ein weiteres Zeichen also für den vorchristlichen Sonnen- und Fruchtbarkeitskult, für den es im ganzen Lammertal Zeugen zu geben schien, vom Pass Lueg über die Scheffau bis hinüber zum Tabor.

Sepp hingegen wollte davon nichts wissen und machte auf zwei Moorseen aufmerksam, die für gewöhnlich nicht vorhanden seien, weil sie nur infolge einer längeren Regenperiode zu entstehen pflegen. Davon hätte der dazwischen liegende Felsen mit den vielen Sonnensymbolen seinen Namen *Seestein* erhalten, erklärte er.

Weiter oben im Gelände stießen sie auf eine versteckte Halbhöhle, die ganz nach Wills Geschmack war, denn im *Gewände* dieser Nische befanden sich zahlreiche

Furcht erregende Darstellungen. Will glaubte darin zunächst Geister mit drei Beinen erkennen zu können, die durch eine Längsachse zweigeteilt waren, so, als wären sie geschäftet und dadurch gebannt worden. Wahrscheinlich handelte es sich jedoch um einfache Pflanzendarstellungen.

Die eigentliche Attraktion der Halbhöhle war eine Gruppe von drei Hirschen, von denen jeder offensichtlich durch einen anderen Graveur eingeritzt worden war. Der schönste der Hirsche hatte ein Rhomboid über der Stirn, das aussah, als wäre er zum Almabtrieb *aufgekranzt* worden. „Wahrscheinlich eine Geister-Falle!", meinte Will.

Sepp machte Will darauf aufmerksam, dass eines der Tiere von Frau Kittel als Rentier identifiziert worden wäre. „Das hat Frau Kittel sicherlich zurecht so interpretiert! Dass man den Kopf von schräg hinten sieht, würde sogar auf die Echtheit einer steinzeitlichen Gravur hinweisen. 10.000 v. Chr. hatte es in den Alpen noch Rentiere gegeben. Später verschwanden sie, weil ihnen das Klima mit der Zeit zu warm wurde. Rentiere, Hirsche, Pflanzen, Himmelsleitern, Sonnenkreise, Sonnenschlitten, die *Große Mutter* mit Bauernsohn: Alles Fruchtbarkeitssymbole aus vorchristlicher Zeit!"

Für Sepp, den Guide, war ein solches Alter unvorstellbar. Er dachte immer noch an Juxzeichnungen von einsamen Jägern und glaubte, sie hätten auf diese Art Gefühle abgebaut, die der Libido entsprangen.

In sein elektronisches Tagebuch notierte Will später: „Höhlen sind offenbar die ersten Kathedralen der Menschheit gewesen. In mittelamerikanischen Höhleneingängen werden heute noch Rauchopfer vollzogen, weil Indianer sie als Portale zur Anderswelt betrachten. Da die Felsritzungen in diesen Bereichen wie auch anderswo nicht geschützt werden können, muss man auf die Rücksicht der Besucher hoffen. Leider gibt es viele negative Beispiele für das Überkritzeln des wertvollen Kulturgutes. Besonders Kindsköpfe neigen dazu, sich hier zu verewigen. Sepp meinte, man sollte sie deshalb ausschließlich gereiften Erwachsenen zeigen, die imstande sind, die kulturelle Wertschätzung aufzubringen!"

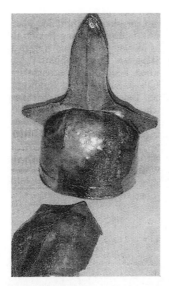

Abb. 4 u.5: Piller-Helm und Priesterkönig mit Schifferstädter Goldhut

Abb. 6: Sonnenschlitten (eigene Deutung) vom Scheffauer Seestein

WEISSES PFERD ÜBER DER POSTALM
Deutungsversuch einer magischen Kapelle bei Abtenau

„Als wir Kinder waren", berichtet Irgl, „da hat der Schuster, wenn er auf Stör *gangen* ist und bei uns am Hof übernacht hat, die Kinder immer geängstigt und die Erwachsenen haben mitg´spielt. Er hat so schaurig erzählen *kunnd,* dass wir Kinder uns nicht mehr haben traut, die Füße auf den Boden stellen, weil wir glaubt haben, unter der Sitzbank hockt der Teufel! Eine der schaurigsten Geschichten war die vom KLAUSECK GMAE, einer Stelle unterhalb vom Sattel zwischen Tabor und Einberg. Dort ist einmal ein Bauernbursch frischfröhlich von der Postalm kommen. Als er aber schon einige Zeit lang unterwegs war und den Steilabstieg just vor sich gehabt hat, da hat er sich *wunschen* (gewünscht): Ach, könnt´ mich doch ein weißes Pferd mitnehmen! Kaum hat er den Wunsch vor sich hin *sagen,* da ist ein weißer Schimmel mit Flügeln erschienen, der hat ihn aufgnommen und forttragen[20]. Erst hoch in den Lüften hat der Bauernsohn *sehen,* dass er verloren ist, weil der Schimmel ist *niemand nichts als* der Teufel *wesen,* der ihn ins Verderben hat zogen."

Noch heute würde daran eine Kapelle mit dem geflügelten Pferd erinnern, behauptet Irgl. Dieses Bild will Will sehen, denn es erinnert ihn daran, dass in Irland die Inthronisation eines neuen Königs durch ein Pferdeopfer stattfand. Der Ablauf war ziemlich kompliziert und Ekel erregend, wie Wills Wiener Keltologieprofessor, Herbert Birkhan, in seinem Monsterwerk über die Kelten berichtet.

Eine weiße Stute war vorgeführt und getötet worden. Dann beschlief der König das tote Tier. Schließlich wurde dieses zerstückelt und gekocht. Der König badete dann im Blut, aß etwas vom Fleisch, wie jetzt auch das übrige Volk tun musste, und schlürfte schließlich von der Brühe. Der Trinkritus schrieb vor, dass er dabei weder Gefäß noch Hände gebrauchen durfte. Damit zeigte er, dass er selbst zum Hengst geworden war. Das nannte man *die Vermählung mit der*

---

[20] ... vgl. auch Version von Gfrerer, Johann: Leonhard und seine Lammertaler. Kuchl 2007

Landesgöttin, der Ahnfrau des Clans, die mit Pferdeohren dargestellt wurde[21].

Auch Parzivals Gralsbotin *Cundrie* werden pferdeartige Ohren zugeschrieben, erinnert sich Will. Das altindische Pferdeopfer *Asvamedha* verlief andersrum. Die Geschlechter waren vertauscht. Hier war es die Hauptfrau des Königs, die mit dem Hengst kopulieren musste, der den Schöpfergott *Prajapati* verkörperte. Dies geschah, um Glück und Segen für die Regierung des neuen Königs zu erheischen. Die ersten paar Seiten des altindischen *Ramayana*-Epos beschreiben Rosseopfer sehr detailliert.

Demnach könnte Klauseck Gmae eine Inthronisationsstätte lokaler keltischer Regenten gewesen sein, exakt in der Mitte der Wegstrecke zwischen Hallstatt und Hallein gelegen. Das Tal das Rigausbaches in ABTENAU war Teil des Nord-Süd-Übergangs und das Klauseck Gmae müsste demnach ein Kreuzungspunkt mit dem keltischen Gebirgsweg zwischen Hallstatt und Hallein sein, resümiert Will.

„Also, nichts wie hin, Balder!" Wills subalterner Begleiter weiß nicht recht, ob er seinem Freund Glauben schenken soll oder nicht.

„*Gmae* sagen wir im Dialekt für *Mauer* und meinen eigentlich die *Kapelle*", erklärt Irgl. Diese finde man heute nicht mehr an ihrem früheren Standort, weil sie dem Güterwegebau im Weg gewesen sei. Früher sei sie aus Holz gewesen und etwa eine halbe Stunde von der Quelle *Fugbrunn* entfernt gelegen, erinnert sich Irgl.

„Eine wandernde Kapelle also", lacht Will.

Als er einmal in der Nacht von der Alm kommen sei, weil er die Butter auf der Kraxe ins Tal tragen habe müssen, ließ sich Irgl im Erzählfluss nicht beirren, da habe ihm die Kapelle schon entgegengeleuchtet. Vom Berg kommend, habe *einer* (man) genau in die Öffnung *einischaun kunnd* (hineinsehen können) und Irgl sei dermaßen erschrocken, wegen der Sage, dass er losgelaufen sei und nicht eher

---

[21] ... vgl. Birkhan, Herbert: Die Kelten. Celts. Bilder ihrer Kultur. Wien 1999. (Hg. Akademie der Wissenschaften), S. 30 ff

angehalten habe, bis ihn der Wald wieder aufgenommen habe.

„Früher haben sie den Kindern ja lauter so Blödsinn erzählt", relativiert Irgl, *„dass* (damit) sie sich *furchtent* (fürchteten)!"

Einmal hätten einige ältere Burschen einen vorlauten Jungen abgepasst und ihn mit weißen Leinentüchern erschreckt, erinnert sich Irgl weiter. Dieser sei so verstört gewesen, dass er beim nächsten Almgang einen geladenen Revolver bei sich getragen habe. Nur zufällig hätten die älteren Burschen von dieser Gefahr Wind bekommen und damit gerade noch ihr Leben retten können.

Will interessiert die Schilderung, dass hier nachts ein Licht gebrannt hat. Offenbar mussten die Abgänger von den Almen, die hier seit Urzeiten aus drei Richtungen zusammenströmten, dem Ladenberg, dem Moosberg und der Thurnau, auch bei Nacht und Nebel die richtige Stelle zum Eintritt in den Wald finden können, denn unweit davon befinden sich gefährliche *Gwänder*, wie Irgl die Felswände nennt. Will bemerkt die Ähnlichkeit dieses Ausdrucks zum kunstgeschichtlichen Begriff *Gewände*, den Portalrippen einer gotischen Kirche.

Im Gebälk der neuen Kapelle entdeckt Will beim Herumschnüffeln mehrere Schachteln Zünder. Offenbar hat sich der Brauch des nächtlichen Feuers erhalten, ohne dass man sich heute die frühere Notwendigkeit bewusst macht. Die Tafel, die Irgl als wesentlich größer in Erinnerung hat, beinhaltet eine aus zwei Szenen bestehende Wiedergabe des Sagenstoffes, was für eine Kapelle eher selten ist:

Zuerst hebt der Bauernbursch auf einem Ross von der Alm ab (es ist übrigens kein Pegasus, aber weiß) und schwebt über dem Abgrund, auf dem zweiten Bild liegt er tot im Wald und zwei andere Männer beklagen ihn. Beschützt wird die Abfolge durch eine Madonna am Himmel, deren Herz von sieben Schwertern durchbohrt wird. Der Maler hat sie gleich zweimal dargestellt.

Dieses Bild wird von vielen vollständigen Signaturen samt Jahreszahlen überdeckt. Der älteste lesbare Eintrag stammt aus dem Jahr 1856. „Warum schreibt man seinen Namen auf ein Heiligenbild?", fragt Will beiläufig Balder.

Dieser entgegnet schlagfertig: „Warum verewigt man sich auf einer Toilettentür?"

„Damit das Gebet besser wirkt!", stellt Irgl richtig.

Eine zweite Holztafel, vor einer blockartigen Pietà, zeigt einen Almauftrieb mit Vieh und einem Maultier. Diese Szene erinnert Will an eine Haustierprozession auf einem der keltischen Eimer. Statt dem *Kesselwalter* mit dem Trankopfer segnet vom Himmel herunter die göttliche Hand.

Will überlegt, warum die Leute wirklich auf einem Votivbild unterschrieben haben könnten. Jetzt kommt ihm in den Sinn, dass er in irgendeinem Keltenbuch die Vermutung gelesen hat, dass in der keltischen Mythologie ein weißes Pferd das Land selbst bedeuten könnte. Demnach hätten sich die Passanten als Teil dieser Landschaft eingetragen, in eine Art mythisches Grundbuch oder Verbrüderungsbuch.

Ein edles Pferd mit goldenem Umhang, den man auch als ein Paar Flügel interpretieren konnte, war schon den Skythen heilig gewesen, weil es die Begräbnis-Prozession seines verstorbenen Herrn anführte und danach als Grabbeigabe fürs Jenseits diente. So wurde das Pferd zum Symbol des Todes selbst. Da die Kelten vieles von ihren Siedlungsnachbarn an der unteren Donau übernommen hatten, könnten sie auch dieses Symbol übernommen haben. Ein Pferdealtar als Warntafel vor der Absturzgefahr, aber auch ein Fruchtbarkeitssymbol für die Almen-Region, kombiniert Will.

Zu des Trios Glück ist der Schranken zur Postalm gerade unversperrt. Er soll Unbefugten die Verbindung zur Mautstraße abschneiden. Sie können von Glück reden, dass der Diesel die Steigung durchhält, und sie erreichen die rettende Postalm-Panoramastraße, wo sie sich mitten in den bemauteten Ausflugsverkehr schwindeln.

Das zweitgrößte Almengebiet Europas breitet sich vor ihnen aus, es ist ein Eldorado für Motortouristen, die von den Wägen oder Motorrädern aus direkt eine Almhütte erreichen wollen. Auch ein idealer Fotoplatz für Familien mit Kleinkindern, die zwischen weidenden Glockenkühen fotografiert werden wollen.

Zunächst spazieren sie querfeldein über die Almwiese, die stark von *Erika* durchsetzt ist, was Qualitätsverlust bedeutet, klärt Irgl auf. Immer wieder stoßen sie überraschend auf ein *Moos*, das ist eine nach Regenfällen vorübergehend zum See gewordene Senke.

Oder sie stolpern beinahe in eine *Blaiken*, einen schmalen Erosionsgraben, der wiederholt und ein jedes Mal wie aus dem Nichts heraus auftaucht. „Das Vieh ist ins Loch *fallen*, sagt man, wenn man es nicht mehr herausbringt und es darin *verrecken* (verenden)muss", erläutert Irgl.

„Ein Schwammerl!", freut sich Will und pustet in den Sporenbeutel, doch Irgl winkt entsetzt ab: „Das Pulver nicht in die Augen bringen, sonst erblindet einer!"

„Das ist ja wie im australischen *Outback!*", entgegnet Will, „da mussten Kinder von Aborigines sechs Wochen lang in der Wildnis überleben lernen. Die falsche Pflanze zur falschen Zeit genossen, führt zur Erblindung, wovon ausgerechnet der erste weiße Australien-Durchquerer betroffen war."

Im nächsten Moment stößt Irgl wieder bis zum Rand seines Geschichtsbewusstseins vor, indem er Maria Theresia aufleben lässt. Hoch leben müsste man eigentlich sagen, denn es ist tatsächlich ein Toast, den er auf die alte Kaiserin ausspricht.

In grauen Vorzeiten wäre hier oben nomadisierend geweidet worden, bis die große Dame Ordnung gebracht habe: In ihrer Regierungszeit hätten die Bauern nur so viele Rinder auftreiben dürfen, wie sie an Steuern zu zahlen bereit gewesen waren. Das Hochplateau wurde eingeteilt in Weiderechte, deren Maßeinheit das *Gras* war. Ein *Gras* entsprach einer Kuh oder zwei Kälbern oder einem halben Pferd.

Die größeren Bauern durften sich Privatweiden abstecken und Almhütten errichten. Diese Sesshaftwerdung wurde gefördert durch das verbriefte Recht auf Bau- und Zaunholzanteile. Bis in die heutige Zeit würde der Forstmeister des Lammertals streng über die jährliche Vergabe des Holzes aus Bundesbesitz wachen: „Du kriegst heuer kein Bauholz, Russegger, sagt dann der Forstmeister", sagt Irgl, „denn du hast schon im letzten Jahr die doppelte Menge bekommen!" So ungeniert gehe es zu, bei der Holzvergabe.

„Diesen Güterweg habe ich bauen helfen, als junger *Loder*", lobt sich Irgl selbst. „Jetzt sind wir doch wieder beim Thema *Dreißiger Jahre* angelangt", stellt Will enttäuscht fest, „in nahtlosem Übergang von Maria Theresia her. Dabei hoffte ich doch so sehr, dass du in die andere Richtung der Geschichte durchstarten würdest, zu den Kelten hin, deren Erbe aufzuspüren ich gekommen bin! Weißt du denn gar nichts über die Kelten in diesem Gebiet?"

Nein, Kelten hätte es hier nicht gegeben, aber auf dem Sattel über dem Klausegg Gmae, da habe man einen Gegenstand gefunden, der wäre aus einer uralten Zeit gewesen, an die sich keiner erinnern kann, vielleicht eine Art Säge oder Rechen aus Bein, vielleicht fürs Pferdehaar.

„Und wo kann man den jetzt anschauen?", fragt Will nach.

„Den hat der Finder beim Pfarrhof abgeben, aber dort ist er dann irgendwie verschwunden. Heut weiß keiner nichts drüber!", bedauert Irgl.

Jetzt gesellt sich die Wirtin zu ihnen.

„Im Winter spüren wir die Touristen mehr", sagt sie, „besonders ins Frühjahr hinaus, wenn unten kein Schnee mehr liegt."

Dies erstaunt sogar Irgl, der überrascht sein Krügel absetzt.

„Ja, für das Salzkammergut gibt es sonst weit und breit kein attraktiveres Skigebiet", meint die Wirtin und *betupft* (richtet) ihre *Gretlfrisur* (alpiner Haarkranz).

Will bemerkt jetzt hinter der *Budel* (der Ausschank) ein gesticktes Tuch mit einer Spruch-Applikation: *Täubchen, bleib sauber, sonst girrt dich kein Tauber!*

„Nach dem *Aufkranzen* (Schmücken der Kühe zum Almabtrieb) schlafen wir aber nicht mehr heroben", fährt die Wirtin fort, „da fahren wir abends in den Markt hinunter. Die Nächte gehören dann dem *Kasmandl*!"

Will spitzt die Ohren, in der Hoffnung, mehr über diesen (keltischen?) Kobold zu erfahren:

Früher hätten die Sennerinnen im Herbst *Mus* (Pfannengericht aus Mehl, Salz und Wasser) hinterlassen, um das Kasmandl, das die Alm im Winter regiert hat, versöhnlich zu stimmen, klärt Irgl sie auf. Er erinnert sich an seine Zeit als Jugendlicher, an so manchen Sommerabend hier oben.

Und damit sind sie wieder vom Thema Kelten abgekommen und aus Irgls Radachse der Geschichte zentrifugiert worden. „Auf manchen Almen", erzählt Irgl mit Feuereifer, „waren blutjunge *Senndinnen* (Stallmägde, die mhdt. Bedeutung von sendin ist Sehnende, Geliebte), auf anderen Almen bissige *Vetteln* stationiert (Schimpfwort für frustrierte Frau)."

Auf der Alm seines Ziehvaters habe eine Sennerin mit *zerknittertem Gesicht* in einem fort *schumpfen* (geschimpft), sodass ihm der Aufbruch nicht schwer gefallen sei, der Aufbruch zu einem Nachtmarsch durch den Latschenwald, bis hin zur Hütte einer Strobler *Dirn* (Mädchen). Nachts habe er dazu eine Stunde gebraucht. Die für ihn interessanteren jungen Leute wären nämlich aus STROBL AM WOLFGANGSEE auf die Alm gekommen. Was ihn dort erwartete, damit hätte er freilich nicht gerechnet, denn vor der Alm brannte ein Lagerfeuer, um das herum Strobler Holzknechte sangen und *paschten* (sie schlugen im Takt in die hohlen Hände). Sie forderten den siebzehnjährigen Irgl auf, sich zu ihnen zu setzen, sodass er die ganze Nacht über keinen Schlaf fand. Nach getaner Arbeit auf dem Feld, um fünf Uhr Abend, hatte der Bauer ihn auf die Alm hinaufgeschickt. Ganze drei Stunden hatte der Aufstieg gedauert. Und jetzt?

Was einer während der Nacht machte, das interessierte den Bauern nicht. Um vier Uhr Früh hatte man mit seiner *Kraxen* (Holztrage) aufzubrechen, damit Butter und Käse während des vierstündigen Abstiegs schön frisch blieben. Sobald einer bei Klausegg Gmae vorbei war, konnte er aufatmen."

Und Irgl konnte es. Als er nach durchwachter Nacht schwer beladen ins Tal zurückkehrte, nahm ihm der Bauer nach dem *Engel des Herrn* (Gebet) die Kraxe ab und drückte ihm einen Rechen in die Hand, er musste beim *Einfutter-Heuen* helfen. *Einfutter* nennt man jenes Gras, das wächst, wo Kühe Flurschäden anrichten könnten, wenn sie dort weiden würden.

Die Nächte auf der Alm blieben Irgl so angenehm in Erinnerung, dass er sich von den Bauern leicht dazu überreden ließ, den Platz eines verstorbenen *Rossers* (Pferdehirten) einzunehmen. Ein Rosser wachte über Jungtiere, deren Besitzer über keine Almhütte verfügten, die aber ihre Weiderechte seit Maria Theresia verbürgt hatten. Den ganzen Tag hier oben, das hätte Irgl gefallen, er hätte das Vieh, also Pferde und Rinder, nur einmal am Tag am Salzstein lecken lassen müssen, in der übrigen Zeit hätte er dann seine Ruhe gehabt, „und nachts, ja nachts!"

„Freilich", antwortet Irgl auf Wills Fangfrage, „freilich haben sie einen Fensterlgeher einlassen und bewirtet. Die Senndinnen waren ja froh, wenn einer nachts kam und mit ihnen plauderte."

Sie hätten sich gefürchtet, behauptet er, denn sie wären meist ohne männliche Begleiter auf der Alm stationiert gewesen. Manchmal sei da noch ein zwölfjähriger Hüterbub gewesen, der aber nichts ausgeplaudert hätte.

„Wie der zuverlässige *Merker* (Aufpasser) im mittelalterlichen Tagelied," bemerkt Will.

Aber es sei anders gekommen, erzählt Irgl. Aus der Stelle als Rosser sei nichts geworden, denn als Irgl seinen Ziehvater mit seinen Plänen bekannt gemacht habe, da hätte dieser ausgerufen: „Ja bist denn du verrückt, Bub, da verdienst ja nichts, das ist doch kein Beruf, mit dem man etwas aufbauen kann!"

Kurze Zeit später habe er ohnehin *einrücken* (den Wehrdienst antreten) müssen, zunächst zum Arbeitsdienst nach Norddeutschland, dann an die Front. Wenn es nicht die *altgedienten* Soldaten gegeben hätte, wie seinen Bruder, dann würde er jetzt nicht hier stehen, beteuerte Irgl. Die *alten Hasen* hätten sie Junge gelehrt, dass man sich nur so lange vorwärts bewegen darf, wie das MG-Feuer aus den eigenen Reihen andauert. Doch vorwärts bewegen habe Irgl sich ohnehin nie brauchen. Sein Einsatz an der Front sei einem monatelangen Rückzug gleichzusetzen gewesen: vor den Russen auf der Flucht, um Haaresbreite entkommen, den Amerikanern in die Hände gelaufen, gefangen, im geeigneten Moment vom Transporter gesprungen, nochmals erwischt, wieder getürmt, die Uniform vom Leib gefetzt, bei der Flucht über Hintersee beinahe den versprengten Nazis in die Arme gelaufen, dann doch über ST. KOLOMAN, etwas Milch, und schließlich in den

Heuhaufen der Schwester gekrochen. Dort von zwei liebestollen Amerikanern, die hinter einer *Polnin* (Regionalform für Polin) her, aufgestöbert und beinahe verhaftet, wenn die Polnin nicht gewesen wäre, die ihn mit Liebesdiensten freigekauft, von der Schwester dazu angefleht, die dafür allen Schnaps geopfert, die Polnin aber mehr.

Sie sprechen inzwischen auch vom Rückzug ins Tal hinunter und Will fragt sich, welche von Irgls Kopfgeburten er für seine Keltenforschung auswerten könnte. Das Kasmandl sicherlich. Doch sonst ist es wohl weniger der Inhalt von Irgls Erzählungen, der in seinem Sieb zurückbleibt, als vielmehr die Art der Aussprache. Das -o- und das –e-, wie zum Beispiel in Brot oder Brett, zieht er besonders lang hinaus und artikuliert beide Vokale weit vorne und mit nur leicht geöffnetem Mund. Damit erreicht er die gleiche Aussprache wie die Iren, wenn sie rood für road oder reed für red sagen. Sogar *Kletzen* (Trockenfrüchte) spricht er als *Kloozn* aus, mit einem weit im Rachen liegenden offenen -o- .

Kann dies als ein deutliches Erbe der Kelten gedeutet werden? Der Chefredakteur der Zeitschrift *Celtic League* in Dublin wäre begeistert, wenn Will ihn über seine Beobachtungen informieren würde.

„Das Q-Keltische ist offenbar nicht nur die gemeinsame Wurzel für das Gälische der Iren und das Keltische der Hallstatt-Kultur, es lassen sich noch Reste davon in Abtenauer Akzenten feststellen", fasst Will für sein elektronisches Tagebuch zusammen.

Auf der Rückfahrt spricht Irgl über Blaiken und Dolinen, und als Will in Gedanken wohl schon bei der Halleiner Schnabelkanne ist, erwähnt Irgl so ganz nebenbei, dass im Jahr 1909, in SEETRATTEN, ein ganzes *Lehen* in einer Doline verschwunden sei.

Als Will ungläubig nachfragt, erzählt Irgl genauere Umstände. Am Fronleichnamstag dieses Jahres habe der Unterhallseitenbauer auf dem Weg zur Kirche beobachtet, wie beim alten Pfannhauslehen auf einmal der Schornstein im Dach verschwand[22]. Augenblicke später hätten sich das Dach

---

[22] … vgl. Gfrerer Hans: Abtenau. Die Häuser der Gemeinde Abtenau. Salzburg o.J. (Ortschronik von Abtenau, Bd. II), S. 397 ff

und die Hauswände nach innen verbogen und seien unter lautem Krachen zusammengefallen und im Boden versunken. Zurück sei ein schwarzer Schlund geblieben, der alle schweren Teile des Hauses in sich aufgenommen habe. Die Nachbarn eilten, um zu helfen, doch für das Haus kam jede Hilfe zu spät. Nur ein wenig Geschirr sei hinten geblieben. Von den Bewohnern des Pfannhauslehens wäre, wie durch ein Wunder, niemand zu Schaden gekommen, alle seien sie in der hl. Messe gewesen.

Als Erklärung für dieses Phänomen erwähnt Irgl so beiläufig die Kelten, die in alter Zeit vom Rußbach her einen langen Stollen vorangetrieben und unter dem späteren Pfannhaus ein Salzvorkommen geschürft hätten. Dadurch wäre ein Hohlraum entstanden, dessen Decke sich im Laufe der Zeit ausgedünnt habe. Ein grenzüberschreitendes Labyrinth, ein Irrgarten keltischer Wühlmäuse, fällt einem dazu ein. *Sodom und Gomorrha* des Abtenauer Tals.

Schon bei der Besiedlung des Tals, so werde im Volksmund überliefert, sei man dort auf ein aufgelassenes *Knappenloch* (Bergbau-Stollen) gestoßen. Wer sonst als die Kelten, meint Irgl, hätte durch eine Unterhöhlung den Einsturz des Pfannhofes verursachen können?

Die geheimen Gold- und Waffendepots der Amerikaner habe es ja damals noch nicht gegeben, scherzt er und Will notiert sich diese wenig korrekte Bemerkung.

Das Knappenloch beim Schornwirt wie auch der Einsturztrichter in Seetratten seien heute beide zugebaggert, beruhigt Irgl, während Balder und Will dasselbe bedauern. Man habe sie lange als Deponie für ausgediente Kühlschränke und anderes Sperrgut verwendet und insofern hätten die beiden Löcher doch noch einen Nutzen für die Menschheit gehabt, meint er, während den beiden zum Heulen zumute ist, angesichts der schlechten Nachricht, eine Generation zu spät gekommen zu sein[23].

---

[23] Auskunftspersonen waren die Schmöllmoosbäuerin Anna Lienbacher, eine anonyme Person und der Thurnbauer, alle drei vom Radochsberg

VENEZIANISCHE MASKENKOMÖDIE
Eine Schlüsselgeschichte

Es gab einmal eine Zeit, in der ein Triptychon des Malers Hieronymus Bosch in den Dogenpalast gelangte und dort Beachtung fand, obwohl der niederländische Maler in Figuren wie Figurengruppen auf beängstigende Weise die Verrücktheiten der Menschen einerseits und andererseits das abgrundtief Dämonische der menschlichen Psyche zeigte, wodurch sich der eine oder andere Betrachter angesprochen fühlen musste.

In jenen Tagen also, als die Kirche einerseits noch ganz dem strengen Dogmatismus verhaftet war und sich andererseits schon zarte Pflänzchen eines gelösteren Umgangs mit Glaubensdingen regten, musste der Künstler Gandolfo eine eigenartige Erfahrung machen, die sein Gebäude vom Glauben an die rechtmäßige Kirche einstürzen ließ.

In San Severo, einem Außenbezirk der Stadt, hatte wegen des grassierenden Priestermangels ein Dottore das Szepter übernommen und wichtige Ämter an seine Leibeigenen vergeben. Als Professore der Theologia an der Universität der Stadt hatte er seine Macht doppelt abgesichert und viele jungen Menschen krochen vor ihm im Staub, darunter auch eine Frau, die eigentlich ins Lager jener Wiedertäufer gehörte, die für den Glaubensschwund verantwortlich gemacht wurden, weil sie den meisten Zulauf verzeichneten. Ein naher Verwandter der Frau führte im Norden des Landes sogar aufständische Bauern an.

Gegenüber Unbeteiligten hinterließ der Dottore in der Regel einen netten Eindruck, denn er pflegte öfters während des Gottesdienstes wie ein Kind laut aufzulachen, ohne dass die Gläubigen einen Grund dafür erkennen konnten.

Seine streng absolutistische Gesinnung konnte man aber in dem Moment erkennen, in dem man ihm in die Quere kam. Wer geistig nicht nach einem von ihm erstellten Maß gebaut war, bekam Probleme mit ihm. So auch Gandolfo, der als Künstler schon von vornherein in kein Schema passte.

Da Gandolfo ein gläubiger Mensch war, lauschte er angestrengt den etwas verwirrenden, aber kindgerechten

Predigten des Dottore und merkte sich dessen sprachliche Bilder sehr genau. So erwähnte der Prediger einmal ein Bildmotiv auf einem Fastentuch, das ihn sehr beeindruckt hatte: einen Christus, der seine Maske abnimmt, sodass ein dahinter verborgener Gott sichtbar werde. Leider sei er nicht im Besitz dieses eindrucksvollen Bildes, bedauerte der Dottore während der Predigt, sodass er es den Gläubigen nur beschreiben könne.

Die Kirche war in den alten Mauern einer Manufaktur eingerichtet worden. Als der Dottore die Montage seltsam dunkler Kandelaber veranlasste, die wie Damokles-Schwerter über den Gläubigen hingen, begann Gandolfo daran zu zweifeln, ob das noch die rechtmäßige Religion wäre, die der Dottore öffentlich vertrat.

Als gelernter Christ gelang es Gandolfo allerdings, sein Gewissen zu besänftigen und jeden Zweifel zu unterdrücken.

Nachts pflegte er jedoch von einem eigenartigen Albtraum geplagt zu werden. Er kniete vor einer Sculptura aus rotem Sandstein, die einen göttlichen Reiter darstellte, dessen Pferd sich aufbäumte und mit den Vorderläufen einen knienden Untergebenen tief nach unten drückte, sodass es diesem unmöglich war, sich zu erheben. Anlässlich eines Lichterfestes hatte Gandolfo diese gallische Bildhauerarbeit tatsächlich einmal im *Palazzo Grassi* stehen sehen. Im Traum trug der Cavaliere jedoch die Gesichtszüge des Dottore und der Unterjochte jene des Gandolfo.

Die Träume verstärkten sich, als ein Geschenk Gandolfos an die Kirche zurückgewiesen wurde. Der Dottore hatte im Gottesdienst verkündet, dass dringend Geld für eine Marienstatue gebraucht werde, und er hatte diese Statue nach seinen Vorstellungen beschrieben. Die Gläubigen hätten großzügig spenden sollen.

Gandolfo, welcher Hilfsbereitschaft zu seinen Tugenden zählen durfte, hatte sich insgeheim gefreut, denn er besaß eine solche Marienstatue und war gern zur Übergabe derselben an die Kirchengemeinde bereit.

Nachdem er das Geschenk mühsam zur Kirche geschleppt hatte, nicht ohne sich wiederholt zu bekreuzigen, bekam er die schriftliche Verständigung:

Nochmals Gottes Dank für dein Angebot, Gandolfo! Ich habe dieses mit dem Gläubigenrat besprochen. Natürlich steht fest, dass in kirchlichen Gebäuden, auch in den profanen Räumen derselben, die Anbringung von Kunstwerken jeglicher Art einer sehr gründlichen Überlegung und Auswahl bedarf. Was die Marienstatue betrifft, so steht fest, dass keinesfalls eine Kopie einer üblichen Statue erwünscht ist, sondern dass ein Marienbild individuell angefertigt werden soll. Eine Heiligenfigur wird Akzeptanz und Liebe seitens der Gemeinde nur dann erfahren, wenn diese bei der Gestaltung und auch in die Finanzierung mit eingebunden ist. Die Marienfiguren vom Typus Schöne Madonna haben von ihrem inhaltlichen Ausdruck her hingegen eine sehr begrenzte Perspektive. In diesem Punkt muss ich dir daher eine dankende Ablehnung mitteilen.

Dottore Federico, San Severo

Da Gandolfos Herbst des Lebens angebrochen war, beschloss er, der Kirche trotzdem etwas zu spenden, aber es sollte etwas ganz Persönliches werden.

Als Kunstmaler wollte er ein Tafelbild zur höheren Ehre Gottes malen, in der Absicht, dass es an der Wand neben dem Altar hängen würde, genau so wie die Devotionalien in Wallfahrtskirchen, die Spendern das einzigartige Gefühl vermitteln, sie würden bei Kirchgängen ins Haus Gottes heimkehren.

Dieses *Heimkehren ins Haus Gottes*, dachte sich Gandolfo, würde ihm die Leiden des Alters ertragen helfen.

An dem Geschenk zur höheren Ehre Gottes malte der Künstler einen Sommer lang. Er arbeitete nicht nur seine ganze Kraft und sein Können, sondern auch seine ganze Liebe und Demut in dieses Tafelbild hinein. Wegen des großen Zeitaufwands plagten ihn wiederholt Ängste, seine kranke Mutter nicht ausreichend umsorgen zu können.

Als er das Gemälde fertiggestellt hatte, trug er es zur Kirche und wollte es dem Dottore zeigen.

Dieser jedoch ließ ihn lange Zeit warten. Dann blickte er Gandolfo fragend an. Der freute sich, dem Dottore mitteilen zu können, dass er dessen Lieblingsmotiv ins Bild mit aufgenommen hatte. Doch der Dottore erschrak zutiefst über diese Worte und empfahl sich mit einer kurzen Geste der Geringschätzung und der Kritik am Gemälde, dass es für ein Kirchenbild nicht groß genug und außerdem zu kontrastreich wäre. Deshalb lasse er es nicht im Kirchenraum aufhängen.

Er ordnete jedoch an, dass es zumindest in der Wochentagskapelle Platz finden könne, wo außer den Kirchenbänken noch keine Einrichtung existierte.

Als Gandolfo sein Ölgemälde ein zweites Mal mitbrachte, wurde eine geeignete leere Wand gesucht. Der Dottore wählte eine, die von jedem Fenster und damit von jedem Lichtstrahl der Sonne weit entfernt war.

Die Farben eines Ölbildes kommen aber am besten bei natürlichem Lichteinfall zur Geltung. Um ein Streitgespräch mit dem leicht erregbaren Dottore zu vermeiden, zeigten sich Gandolfo und auch andere devote Gläubige trotz der schlechten Standortwahl davon überzeugt, dass der vom Dottore gewählte Platz sowohl den Ausmaßen des Gemäldes als auch der Wirkung des Dargestellten gerecht würde.

„Unter das Bild werden wir dann eben den Kerzenhalter hinstellen!", lachte da plötzlich grimmig der Dottore. Zu Gandolfos größtem Entsetzen meinte er jenes Dorngitter, auf das die Gläubigen ihre Kerzen pflocken, die sie zuvor am Eingang der Kirche erworben haben.

Da Kerzen Ruß erzeugen, fürchtete Gandolfo eine Zerstörung seiner Farbqualitäten. Um dies weitestgehend zu unterbinden, nahm er das Bild ein weiteres Mal mit nach Hause, um es mehrfach mit einer Schutzschicht aus Firnis zu bestreichen. Dann übergab er sein lieb gewonnenes Werk dem Küster Roberto, dem der Auftrag zur Bild-Hängung erteilt worden war.

„In die neue Wand kommt mir aber kein Nagel hinein!", wetterte da der Dottore missgelaunt. Roberto musste in der

Folge Gandolfos Tafelbild auf eine lange Stange nageln und es regelrecht kreuzigen. Als Gandolfo sein Bild so schlecht behandelt wiedersah, verengten sich seine Herzgefäße. Sein Werk hing so wund an der Stange, als wäre er selbst gekreuzigt worden. Zusätzlich schmerzte es ihn, dass die Gläubigen einer nach dem anderen fragten, warum denn Gandolfos Bild derart komisch an einer Stange hinge. Viele konnten sich schadenfrohes Gelächter nicht verkneifen. Gandolfo fühlte sich nicht anders, als wäre er selbst an den Pranger gestellt, ja, als würde er an einem Nasenring hängend vorgeführt. Er sah sich gedemütigt und zutiefst verletzt. Allein der bärtige Messdiener Roberto hatte ein Einsehen mit ihm und ließ sich Gandolfos seltsames Gemälde wenigstens erklären.

Die Zeit heilt Wunden, sagt man, und das fleißige Gebet in der Kirche San Severo ließ Gandolfo das Leidensschicksal seines Bildes und damit sein eigenes vergessen. Mit Begeisterung führte Gandolfo immer wieder Kunstkenner, die seines Bildes wegen angereist waren, in die Seitenkapelle und erklärte ihnen die Zusammenhänge zwischen den Figuren und den Figurengruppen auf seinem Bild. Wenn andere Maler unter den Interessenten waren, erläuterte ihnen Gandolfo auch die Farbzusammenhänge.

So gingen die Monate ins Land, ohne dass sich etwas veränderte. Gandolfos Gemälde zur höheren Ehre Gottes hing immer noch an der Spitze einer langen Stange in der Wochentagskapelle und schien Christus, der daneben mit den Armen ruderte, Konkurrenz zu machen.

Inzwischen hielt in San Severo die neue Marienstatue Einzug. Sie galt als ein Spiegelbild der Gläubigkeit ihrer Auftraggeber und war innen vollkommen hohl: Ein Mantel ohne Körper, ein Kopf ohne Gesicht.

Als dann der Frühling zum zweiten Mal ins Land zog und die Leute wieder öfter aus ihren Häusern hervorkamen, geschah es, dass sich Gandolfo des Gefühls nicht erwehren konnte, dass ihn die anderen Gläubigen schweigsam angrinsten, ohne dass er dafür einen Grund hätte ausmachen können. Einige tuschelten dann auch hinter seinem Rücken, sodass sich Gandolfo unwohl zu fühlen begann.

Schließlich stürzte es wie eine Sintflut über ihn herein, als ihn die Signora Corderia, der er den Ostergruß brachte, scheinbar beiläufig, aber mit hämischem Grinsen fragte: „Gandolfo, wo ist denn dein Bild? Mein Mann und ich sind zur Wochentagskapelle gepilgert und wir wollten es uns endlich einmal ansehen. Da war dein Bild verschwunden! Wo ist es denn geblieben? Haben es etwa die Ratten gefressen oder haben sie es dir gar wieder zurückgeschmissen?" Damit brach in Gandolfo eine Welt zusammen und der Ostersegen hing schief. Die Kirchengemeinde hatte es nicht einmal der Mühe wert gefunden, ihn darüber zu informieren, dass man sein Bild aus der Wochentagskapelle entfernt hatte.

„Ich habe laut gefragt", sagte die Signora voll Schadenfreude, „Wo ist denn das Bild von Gandolfo? Da stand ein Mann vom Gläubigenrat, der hat eine abwertende Handbewegung gemacht und geantwortet, dass man es auf den Dachboden des Pfarrhofs gebracht habe. Das war vor drei Wochen, genau an jenem Samstag, als der Erzbischof kam, um die Firmvorbereitungen zu besprechen. Ach, ich dachte, man hätte es dir schon gesagt!", legte die zynische Signora noch ein Schäufelchen nach.

Gandolfo wusste nicht einmal, was ihn mehr schmerzte: War es die Schadenfreude der Frau über das Abhängen seines Kunstwerks, war es die Tatsache, dass diese es nicht der Mühe wert gefunden hatte, ihn früher zu informieren, oder war es die Demütigung durch den Dottore, der sich nicht einmal die Mühe gemacht hatte, Gandolfo über die Standortänderung seines Bildes zu informieren.

Offenbar war es dem Dottore peinlich, dass Gandolfo das unchristliche Symbol seiner Predigt in sein Bild aufgenommen hatte: einen Christus, der seine Maske abnimmt, damit ein verborgener Gott sichtbar werde!

Mit einer solch undogmatischen Aussage konnte sich der Dottore in den Verdacht der Ketzerei bringen und das bedeutete, in die Bleikammern deportiert zu werden, wenn in der Serenissima allgemein bekannt würde, was er gepredigt hatte. Gandolfo vermutete, dass dies der Grund war, warum der Dottore das Tafelbild verschwinden hatte lassen.

In den nächsten Tagen wurde es dann Gewissheit, dass der Dottore das Feld für einen Dilettanten freigemacht hatte. Dieser bekam die Erlaubnis, in der ganzen Kirche zu *fuhrwerken*. Und dies, obwohl er absolut kein Verständnis für den richtigen Umgang mit Perspektive und mit Farbe hatte. Seine kindlichen Darstellungen vom Dogenpalast und anderen prominenten Gegenden der Serenissima fielen nicht nur sprichwörtlich aus dem Rahmen. Nein, seine Fluchtlinien tanzten herum, als hätten sie kein gemeinsames Ziel. Dieser alte Mann hatte offenbar gute Freunde im Umkreis des Dottore. Oder er hatte die Gunst des Dottore erwirkt, weil er sich fortwährend vor allen zu verbeugen pflegte, egal, wen er vor sich hatte. Eine solche Angewohnheit liebte der Dottore über alles.

In Anbetracht der Erniedrigung seiner Persönlichkeit gab es für Gandolfo nur noch eine einzige Möglichkeit, seine Ehre halbwegs zu retten. Er durchsuchte sowohl den Pfarrhof als auch die Kirchenräume nach seinem Gemälde, denn er hatte sich dazu durchgerungen, sein Geschenk an die Kirche wieder zurückzuziehen.

Nach langer Suche entdeckte er sein Bild in einer unbenützten Beichtkammer, die jedoch versperrt war. In diese Abstellkammer war es hineingeworfen worden und er konnte im Dunkel des Raumes nur an einem winzigen Eck der Leinwand erkennen, dass es sich um seine Umsetzung des *Kerzenwunders* handelte. „Im Beichtstuhl ist meine Seele gefangen!", jammerte Gandolfo und leuchtete mit der Laterne durch den Spalt, bis die Ölfarbe den Widerschein ermöglichte.

Gandolfo hatte sein Tafelbild unter der Bedingung gespendet, dass es im sakralen Bereich hängen würde. Da dies nicht mehr der Fall war, trat er vor den Dottore und forderte sein Bild zurück. Der Künstler war der Meinung, es gäbe auch andere Pfarrgemeinden, die San Severino verehrten, denn der Heilige hätte zur Zeit der germanischen Einbrüche in Ufer-Noricum als hoher römischer Beamter die Bevölkerung evakuiert und als diplomatischer Anachoret vielen Menschen das Leben gerettet.

Einer Kirche, die einem solchen Feldherrn des Friedens huldigte, wollte er, Gandolfo, sein Bild anbieten.

Doch der Dottore verweigerte vehement die Herausgabe von Gandolfos Ölbild. Offenbar wollte er es endgültig aus dem Verkehr ziehen, damit ihm selbst kein Makel anhaften konnte, denn seine Aussage über Christus als Maskenträger war verfänglich gewesen und der Dottore wünschte sich, dies nie gesagt zu haben. Er versuchte einen Schlussstrich unter die Sache zu ziehen: „Ich werde das Bild für später aufbewahren, vielleicht fällt mir dann ein, wofür es gut sein soll!", sagte er.

Gandolfo verstand nun die Welt nicht mehr. Wenn der Dottore sein Bild nicht haben wollte, dann sollte er es doch rückerstatten!

Aber auf diesem Ohr war der Dottore taub.

Deshalb musste Gandolfo zu einer List schreiten. Er verbrachte die nächsten Wochen damit, zahlreiche Abschriften eines Schreibens anzufertigen, welches zur Enthüllung und Erläuterung eines Kirchenbildes einlud. Als Termin wählte er den Tag der nächsten Firmung, an dem er sicher sein konnte, dass der Erzbischof anwesend war. Alle diese Schriftstücke überbrachte er persönlich, und zwar auch an die Gelehrten der Universität von Padua sowie an den Erzbischof der Serenissima. In der Kirchengemeinde San Severo waren jedoch nur wenige Auserwählte darüber informiert.

Als nun jener Sonntag angebrochen war, an dem Gandolfo geplant hatte, sein Kunstwerk zu erläutern, wartete er, bis die Firmung durchgeführt war. Für die kurze Pause zwischen Messe und Mittagsmahl hatte er die Gelehrten samt dem Erzbischof in die Wochentagskapelle gebeten.

Es geschah so, wie Gandolfo es vorausberechnet hatte. Einer nach dem anderen trudelte ein und Gandolfo kniete nieder und küsste den Ring des Bischofs.

Wie aber eine Bilderklärung durchführen, ohne dass das Bild vorhanden ist?

Gandolfo begann damit, alle Anwesenden zu begrüßen:

„Sehr geehrter Herr Erzbischof, sehr geehrte Professoren der Universität Padua!

Als gläubiger Christ und folgsamer Kirchendiener habe ich die Predigtworte unseres Dottore Federico in ein Tafelbild umgesetzt. Es stellt ein wichtiges Ereignis im Leben unseres Kirchenpatrons dar, so, wie es uns sein Schüler in der *Vita Severini* berichtet. Mein Bild heißt demnach *Das Kerzenwunder.* Genau genommen hat es gleich zwei Wunder des San Severino zum Thema, die er im 5. Jahrhundert nach Geburt unseres Herrn in Cucullis, in KUCHL, gewirkt haben soll, einer römischen Siedlung nördlich der Alpen, im Valle Fiume Sale.

Mit dem rechten Glauben vieler Bewohner von Cucullis war der Heilige bekanntlich gar nicht zufrieden, da sie immer noch keltischen Kulten huldigten. In Form eines Kerzenwunders sorgte er daher dafür, dass sich die Kerzen dieser Halb-Heiden und Mehlchristen nicht entzündeten."

„Warum zeigst du uns dein Bild nicht endlich?" murrten die Gelehrten zwischendurch, doch Gandolfo ließ sich nicht unterbrechen. Erst als es der Erzbischof war, der diese Frage an ihn richtete, antwortete Gandolfo:

„Verehrter Herr Erzbischof, eure Exzellenz!
Gern würde ich euch mein Tafelbild zur höheren Ehre Gottes zeigen, doch der Dottore versteckt es immer noch hinter dieser Tür, um sicher zu gehen, dass euer Hochwürden der Erste sein kann, der seine Blicke darauf werfen darf."

„So holt ihn endlich herbei, den Dottore, ich bin schon sehr hungrig!"

Dies ließ sich Gandolfo nicht zweimal sagen und er veranlasste den Erzbischof, zwei Diener in den Speisesaal zu schicken, damit sie nach dem Dottore Ausschau hielten.

Als dieser erschien, stand ihm die Überraschung ins Gesicht geschrieben, denn er hatte von der Zusammenkunft in der Wochentagskapelle – wie gesagt – keine Ahnung gehabt. Und er musste nun seinerseits nach dem Kirchdiener rufen: „Roberto, Roberto, bring den Schlüssel zur Beichtkammer!" Der Bärtige war rasch zur Stelle und schloss auf, als wäre er San Pietro persönlich.

Nun war es der Dottore selbst, der Gandolfos Gemälde hervorholen musste und nicht nur das. Damit man es betrachten konnte, musste der Dottore den Staub von der Leinwand wischen, mit dem Ärmel seiner schönen Robe.

„Sprich weiter!", deutete der Erzbischof.

Gandolfo setzte seine Erklärung fort: „So, wie es geschrieben steht, werden auf meinem Bild die Lichtquellen derjenigen Kelto-Romanen entzündet, die dem alten Glauben abgeschworen haben. Im Mittelgrund vollzieht sich dieses Wunder an einer Schwangeren und einem Ministranten, als Zeichen, dass Gott ihren neuen Glauben annimmt. Christus steht schützend hinter ihnen, doch hält er eine Götzenmaske in Händen, die er soeben vom Gesicht genommen hat. Am meisten fühlt sich dadurch ein affenartiges Ungeheuer gestört, das verletzt aufschreit. Auch die Heuschrecke gehört zum Bereich des heidnisch Dämonischen und daher Keltischen. Aus diesem Grund wird die Lampe jener Christin nicht illuminiert, die noch eine Heuschreckenbrosche trägt, wie es in der spätrömischen Zeit Mode war.

Gegenüber San Severino, der rechts unten im Bild durch seine rote phrygische Mütze erkennbar ist, sitzt ein ungläubiger Kelte, der noch ganz der Tierwelt verhaftet ist. Dies erkennt man durch die Lebewesen in seiner unmittelbaren Umgebung: Affe, Waldschratt und Heuschrecke. Vielleicht handelt es sich bei dieser dunklen Figur sogar um den keltischen Waldgott Cerunnos, der sich unerkannt unter die Anhänger des neuen Glaubens gemischt haben könnte. Vom Waldschratt wird er warnend ins Ohr gezwickt, der Affe neben ihm fletscht die Zähne, eine Mischung aus Schmerz, Aggression und Warnung. Beide Tiere warnen ihre männliche Bezugsperson vor etwas, was diese nicht zu erkennen scheint. San Severino reicht dem Kelten höhnisch ein heidnisches Trankopfer. Die Heuschrecke hat sich auf die Kelle mit diesem Gebräu gesetzt, so, wie es mit einer Küchenschabe passieren kann. Sie weist schon auf das Heuschreckenwunder hin, das dem Ungläubigen, vielleicht dem keltischen Waldgott, noch bevorsteht.

Über das Heuschreckenwunder steht in der *Vita* geschrieben, dass große, afrikanische Heuschrecken eingefallen und die Felder nur derjenigen Bewohner von Cucullis verwüstet haben, die dem alten Gauben nicht abgeschworen und die alten keltischen Riten weiter betrieben hatten. Der Heilige verweist mit der rechten Hand auf den Weihwasserkessel, der mit kristallklarem Wasser gefüllt ist und an dessen Rand zwei Frauenfiguren das Kerzenwunder erleben. San Severino wollte mit den von seinem Schüler aufgezeichneten Predigten vom Kerzenwunder und vom Heuschreckenwunder vor der anhaltenden Verehrung einer keltischen Kultstätte warnen. Auch diese rückt ins Bildgeschehen: Im Apsisfensterchen des Kircheninnenraums auf dem Georgenberg bei Cucullis ist der mondbeschienene Prozessionsberg Monte Schlenken erkennbar."

„Sehr interessant, aber bei aller Aufgeschlossenheit deiner künstlerischen Auffassung gegenüber würde mich doch eine Sache genauer interessieren, nämlich diese Maske!"

Der Erzbischof wollte natürlich wissen, was es mit dem Christus und der Maske auf sich hätte.

Und Gandolfo antwortete beflissen: „Mein hochwürdigster Herr, unser Dottore hatte gepredigt, dass ihm eine Darstellung von Gott sehr gefallen habe, auf der Christus eine Maske vom Gesicht nimmt, wodurch ein versteckter Gott sichtbar wird! Und da ich alles gleich in fertigen Bildern sehe, brauchte ich nur noch zu malen, um Dottores Worte in die Tat umzusetzen. Christus mit abgenommener Maske bedeutet wohl, er legt das alte Gesicht der Naturreligion ab und zeigt ein neues Gesicht, das des Christentums. Ich habe dieses Bild zur höheren Ehre Gottes und des Schutzpatrons geschaffen, mein gnädigster Herr!"

„Du hast brav gehandelt, mein Sohn, indem du die Worte des Dottore ins Bild gesetzt hast, daher soll das Bild auch aufgehängt werden.

Du aber, Dottore Federico, wie konntest du einen solchen Unsinn predigen? Du wirst dich am Sonntag im Dogenpalast einfinden, sobald die Kirchenglocken von San Marco zusammenläuten! Dort wirst du einigen Herren Rede und Antwort stehen müssen! Und du kommst nicht im Priesterkleid, sondern im Sackgewand des Büßers!"

Gandolfos Geschenk an die Kirche San Severo wurde vom Erzbischof als Devotionalie akzeptiert und sogar an die Wand seitlich des Altars gehängt, wozu sich schon bald Arme, Beine und Herzen aus Wachs gesellten, die andere Gläubige spendeten. Gandolfo hatte eine wahre Spendenflut ausgelöst, denn nichts macht die Kirche heimischer als etwas Persönliches, das man dort wieder finden kann.

So hatte Gandolfo über Umwege doch noch sein Ziel erreicht und er kehrte als ein Verlorener Sohn in den Schoß der Kirche zurück. Der Dottore jedoch musste nicht nur vor seinem Erzbischof, sondern vor dem ganzen Zehnerrat antreten.

Dieser *Rat der Zehn*, anlässlich einer *anarchistischen Gefahr* gegründet, war mit der Zeit zum wichtigsten Informanten der Justiz geworden und fällte seine Urteile in Kürze und absolut geheim in der *Sala del Consiglio dei Dieci*. Daher konnte es niemand der Betroffenen wissen, wenn er in die Fänge der Justiz geraten war und er erfuhr auch nicht, aus welchem Grund. Der Dottore hatte noch Glück, dass ihm die Bleikammern erspart blieben. Sein Erzbischof rettete ihn in letzter Minute davor. Aber für seine eigenartige Predigt von Christus hinter einer Maske wurde er zu einer entsprechenden Opferleistung verurteilt:

Um für das Vergehen zu sühnen, musste er fortan in den Wochen vor Fasten selbst eine solche Schandmaske vor dem Gesicht tragen. Damit hatte er auf dem Markusplatz zu stehen und sich vom einfachen Volk anstarren und anpöbeln zu lassen. Diese Art von Strafe wurde lebenslang verhängt.

Da dem Dottore ob seines Bäuchleins ein langes Leben beschieden war, sahen viele Reisende aus aller Welt den stattlichen Mann mit schwarzer Schandnase und schwarzem Umhang, und es bürgerte sich ein, ihn zu besuchen und es ihm gleichzutun. Auf diese Weise ward der Karneval von Venedig geboren. Die Maske des *Dottore* war die erste, viele andere folgten.

Ob sich Gandolfos Schicksal andernorts wiederholte, ist bislang nicht bekannt.

Dass man jedoch das Modell des Zehnerrats später auch anderswo nachzuahmen versuchte, das ist eine nur allzu logische Konsequenz der Geschichte.

DER AKTIONIST UND DER ENGEL
Besinnung auf Charlotte Roche und Günter Brus

Diana, von einem längeren Einkaufsbummel zurückkehrend, die Haustür öffnend und ins Haus tretend, hört im Keller deutlich Geräusche. Sie denkt sogleich an Einbruch und versucht, ihren Vater Günter telefonisch zu erreichen. Erst als dies nicht funktioniert, wagt sie sich die Kellertreppe hinab. Überall herrscht Unordnung. Sachen, die ihr Vater in den Kellerabteilen verstreut lagern hatte, liegen plötzlich zu Füßen der Kellertreppe, auch das Kinderspielzeug, sämtliche Fahrräder, Schläger in allen Größen und Arten und ein aufgeblasenes, fettes Krokodil. Als sie einen Blick in den Vorkeller wirft, stockt ihr der Atem:

All ihre Blumentöpfe sind verschwunden, ebenso die Pflanzen selbst, die hier überwintern sollten. Nichts mehr davon befindet sich auf seinem Platz, nichts mehr in seiner systematischen Ordnung und der gesamte Keller scheint eingerüstet zu sein. Ein ohrenbetäubender Lärm dringt an ihr Ohr. Ein Hämmern, Schlagen und Rütteln von schweren Bohrmaschinen verwandelt den gesamten Keller in eine Staublandschaft und Diana gelangt kaum vorwärts, zwischen den weit verstreuten Objekten ihres Vaters. „Um Gottes willen, wo sind meine Blumen?", fragt sie sich verzweifelt.

Endlich hat sie sich durch die Aktenbündel und die Berge des Unrats gekämpft. Als *Unrat* bezeichnet sie die Objekte ihres Vaters, der grundsätzlich alles sammelt, ein *Professor h.c.* Unrat!

Da steht er plötzlich, der Leibhaftige, inmitten von einigen anderen und ihr unbekannten Leuten. Alle tragen sie Schutzhelme aus Kunststoff und Schutzjacken mit Leuchtstreifen und alle starren sie sie an. „Ihr Keller ist vorübergehend Eigentum des Staates geworden, hier dürfen Sie nicht mehr herein! Der Staatspreisträger gräbt jetzt!", sagt einer der Fremden. Im Zentrum des Raumes gähnt ein riesengroßes Loch im gepressten Lehm, der glatte Estrichboden darüber ist kreisrund ausgestemmt worden.

„Wo sind denn meine Blumen, wo die Töpfe?", fragt die Fassungslose. „Die wertlosen Dinge habe ich gleich auf den Müll geworfen, damit wir hier Platz zum Graben haben! Es hat eh im ganzen Keller nur dürre Blätter und Dreck hinterlassen!", desavouiert sich ihr Vater. Er ist einfach erschreckend, sobald er sich in einen *Aktionisten* verwandelt. In solchen Momenten kennt er keine Rücksicht. „Was macht ihr hier eigentlich?", stammelt die verzweifelte Hausfrau.

Der Vater klärt sie auf: „Na ja, du weißt doch, dass sich im Relief der Nachbarwiese schon seit einiger Zeit eine überwachsene Mauer abgezeichnet hat. Besonders im Winter ist sie deutlich zu erkennen gewesen. Es könnte sich ja um den Mauerrest jener Keltensiedlung handeln, die noch immer nicht gefunden worden ist, obwohl dieses *Dorf in der Stadt* danach benannt ist. Der Eigentümer der Parzelle wohnt in Berlin und ist unerreichbar. Folglich kann auf seinem Grundstück nicht nachgegraben werden. Die logische Fortsetzung dieser Mauer müsste dann eben unter deinem Haus verlaufen. Ich habe demnach die Archäologen verständigt und eingeladen, in unserem Keller nachzusehen. Und stell dir vor, was für ein Glück ich hatte, die Archäologen waren gerade ohne Arbeit, weil eine Grabung abgeschlossen und eine andere doch nicht genehmigt worden war. Ein solches Glück hat man selten im Leben: Man findet etwas, man vermutet etwas, aber die Archäologen, die die Berechtigung zum Nachsehen haben, die sind permanent ausgebucht. Weil es schnell gehen musste, konnte ich dich nicht mehr rechtzeitig verständigen, entschuldige bitte meine Begeisterung in dieser wichtigen Angelegenheit!"

„Nett gesagt von ihm, direkt liebenswürdig. Aber wie soll ich einen solchen Einbruch in den häuslichen Frieden entschuldigen können?"

Natürlich ist das nur ein Traum seiner Tochter, den sie erzählt, aber er nimmt in etwa das vorweg, was am nächsten Tag passieren wird:

Wie jedes Jahr tritt die schreibende Apothekergruppe an die Öffentlichkeit. Als Schauplatz ist wieder eine Neustadt-Apotheke an der Reihe. Nachdem der Apotheker sich bereits einmal *weichklopfen* hat lassen, eine Lesung zu veranstalten, beharren die schreibenden Apothekerinnen und Apotheker weiterhin auf diesem Standort. Du bist nicht der Erzähler, sondern eine Kunstfigur, die sich als schreibender Apotheker versucht.

Du hast dir also von Anfang an die Frage gestellt: Müsste man in der besonderen Apotheke nicht auch ein bisschen den Dichter spüren, ja riechen können, jenen Dichter, der hier lange Zeit als Apothekergehilfe gearbeitet hat? Was wird dein Nasenhirn mitnehmen, von dieser einzigartigen *Location*?

Die vielen schreibenden ApothekerkollegInnen auf einem Fleck zu treffen, das macht dich etwas scheu. Da gibt es einige, die man schon Jahre nicht gesehen hat, bei anderen waren es nur Monate. Dabei fällt dir der Umgang mit jenen leichter, mit denen du nicht in regelmäßigem Mailkontakt stehst. Ein ausschließlicher Mailkontakt, das ist wie mit einer anderen Persönlichkeit verkehren. Wenn man dann der echten Person gegenübersteht, errötet man, denn Stimme und Gestus, überhaupt alles Physische, passen plötzlich nicht mehr zu jener Figur, die man beim Mailkontakt vor Augen gehabt hat.

In der Neustadt-Gasse lesen vierzehn Apotheker und Apothekerinnen aus ihren Büchern und Manuskripten. Ein falscher Pelz verdeutlicht schon im Vorfeld der Lesung, dass er nur zum Naserümpfen gekommen ist. Er hängt sich über einen der ersten Sessel, die herübergereicht werden.

Nach Ladenschluss verzichtet das Apotheker-Ehepaar auf die Unterstützung vonseiten des Personals, obwohl der Laden eure Lese-Veranstaltung zum Thema *GIFT* beherbergt. Als deutlich wird, dass sich wesentlich mehr Besucher, als man gedacht hätte, in die lang gestreckten, aber engen Korridore der Apotheke drängen, müssen weitere Sitzgelegenheiten herbeigeholt werden. Das Veranstalter-Ehepaar wechselt sich ab, einerseits die Gäste am Portal zu empfangen und andererseits Sessel zu beschaffen. Von überall her müssen sie angeliefert werden. Über eine solche Hilfestellung gelangst du in die obersten Räume, in die Forschungs- und Zubereitungsabteilungen, wo sich teils nur noch Hocker aufstöbern lassen.

Alle sind sie damit beschäftigt, die Bedingungen für ein rege einströmendes Publikum zu optimieren. Niemand, der dich einzeln wahrnimmt. Du fühlst dich unbeobachtet, nicht den Augenblick lang, sondern zur Gänze. Dabei lässt man dich Kunstaktionsfigur besser nie aus den Augen, sonst fällt dir doch glatt etwas Verrücktes ein! Eine Ferkelei mit der Apothekergehilfin Vanessa beispielsweise. Du wüsstest ihr eine bessere Freizeitgestaltung als mit einem Hooligan zum Stadion zu ziehen. Du würdest sie zum Beispiel auf ein Labortischchen setzen, würdest ihren weißen Arbeitsmantel zurechtrichten und sie auf zwei Beinen in die Welt der Tagträume schaukeln. Aber sie weilt ja nicht mehr hier, die Gehilfin, die dir noch vor Ladenschluss die zweite Packung *Clindamycin-Hydrochlorid* ausgehändigt hat und dabei so adrett und gefährlich ihren flachsblonden Haarschwanz schwenkte, dass du schwanktest. Ein Engel von einer Dienstleisterin! Aber alles nur Tagtraum.

Seit du das Breitband-Antibiotikum schluckst, in Nachbehandlung einer Operation, musst du pausenlos defäkieren. Ein *Handshake* mit der *schnellen Katharina* ist das. Nach jeder Mahlzeit *eine Breitseite* gegen die Muschelwand, so kommst du dir vor wie ein Köter, der pausenlos markieren und abwursten muss.

Aber auch dein Riechorgan hat sich verändert. Zum Positiven verändert. Deine Nase war zuvor wie tot gewesen. Seit du *Dalacin C einwirfst*, hast du ein neues Sinnesorgan erhalten. Nach diesem Input fühlst du dich wie jung. Du bist in die Kindheit zurückgeworfen worden, kannst wieder Menschen riechen und ihre Gerüche unterscheiden, ganz so, wie in deiner Kindheit!

Manche der ApothekerautorInnen riechen unerträglich streng nach Verwesung. „Lass dir die Zähne richten!", sagst du zum einen, „Du hast dir einen Karies-Herd gezüchtet!" oder „Warst du schon länger nicht bei der Mundhygiene?" zum anderen. Und dem falschen Pelz, dessen Unterfutter nach Urin duftet, empfiehlst du: „Du solltest den Arzt konsultieren! Wahrscheinlich hängt dein Blutzuckerspiegel zu hoch. Dieses Schwert könnte auf Dauer gefährlich für dich werden!"

Aber natürlich riechst du auch das Unfassbare intensiver: den Haarboden der jungen Apothekerin Vanessa!

Leider ist sie nicht unter den Apothekerautorinnen zu finden. Ihren Nackengeschmack kennst du noch viel zu wenig. Hinter den kleinen Ohren muss er am besten sein, ein Hauch von Grind, sofern ihr Hooligan nicht schon vor dir da war, mit seiner Hundeschnauze. Wie gern ließest du dir von ihr die Sessel reichen! Ihr könntet in den hintersten Ecken Ausschau halten und euch dabei in eine Apotheken-Ferkelei verirren. Beim Sitzmöbeltransport hast du bemerkt, dass es auch nach unten hin einige Räume zu entdecken gäbe. Von dort sind noch keine Sessel gekommen. Unter dem Gassenniveau erhoffst du dir einen noch deutlicheren Geruch als oben, wo alles steril und sauber gehalten ist. Mal sehen, ob ihr euch hierher *verziehen* könntet!

Auf der Suche nach dem Keller gelangst du zu einer Regalwand, wo Teebeutel und Teesäckchen in Reih und Glied *gepostet* sind. Ein Meer an Gerüchen, einer Blumenwiese gleich! Die Tees kosten drei Euro das Stück, nur jener gegen Sodbrennen verteuert sich um neunzig Cent, liest du. Die Apotheken sollten sich treffender Apo-TEE-ken nennen! Über den Kräuterteeverkauf versucht ihr inzwischen das zu verdienen, was bei den Medikamenten *nicht zu holen* ist.

Hinter einer Brandschutz-Tür findest du die Treppe ins Untergeschoss, das zum Großteil mit Bauschutt verfüllt ist. Du kannst einen halben Steinbogen wahrnehmen, der von einem gut gemauerten Kellergewölbe stammen muss. Es wird sich wohl um jenes Gewölbe handeln, das sich vor der Sanierung des Nachbarhauses dort fortsetzte, wo der große Dichter als Apotheker-Gehilfe gearbeitet hat. Doch der Nachbar-Keller wurde beim Geschäftsumbau gänzlich zerstört und damit auch der Arbeitsplatz des großen Apothekerdichters. Du denkst ihn dir einfach dorthin, begnügst dich mit der Imagination.

Leider riecht es nicht nach Keller. Weder nach Moder noch nach Metall riecht es. Und du kannst dich nicht im Duft des Dichters wälzen, um dir ein Duftkleid anzulegen, das dich tarnt. Nur einen schalen Hauch von Staub atmest du, wie du ihn vom Entsorgen des Staubbeutels her kennst. Ein ehrwürdiger Ort, aber fast geruchlos. Du willst dem Keller seinen Nasengeschmack zurückgeben, etwas Bleibendes schaffen. Aber was? In der Kürze aller Möglichkeiten entscheidest du dich für die hundgemäße Markierung. Diese kommt deiner Lebensweise als Vierbeiner am nächsten. Der Zweibeiner gefällt (sich) als Vierbeiner. *Cirque Nouveau.*

In Respekt vor dem großen Dichter wirfst du dich auf die Knie, und in den Schutt des Gewölbes hinein entwässerst du entspannt und respektvoll, in der Hoffnung, dadurch eine geistige Verbindung zu des Dichters Arbeitsplatz herstellen zu können. Ein Gussopfer für den Kellerbewohner. Der *Meister der Aktionsverben* wird Opfer des Aktionisten, welcher einige Spritzer Dichter-Geruch spendet, der sich vermehren soll. Andere Fans hätten ihren Namen ins Gewölbe geritzt. Du setzt den Denkstein in flüssiger Form, der dich und andere die Nähe des großen Vorbilds spüren lässt. Der Duftstein als Denkstein. Die Duftmarke als Kennmarke. Du rückerstattest dem Keller seinen Geruch, um ihn dir später abzuholen.

Ein Keller muss riechen können, muss riechen dürfen, muss die Besucher über seine Duftnote einfangen oder abstoßen dürfen. Ein romanisches Kellergewölbe, das bis zum Rundbogen verschüttet angetroffen wird, das sollte wiederbelebt werden dürfen, forderst du, Brus.

Du dachtest zunächst, der Keller müsse bombardiert worden sein. War aber nicht der Fall. Beim Umbau des Nachbargeschäfts hat sich jemand den Abtransport des Bauschutts ersparen wollen. Ist auch besser so, da wird der Tote nicht gestört, versuchst du dich zu beruhigen.

Deine Besprenkelung wird erst mit der Zeit wahrnehmbar werden, denn ein Geruch muss reifen können. Für die Dauer von Stunden bleibt eine dunkle Stelle im Schutt zurück, aber den eigentlichen Geruchscharakter wird der Keller erst in ein paar Tagen entfaltet haben. Schade eigentlich, dass dir die nasale Überprüfung deiner *Aktion* nicht möglich ist, denn ihr dürft die Räumlichkeiten nur noch bis zum Ende der Apothekerautorenlesung nützen und ergründen.

Wenn du dabei helfen konntest, dieses mythische und mystische Gewölbe um einen Sinneseindruck zu bereichern, freute es dich. Du machtest es gern und wirst dir den gereiften Geruch bei Gelegenheit wieder abholen, um dich damit zu tarnen. Dein Apothekeraktionisten-Ich hat ein geheimes Bündnis mit dem literarischen Vorbild geschlossen und dein *Feuchtgebiet* kann sich symbolisch mit seinem verschütteten Arbeitsplatz verbinden. Verschwiegenheit ist euch hier sicher.

In späterer Zeit wird man den Geruch deiner Fettsäuren als herkömmlichen Kellergeruch deuten und nicht einmal gewollt entfernen können, denn der Schutt ruht im Verborgenen und der Keller wird nie geräumt werden, solange die Apotheke noch dermaßen neu und einladend aussieht. Jeder Kübel mit Abraummaterial müsste mitten durch die blitzblanken Flure des Geschäftes abtransportiert werden. Eine Straße der Verschmutzung wäre die Folge, denn der feine Kalkstaub würde sich beim Transport lösen und überall hin zu schweben beginnen. Die in Reih und Glied gerückten *Dust*-Portionen würden von einer Schicht noch feinerer Ablagerungen überzogen werden und dieser Film würde die Teesäckchen alt aussehen lassen.

Der Treppenlauf führt dich zurück nach oben. Deine Abwesenheit ist nicht bemerkt worden. Keiner der Anwesenden hat deinen Ausflug ins Niemandsland, in die Anderswelt, in die Welt der Aktionisten, registriert. Von niemandem bist du vermisst worden, auch nicht vom Gastgeberehepaar.

Dieses achtet streng auf den Ruf des Geschäftes. In den beinahe leeren Auslagen durfte keines der Ankündigungsplakate eurer Gruppenlesung hängen. Nichts hat auf eure Aktion hingewiesen, so lange nicht, bis die ersten Apothekerautorinnen und Apothekerautoren in der Tür standen und anfangs nur zögerlich eingelassen wurden.

Eine Kollegin bittet dich, ihren Lesungsteil zu übernehmen, weil sie im Moment starkes Fieber hätte und auf das Lese-Honorar angewiesen sei. Ihr Name verbindet sie mit dem Duft des Lodenmantels, der angenehm nach modrigen Blättern riecht. Es ist ja etwas Besonderes in unseren Wäldern, dass sich da abgelegene Blätterhaufen türmen, die bei Trockenheit bedeutungsvoll rascheln. Dieses Geräusch kann nur in den Laubwäldern der Gemäßigten Breiten erlebt werden. Und der trockene Schlammgeruch kehrt in Kellern wieder wie in Lodenmänteln, die nicht ausreichend gelüftet worden sind.

Gutmütig, wie du bist, fügst du dich dem Anliegen der Kollegin. Bei der Gelegenheit entdeckst du deine mentale Fähigkeit zur Fremd-Heilung: Deine Lesart ihrer schwankenden Texte gefällt ihr dermaßen gut, dass sie bereits am Ende der Veranstaltung gesundet ist. Kein Fieber mehr, auch kein bisschen erhöhte Temperatur. An der Hinterseite der Apotheke verläuft ein schmales verstecktes Gässchen. Über diesen Umweg mussten aus dem benachbarten Bräuhaus Sesseln herangeschafft werden. Auf demselben Umweg wollen die Sessel auch wieder zurückfinden. Doppelte Strecke, doppelte Zeit, doppelte Last. Als du den viel kürzeren Weg von einem Portal zum anderen einschlagen willst, erntest du einen vernichtenden Blick von Unverständnis. Das würde dem Ruf des Hauses schaden, interpretierst du. Das richte sich gegen den Knigge des Tertiärsektors: Auf der Straße draußen, wo sich die Menschenmassen bewegen, da darf man körperliche Arbeit nicht so offen zur Schau stellen!

In Reaktion auf die Benimm-Regeln kämpft nun auch dein Ego für kurze Zeit mit dem Zweifel, ob es einem vortragenden Künstlerapotheker überhaupt anstünde, Sesseln zu transportieren. Aber das Gastgeberehepaar und die besonders netten und hilfreichen Kollegen aus dem Moos müssten andernfalls die vielen Sessel alleine abtransportieren. Wie sollst du das mitansehen können?

Wenn da nicht der geringschätzige Blick fiele, sobald du die Abkürzung über die belebte Gasse nehmen willst, dann würdest du doch tatsächlich bis zum bitteren Ende mithelfen, die Sesselstapel zu stemmen. So aber darfst du dich beruhigt zurückziehen, denn deine unangemessene Sesselreichung direkt über die belebte Gasse hinüber fördert in keiner Weise den Ruf der Apotheke als einer Stätte ausschließlich *geistiger* Arbeit und Würde.

Im Prinzip lehnst du jede Umständlichkeit ab, die man vermeiden könnte. Daher verabschiedest du dich, wie es schon viele Apothekerautorinnen und Apothekerautoren vor dir getan haben. Ganz nebenbei ist es dir gelungen, auch den Lodenmantel der Apothekerautorenkollegin im Keller zu deponieren, damit der Fettsäuregeruch des Dichters mit dem Herbstgeruch ihrer Lyrik vereint werden kann und dein künftiges Duftkleid eine perfekte Tarnung erhält, damit die Schafe den Wolf nicht riechen können.

Im benachbarten Bräu lauerst du nun gespannt hinter einem Krügel Bier und bereitest dich geistig auf deine Aktion in der Bude der Burschenschaft nebenan vor. Im Geheimen weißt du dich inzwischen mit deinem Dichtervorbild *auf das flüssigste* verbunden. Tief unter dir schwitzt er als Apotheker-Gespenst täglich sein Hemd durch. Und du frohlockst, denn du konntest das Zeitfenster der Lesung nützen, um ihm seine Gerüche wiederzugeben.

Auch das nur ein Traum im halbwachen Zustand. Ein Traum, den ich am Nachmittag zwischen den Zeilen meines Textes träume, den ich am Abend präsentieren werde. Ein Abschnitt Innerer Monolog und fünf kurze Gedichte, für mehr Text reicht die Zeit nicht. Vierzehn Autorinnen und Autoren wollen eine Gemeinschaftslesung gestalten, die nicht länger als einhundert Minuten dauern soll. Das bedeutet Zeitdruck, Enge und Hitze, zu wenig Sitzplätze, keine Ablage für Mäntel und Schals, größte Disziplin und so gut wie keine Möglichkeit, eine Toilette zu erreichen, ohne auf dem Weg dahin die ganze Veranstaltung zu sprengen.

Die gesamte Apotheke ein *Schluf* wie ein Geburtskanal, ein *Wiedergeburtskanal* in eine neue Bewertung hinein. Jeder Autor, jede Autorin gibt sein Bestes, gibt ihr Bestes, um in der Hierarchie aufzusteigen. Stufe um Stufe muss er/sie sich hochdienen, weniger durch Qualität als durch Netzwerken.

Horst ist beim Vorlesen nervös geworden, weil das Mikrophon zu niedrig fixiert ist. Jetzt muss ich vor das Publikum treten. Ich lasse mich nicht aus der Fassung bringen, ziehe den Schaft hoch, nippe am Trinkglas und beginne mit den Worten:

„Die in den vorliegenden Zeilen verwendeten Gifte sind das Dioxin, das Gift der Belladonna, die Einstiegsdroge Marihuana und der Neid der Menschen. In meinem Romanmanuskript „Keltenfieber" verspeist die Hauptperson Wilhelm bei einer Pressekonferenz Tollkirschen, bis er das Bewusstsein verliert. Im Gedicht „Joints" wird dem Ich-Erzähler Marihuana unterschoben. Im lyrischen Fragment „Schiffstaufe" hingegen thematisiert ein Öltanker, der seine Ladung verliert, die Zerbrechlichkeit unseres Schiffes „Finanzmarkt". Und der ebenso rhythmische Text „Erfolg ist des Gerechten Lohn" berichtet schließlich über den

aggressiven Neid der Mitmenschen gegenüber einem Erfolgreichen. Das Gegengift, das Anti-Depressivum, ist unseres großen Dichters Lyrik. Die Lektüre seiner Texte hebt die Wirkung der Alltagsgifte auf. Sein Suchtgift Poesie verfügt über die positiven Eigenschaft einer lautlichen und bildhaften Verführung. Diese befähigt den Leser zu einem intensiven Farb-Sehen, wofür sich andere einen Drogenrausch spritzen müssen. Bei der Lektüre seiner Gedichte empfinde ich die Farbpalette von Paul Gauguin, die von Neapelgelb über Rotorange bis zu einem Umbra reicht, das genau genommen als schmutziges Violett zu definieren wäre, erzeugt durch eine Lasur von Preußisch Blau über Purpur.

Anstelle einer persönlichen Begegnung zwischen den beiden Künstlern schildere ich in meinem Gedicht „Gauguin trifft den großen Dichter" die synästhetische Empfindung, wie die Farbnuancen des Malers die feinen Töne des Lyrikers treffen. Der Klang der Dichter-Worte spendet die Farben, Gauguin vereint sie zur Komposition ."

Jedes Wort auf den Sprechrhythmus zurechtgefeilt, unterteilt durch die feinsten Tonvarianten der rechten Lautung, so präsentiere ich nun meine wunderbare Lyrik, jedes Gedicht in einer anderen Stimmlage, in einem andren Genre-Kontext. Meine Worte werden schneller, springen über die Zeilenabstände hinweg, zischen, hacken, rattern, so zerlege ich die Intervalle zwischen den Vokalen.

Hier, in der Dichter-Apotheke, in seiner *Kathedrale,* zu lesen, stellt eine Herausforderung dar. Gift um Gift serviere ich auf dem literarischen Tablett, um das Ganze schließlich in Gegengiften aufzulösen.

Während des Vortrags beschnuppere ich insgeheim das Publikum. Nichts! Nur zweifelsfrei abgelaufenes Eau de toilette drängt sich auf, verdirbt die Atemluft und schlägt sich auf den Magen. Einen spezifischen Apothekenkorridor-Geruch vermisse ich hingegen. Eigentlich hätte ich gehofft, dass jemand transpirieren würde, doch ich rieche weder Achseln noch Haar, auch nicht die Ohrläppchen einer Frau. Niemand mehr, der eine Mundhygiene benötigen würde, niemand mehr, der an Harn-Inkontinenz litte und kein Geruch mehr einer

Feministinnen-Unterwäsche, in der sich seit Tagen und Nächten das Smegma gesammelt hat.

Mein Geruchsempfinden muss sich wieder rückgebildet haben. Es wird Zeit, dass ich die nächste Kapsel Dalacin einwerfe. Abgesehen von den Nebenwirkungen ist der Konsum dieser Droge jedem Kunden zu empfehlen, der die Geruchswelt des großen Farb-Lyrikers in Erfahrung bringen möchte. Die Mitglieder seiner US-amerikanischen Fangemeinschaft würden durch die Einnahme von Dalacin den Geruch schweißnasser Hemden entdecken können, von welchem diese Apotheke vor mehr als hundert Jahren ganz erfüllt gewesen sein muss. Hemden, wie sie heute noch von jungen Amerikanern aus der Adventgemeinschaft getragen werden, wenn sie paarweise, einander streng bewachend und in Mission vereint, von Tür zu Tür pilgern.

In seiner Eingangsrede hat der Gastgeber auf diese schweißnassen Hemden hingewiesen, aber den Schweiß interpretiert er anders als ich. Er meinte, der Schweiß wäre ein Zeichen von Arbeitseifer, wie er auch heute noch in seiner Apotheke gelebt werde. Dazu fällt mir Vanessa ein, die sich von männlichen Kunden ins Dekolletee blicken lässt, während sie ihren Eichelkäse reiben. Man sagt, des großen Dichters Hemden seien aus einem anderen Grund verschwitzt gewesen. Die Biografen meinen, den Apothekerdichter hätten Kunden seelisch so sehr belastet, dass seine Schweißdrüsen Sekret emittierten, sobald ihm eine(r) körperlich zu nahe kam.

Ich fühle mich erleichtert, als eine unbekannte Dame in Hörweite dem falschen Pelz zuflüstert: *„Der liest doch gut!"* Eine Frauenstimme, die ich nicht erkenne. Ich weiß ebenso wenig, wie die Antwort lautet oder ob diese nonverbal erfolgt. Im Grunde genommen interessiert mich diese Antwort gar nicht mehr. Ich lese jetzt nur noch für die unbekannte Damenstimme. Und ich fühle mich gut! Sehr gut sogar! Immer besser! Der öffentliche Eindruck bringt mich zwar in der Hierarchie nicht mehr weiter, aber er stärkt mein Immunsystem.

Schade nur, dass mich die Apothekersgehilfin nicht hören kann! Schade nur, dass Vanessa erst gar nicht existiert! Andernfalls hätte ich ihr *backstage* gezeigt, was Bert Brecht über *Engel* gedichtet hat!

153

Abb. 7: Bücherberg aus Blei, von Anselm Kiefer

DE PALMAS TOD

Eine verhakte Geschichte,
nach einer Gasteiner Sage erzählt

Dem Büchermann De Palma wird kaum irgendwo Einlass gewährt, wenn er vom bröselnden *Ingelsberg* herüberkommt. Seine beinah durchsichtige Erscheinung rührt daher, dass er schon längere Zeit unterwegs ist und ihn daher Pilze, Algen und Moose bearbeitet und transparenter gemacht haben. Überall, wohin er kommt, hört er nichts anderes sagen als: „Die Arbeit füllt meinen Alltag aus, ich hab kein Derweil zum Lesen!" Der Bücherberg auf seiner Putte will nicht und nicht kleiner werden.

Auch seine Drohung, der Ort werde vom ewigen Eis bedeckt werden, wenn sie nichts kaufen würden, rüttelt die Leute nicht auf, denn das Abenteuer auf dem Bildschirm scheint in jedem Fall attraktiver und eine bequemere Konsumation zu sein als jene Abenteuer, die im Kopf entstehen.

„Wo sind denn die Bilder, sind keine Bilder drin?", fragt dann einer und De Palma muss ihm erklären, warum es besser sei, wenn sich jeder sein eigenes Bild machte.

In den Städten hingegen bohren viele Leute interessiert in ihn, fragen ihn nach seiner Herkunft und seinem Eigenverlag und allem Drum und Dran, aber am Ende sagt ein jeder: „Na ja, ich habe es mir überlegt, ich möchte doch kein Buch kaufen!"

Am schlimmsten wiegen seine Erfahrungen mit den Bibliothekarinnen. Sobald er eine Gemeinde-Bibliothek betritt, hört er nur Sätze wie: „Meine Kollegin, die für die Sachbücher zuständig ist, ist heute leider nicht anwesend!" Wenn dann De Palma vermeldet, dass seine Bücher ohnehin in der Abteilung *Belletristik* zu Hause seien, muss er erfahren, dass sich auch diese zuständige Kollegin in ihrem Garten sonnt. Wenn dann per Telefon eine Anfrage erfolgt, hört De Palma immer wieder die gleiche Antwort: „Die Kollegin meint, wir können keine neuen Bücher mehr ankaufen. Wir haben schon dermaßen viel regionale Literatur im Speicher! Immer wieder schreibt jemand über unsere Gemeinde. Dauernd kommt jemand und will uns sein Buch verkaufen. Gerade erst hat ein Funk-Reporter eines angeboten, seinen Bildband, von dem wir ein Dutzend angekauft haben. Nein, wir lösen das inzwischen so, dass wir nur noch unseren Ortsschreiber zukaufen."

Das klingt so, als käme es darauf an, den Speicher voll zu haben, egal womit. In diesem Fall müssen die Leser immer das Gleiche entlehnen, weil sich manche Bibliothekarinnen nicht mehr gegenüber neuen Gedanken und neuen Leuten öffnen wollen und sich nur noch mit ihrem Dolce Vita beschäftigen. Als eine maustote Bibliothek könnte man eine solche Gemeindeeinrichtung dann bezeichnen.

In den weitläufigen Schlafsiedlungen, auf dem Land gelegen, aber von Städtern bewohnt, lassen sie De Palma erst gar nicht vor.

Weil er Stimmen gehört hat, aber niemand öffnet, wagt De Palma diesmal den Versuch, den Spieß umzudrehen und gewaltsam in den Haushalt einzudringen. Eine Rohrzange findet er in der offenen Garage nebenan und so setzt er an, den Türzylinder abzudrehen.

Die Rohrzange bildet den Weißwurstäquator, denkt er, Und dieser Weißwurstäquator ist eine Sprachgrenze, die sich quer durch Franken zieht. Jenseits davon heißt die Rohrzange *Klemptnerzange* und die Semmel *Brötchen*. Aber was nützt mir mein Wissen, was nützen mir meine Erfahrungen, wenn die Leute meine Bücher nicht lesen wollen?

Brötchen mit Speiseeis, das lieben die Sizilianer, die keine Ahnung haben vom Weißwurstäquator. Himbeereis, Pistazien, Malaga, Zitrone, Speiseeis, Eissalat, Eisvogel. Wenn man als Tourist nicht weiß, was *Brötchen* auf Sizilianisch heißt, dann braucht man nur den Kopf zu schütteln, wenn der Eisverkäufer auf die Tüte und den Becher aus Papiermaschee zeigt. Die Alternative zu Tüte und Papiermaschee kann nur *Eis auf Brötchen* bedeuten.

Das Fenster ist jetzt ausgehebelt, die Nieten sind ausgerissen.

Papiermaschee ist gestampftes, gepresstes und geformtes Altpapier, das die Bewohner Kaschmirs gern bemalen, in wunderbaren Farben und Mustern. So entstehen im Nordwesten Indiens Behältnisse mit Fächern für unterschiedliche Brieformate. Aber wer schreibt heute noch Briefe? Einen richtigen Brief, meine ich, in regelmäßiger Handschrift, auf erlesenem Briefpapier, handgeschöpft, und verbirgt ihn in einem passenden Kuvert? Sogar die Briefmarke sollte farblich abgestimmt sein. Und dann Brief und Kuvert noch zweimal durch die Achsel ziehen und einen Tropfen Parfum darauf. Dann mit der eigenen Zunge befeuchten. Wie viele Briefe schreibt man heute noch pro Jahr? Mit der Rohrzange hat De Palma für den Einbruch nur dreißig Sekunden benötigt. Wozu also ein Briefhalter mit Fächern in verschiedenen Größen? Könnte höchstens zur Aufbewahrung von Rechnungen dienen, aber die Schlitze sind so eng, dass man mit den Fingern kaum eindringen kann, auf der Suche nach jener Rechnung, die die kleinste und wichtigste ist.

Als er die Haustür hinter sich anlehnt, wird es ihm zur Gewissheit, dass hier eine Familie ohne Hund wohnt, denn dieser hätte inzwischen längst angeschlagen.

Der zottige Büchermann ist viel gereist und hat die Erfahrung eines langen Lebens gesammelt. Hunderte von Jahren ist er schon unterwegs und niemand erlöst ihn. Unter den Schulterpolstern seines flatternden ehemals weißen Mantels sieht er aus wie ein Engel.

Sein Eindringen in das fremde Wohnhaus ist unbemerkt geblieben. Beim Sprengen der Tür waren ihm schon leise Stimmen entgegengeflattert, die an Lautstärke zunahmen, je weiter er den Flur entlangschritt. In diesem Flur existiert gar kein Fluchtfenster. Einer Feuerbeschau würde dieses Haus sicherlich nicht standhalten.

Er legt die Rohrzange auf ein Vorzimmerkästchen und wird gleich ansetzen, die Leute zu fragen, ob sie seine Bücher aus handgeschöpftem Papier erwerben wollen. Dabei müsste er doch besser fragen, welche der Bücher sie kaufen wollen. Er müsste also, um erfolgreich zu sein, anstelle einer Entscheidungsfrage eine Ergänzungsfrage stellen.

„Guten Tag!" murmelt er noch im Vorhaus vor sich hin.

Als er ins Wohnzimmer eintritt, nützt er den Überraschungsmoment, um seinen Sermon über die Inhalte der Bücher loszuwerden, denn die Bewohner starren ihn ungläubig an, wie einen Außerirdischen, wie einen Menschen aus einer anderen Welt, wie einen Menschen aus zweiter Hand. Dabei ist er nur aus einem anderen Zeitalter herübergestiegen, aus einem anderen der vielen Alpentäler.

„Hast wieder einmal die Haustür offen stehen lassen!" unterbricht jemand.

„Diesmal war ich mir so sicher gewesen, abgeschlossen zu haben!", antwortet eine Person im Schatten der angrenzenden Küchennische.

„Sie sind also wegen des Inserates gekommen, nehmen Sie doch Platz!"

Der Büchermann setzt sich in den Lehnsessel.

„Wollen Sie Tee?"

„Trude, bring den Kindersitz! ... Was bieten Sie denn?"

„Was Sie sich in Ihren kühnsten Träumen nicht vorstellen können!", lacht De Palma und setzt seine Kraxe ab.

„Also fünfzig?"

„So viele habe ich nicht mit, lesen Sie doch erst mal eines!"

„Wie soll ich das verstehen?"

De Palma holt eines der Bücher aus dem Sack auf seinem Traggestell und zeigt es ihm.

„Wir kaufen keine Bücher!" herrscht ihn der Mann an.

„Warum nicht?" fragt De Palma.

„ Ich hab mir schon alle Bücher gekauft, die ich in meinem Leben jemals brauchen werde!"

„Wovon erzählen denn Ihre Geschichten?" unterbricht ihn die Frau.

„Zum Beispiel von ..."

„Wissen Sie, ich hab mir alles über diesen Ort hier gekauft, schon in den sechziger und siebziger Jahren, mehr Bücher brauche ich nicht! Ich weiß jetzt alles! Und was ich nicht weiß, das steht hier drin. Nicht wahr, Trude?", behauptet er.

„Können Sie sich nicht vorstellen, dass es inzwischen Informationen neuerer Art geben könnte?"

„Das kann schon sein, aber ich hab keinen Platz mehr im Regal!"

„Wie viele Meter Bücher gönnt Ihnen denn der Schreiner?"

„Einen Gatterbau von einem Meter achtzig besitz ich!"

„Na, wenn das so wenig ist, glaube ich Ihnen, dass Sie im Dilemma stecken. Aber Sie könnten doch ein altes Buch gegen ein neues altes auswechseln!"

„Kommt nicht in Frage!"

„Warum sträuben Sie sich denn gegen einen solchen Gedanken?"

„Ich gebe keines meiner Bücher wieder her, ich habe sie alle im Laufe der Jahre lieb gewonnen. Zu jedem von ihnen habe ich eine besondere Beziehung!"

„Und ein weiteres Regal, können Sie sich nicht mit dem Gedanken anfreunden, ein weiteres Regal für neue Freunde aufzustellen? Denn Bücher sind Freunde."

„Nein, nein, ich hab genug Bücher, ausreichend für mein ganzes restliches Leben! Und außerdem hätte ich gar keinen Platz für ein weiteres Regal!"

„Aber neue Bücher würden doch auch Ihren geistigen Horizont erweitern!"

„Was ich wissen will, das weiß ich, und alles andere ist mir egal!"

„Na ja, man weiß ja so wenig, heutzutage, denken Sie nicht auch, dass sich das Wissen ständig verändert?"

„Um Neues zu erfahren, lese ich die Zeitung, dazu brauche ich kein Buch!"

„Zugegeben, die Zeitung liefert Ihnen die Fakten, aber interessiert es Sie nicht auch, wie andere Menschen denken? Ein Buch eröffnet dem Leser eine völlig neue Welt, heißt es doch!"

„Nein danke, die alte Welt ist mir da schon lieber! Die Jungen wissen doch eh nicht mehr, wo es langgeht!"

„Sind Sie sich denn sicher, dass es noch lange so langgeht wie bisher?"

„Solange ich noch lebe, wird sich wohl nicht mehr viel verändern. Und was danach passiert, juckt mich nicht. Ich ändere mich nicht mehr! Altes Eisen biegt man nicht, heißt es!"

Eigenartig, dass ich in die Rolle gedrängt werde, das neue Wissen verteidigen zu müssen, wo ich ihm doch im Grunde genommen zustimmen müsste!', denkt De Palma und ergänzt: „In meinen Büchern erfahren Sie, wie man sich bei Naturkatastrophen verhält, zum Beispiel im Falle eines Vulkanausbruchs, oder was man tun muss, wenn man im Leben Schiffbruch erleidet!"

„Was ist jetzt mit dem Kindersitz?", fragt die Frau, „Nehmen Sie den?"

„Nehmen Sie denn eines meiner Bücher?"

„Nein, sicher nicht! Aber Sie sind jung und könnten den Kindersitz doch mal gebrauchen!"

„Ich und jung? Nur der Bücherverkauf hält mich jung! In Wahrheit habe ich ein Vierteljahrtausend auf dem Buckel! Und ich verspreche Ihnen, ich werde nur so alt werden, als mein letztes Buch verkauft ist!"

„Dann wünsche ich Ihnen weiterhin einen geringen Verkaufserfolg, damit Sie lange leben, leben Sie wohl!", sagt die Frau.

Wenn einer den Charakter des Büchermanns beschreiben wollte, käme er nicht weiter. Der Büchermann ist mit allen Wassern gewaschen, er hat alle Charakterphasen durchlebt: Er ist lange Zeit Optimist gewesen, danach lange Zeit Pessimist, er war Sanguiniker genauso wie Choleriker, er hat seine Erfahrungen als Phlegmatiker gemacht wie als Melancholiker. Und inzwischen kann er alles gleichzeitig sein, so, wie es die nächstbeste Situation erfordert.

Um wegen des gewaltsamen Eindringens nicht noch nachträglich zur Kasse gebeten zu werden, biegt De Palma erst einige Parallelstraßen danach in eine Sackgasse ein.

Hier entdeckt er ein einfaches Haus aus Stein, das einen Anbau aus Holz aufweist. Dieser ist in der Manier eines Blockhauses errichtet und einst Teil eines alten Bauernhauses gewesen, dessen Hinterteil abgerissen und durch einen quer stehenden Neubau aus Stein ersetzt worden ist. Während der Bauernhausteil sorgfältig lasiert und mit Blumenarrangements geschmückt ist, wirkt der Neubau lieblos, farblos, unverputzt und funktionell.

Der Büchermann läutet natürlich beim alten Teil, denn von einer Bewohnerin eines gepflegten alten Hauses erwartet er sich mehr Kaufinteresse als von Bewohnern einer garagenartigen Behausung. Wie überrascht ist er, als eine alte Frau öffnet! Mantraartig spult der Büchermann nun seinen Text ab und stellt sein linkes Bein bereits zum Gehen aus, als er wider Erwarten doch noch auf Interesse stößt.

Die alte Frau freut sich, dass eines seiner Bücher über die Region berichtet, in der sie ihr Leben verbracht hat. „Gut, ich kaufe Ihnen eines ab! Bei der Hitze müssen Sie herumzigeunern! Wie viel kostet es denn? Warten Sie, ich muss das Geld holen gehen ... Da fällt mir ein, dass mein Mann das Geldbörsel zum Einkauf mitgenommen hat! Kommen Sie doch in einem Monat noch einmal vorbei!"

„Kennen Sie hier in der Umgebung noch jemanden, der Interesse an einem Buch über die Region haben könnte?"

„Das ist schwer zu sagen! Die Jungen lesen nicht mehr, die sitzen nur noch vor dem Gameboy, und die Alten sterben weg! ... Obwohl da drüben ... die Moser Kathi! Wir zwei haben unser Leben lang Bücher gelesen und uns dann darüber unterhalten! ... Aber nein, die Kathi ist jetzt auch weg!"

„Ich kann es ja mal versuchen, ob sie schon nach Hause gekommen ist!"

„Nein, da kommen Sie schon zu spät, die ist vor zwei Monaten ins Grab!"

„Wie schade! Na, dann Auf Wiedersehen und viel Spaß bei der Lektüre!"

In der gleichen Gasse befindet sich ein mehrstöckiges Appartementhaus, dessen Gebäudetür weit offen steht. Diesen Willkommensgruß nützt der Büchermann und tritt ein. An der entferntesten Wohnungstür klingelt er, wartet eine Zeitlang und positioniert sich vor der nächsten, wo wieder keiner öffnet.

Entweder sind die Bewohner außer Haus oder sie fürchten sich vor dem Büchermann, eine andere Möglichkeit zieht dieser nicht in Betracht.

Erst im obersten Geschoss zeigt sich ein Mann mit Bulldogge in der Tür.

Sobald er seinen Hund beruhigt hat und der Büchermann einige Buchexemplare hervorholt, ergibt sich das Gespräch:

„Welche Bücher sind das denn?"

„Na ja, das sind Bücher, die viele Europäer betreffen! Hamburger genauso wie Wiener und Steirer, auch Brandenburger."

„Sie meinen die Deutschen?"

„Na ja, den deutschen Sprachraum, also auch Österreicher!"

„Haben Sie die Bücher geschrieben?"

„Natürlich, andere dürfte ich ja gar nicht anbieten!"

„Und was steht da drin?"

„Sie handeln von Männern, die den Boden unter den Füßen verloren haben. Und dann gibt es da plötzlich eine Frau, zu der sie sich hingezogen fühlen. Aber trotzdem bleiben sie einsam!"

„Ach, hören Sie mit den Frauen auf! Ich bin froh, wenn ich keine zu Gesicht bekomme! Sobald eine von ihnen den Mund aufmacht, weiß ich schon, dass sie lügt!"

„Also, Lügengeschichten scheinen Sie nicht zu mögen. Aber wenn ich Ihnen sage, dass meine Hauptpersonen jede Menge lebensbedrohlicher Abenteuer erleben und trotzdem ganz offen und ehrlich miteinander umgehen, das wären doch ideale Voraussetzungen für Sie!"

„Lassen Sie hören!"

„Meine Hauptpersonen haben ein ganz ähnliches Schicksal. Sie werden geboren und sterben, wenn sie alt werden. Dazwischen haben sie eine nicht unproblematische Jugend. Auf Irrwegen gelangen sie sehr jung zur Armee und kämpfen gegen die Türken. Danach geraten sie in Gefangenschaft und Sklaverei."

„Na ja, wissen Sie, der Vordere Orient gehört nicht zu meinen Lieblingsdestinationen. Ich mag nämlich dieses Gesindel nicht! Also scheidet ihr Buch schon aus diesem Grund aus!"

„Aber die Handlung setzt sich doch anderswo fort!"

„Und wo?"

„Na ja, das klingt jetzt ein bisschen komisch, aber der Rest ereignet sich in der Karibik, genauer gesagt unweit der Flussmündung des Orinoko, dem heutigen Venezuela!"

„Venezuela! Wenn der Javez nicht wäre und der ganze Vordere Orient nicht, dann wäre das Öl billiger und ich könnte problemlos volltanken! Dann könnte ich mir auch Ihre Bücher leisten! So aber müssen Sie auf Ihren Büchern sitzen bleiben! Tut mir Leid!"

Als sich der Büchermann aus dem Appartementhaus zurückziehen will, weil bei anderen Namensschildern niemand öffnet, hört er eine heisere Männerstimme in seinem Rücken: „Ich hab Sie durchs Guckloch beobachtet! Sagen Sie mal, wie kommen Sie dazu, bei allen Hausbewohnern zu läuten? Wollen Sie sich denn bei einem jeden einschleimen? Ich sag Ihnen, der da drüben, das ist ein Asozialer und der andere Nachbar, der ist Funktionär in einer Partei! Die haben Ihre Bücher überhaupt nicht verdient!"

„Ihre Worte haben mich ins Herz getroffen, aber einem friedliebenden Menschen ist es ein Grundbedürfnis, auf alle Menschen zuzugehen und auf sie einzugehen. Ich finde es einfach interessant, andere Meinungen zu hören. Nur wer feindselig ist, beschränkt seinen Kontakt auf ein paar wenige Erdenbürger!"

„Wollen Sie damit etwa sagen, ich wäre feindselig?"

„Nein, nicht direkt!"

„Wissen Sie was? Machen Sie, dass Sie fortkommen!"

Als der Büchermann an den Anfang der Sackgasse zurückkehren will, ruft ein weiterer Mann mittleren Alters hinter einem Holzstoß hervor:

„Sind Sie Täter oder Opfer?"

„Wie soll ich das verstehen?"

„Na, lassen Sie ihren Aggressionen freien Lauf oder fressen Sie sie in sich hinein?"

„Ich weiß nicht!"

„Ich sag Ihnen, es gibt in dieser Gesellschaft nur noch Täter und Opfer! Solche, die andere abmontieren und solche, die skelettiert werden. Ein Piranha-Krieg ist das, sag ich immer! Könnte direkt am Amazonas liegen, unser Österreich!"

Der Büchermann tritt näher:

„Ich hätte da was für Sie. Es dreht sich zwar nicht um den Amazonas-Fluss, auch nicht direkt um den benachbarten Orinoko-Fluss, aber um die Inseln vor der Mündung des Orinoko!"

„Meinen Sie Trinidad-Tobago?"

„Nicht direkt ... oder vielleicht doch ..."

„Eine gute Fußballmannschaft haben die!"

„Tja, meine Romane handeln nicht vom Fußball, sondern vom Inselleben."

„Inselleben? Wenn ich auf Reisen gehe, kaufe ich mir doch eher ein Sachbuch!"

„In gewisser Weise ist es ja auch ein Sachbuch, das ich anzubieten hätte. Es handelt vom Schiffbruch des Ich-Erzählers an einer der *Inseln vor dem Winde*. Mithilfe der wenigen Dinge, die er noch retten hat können, muss er eine neue Existenz aufbauen! Wie er das zuwege bringt, das können Sie nur hier und in keinem Sachbuch nachlesen!"

„Nichts für ungut, aber ich habe bereits meine eigene Wohnung und ich brauche keine Existenz mehr zu gründen. Hat mich gefreut, mit Ihnen geplaudert zu haben, aber Ihre Bücher sind nicht mein Fall! Und außerdem bin ich gerade arbeitslos und muss von einer Zuwendung leben! Durch Holzhacken wird man auch nicht wirklich reich!"

Die meisten Leute in der kleinen Sackgasse haben nicht geöffnet. Doch bei der Wiederkehr des Büchermanns scheint sich doch die eine oder andere Tür einen Spalt breit aufzutun:

„Und? ... Wie viele haben Sie schon verkauft?"

„Noch nicht genug, sonst wäre ich nicht hier!"

„Warum veranstalten Sie keine Lesung, irgendwo in einem Café oder in einem Literaturhaus? Dort würden Sie doch hunderte Bücher verkaufen können!"

„Haben Sie eine Ahnung! Alles schon ausprobiert! Die Leute kommen, schauen, schmökern, führen lange Gespräche mit dem Autor, in meinem Fall mit dem Autor und Verleger in einer Person. Und kaum schaut man mal in eine andere Richtung, sind sie weg. Inzwischen gibt es leider mehr Schreiber als Leser. Jeder versucht mindestens ein Buch zu schreiben und wer soll das dann alles lesen können? Schauen

Sie, meine Literatur ist alt und bewährt. Aber die Leute glauben es mir nicht, dass sie daraus lebenswichtige Dinge lernen könnten. Sie denken, sie wüssten schon alles."

„Was sollte ich aus Ihren Büchern lernen können, wenn es Ihnen nicht einmal gelingt, Ihre Verkaufszahlen zu steigern? Nein, danke, mein Bester, kein Bedarf! Ich kaufe nur Bestseller!"

„Haben Sie überhaupt eine Ahnung davon, wie ein Bestseller entsteht? Der Macher eines Bücherrankings ruft pro Bundesland eine einzige Buchhandlung an und fragt nach den meist verkauften Buchtiteln. Klar, dass der verkaufsorientierte Buchhändler dabei nur seine Ladenhüter nennt, um sie über die Rangliste los zu werden. Zuvor hatte er sie in größerer Menge vom Grossisten bezogen, weil der Rabat einzigartig zu sein schien. Und Sie wollen ausschließlich solche Langeweiler kaufen? Da sind sie wirklich zu bedauern!"

„Aber vorne im Buch liest man doch die Auflagenzahl!"

„Die Zählung lässt der Verlag erst bei beispielsweise 37.000 beginnen! Die Nummern vorher hat es eben nie gegeben!"

„Wissen Sie was, Sie kommen mir seltsam vor, direkt unheimlich! Ich möchte jetzt die Tür vor Ihnen schließen!"

Das nächste Haus ist eine Villa mit weitem Ausblick. Sie scheint aus Holz gebaut zu sein, aber De Palma vermutet, dass die Bretter einen Steinbau verdecken sollen. Daneben ein Parkplatz, der zum benachbarten Krankenhaus gehören könnte, denn drei junge Leute in Pflegerkleidung unterhalten sich bei offener Wagentür. Als De Palma anfragt, ob sie Leser wären, verneinen sie und belächeln seine Erscheinung.

De Palma tritt nun durch das geöffnete Gartentor vor die Haustür. Er findet dort drei Klingelknöpfe, von denen er den untersten drückt. Doch niemand meldet sich. Beim Andrücken des mittleren öffnet jemand per Fernbedienung.

Als De Palma die zweite Geschossebene erreicht, steht freundlich lächelnd ein Mann im Türstock und deutet auffällig mit den Händen, De Palma möge sogleich ein Stockwerk höher steigen. Aus dem Schweigen des Mannes folgert De Palma, dass der andere ein Ausländer und dass er der deutschen Sprache nicht mächtig ist.

Eine sehr steile und knarrende Wendeltreppe aus Holz führt ins letzte Geschoss, die Dachebene, wo eine Schiebetür offen steht und wo ihn, De Palma, eine ältere, ebenso freundlich lächelnde Frau zu erwarten scheint. Als er sie fast erreicht hat und ihr sagen will, dass er Verleger und Verkäufer seiner eigenen Bücher sei, wird er unwirsch unterbrochen. Die drei jungen Leute drängen die Treppe herauf und an ihm vorbei und schreien dazwischen, dass er verschwinden solle, es wäre ihm schon gesagt worden, dass man seine Bücher nicht wolle.

Die alte Frau, die die jungen Leute offensichtlich erwartet hatte, fragt noch einmal nach, um welche Bücher es sich denn handle. Doch als es ihr De Palma erklären will, unterbricht ihn der junge Mann: „Wenn Sie jetzt nicht verschwinden, werfe ich Sie die Treppe hinunter!" Und eine der jungen Frauen kreischt: "Machen Sie das immer so, dass Sie sich durch eine unversperrte Haustür schleichen und das Haus ausspionieren?"

Als De Palma sich rechtfertigen will, er sei ja nicht einfach eingedrungen, sondern der Mann im Zwischengeschoss habe ihm geöffnet, da wiederholt der junge Mann seine Drohung und kommt näher, während die junge Frau kreischt: „Warum gehen Sie dann nicht zu der Partei im Mittelgeschoss, wenn Sie dort geläutet haben! Lassen Sie endlich meine Mutter in Ruhe!"

Die alte Frau hingegen setzt wieder dazu an, nachzufragen, um welche Bücher es sich eigentlich handle. Doch De Palma muss sich noch der Anschuldigung des gewaltsamen Eindringens erwehren und kann ihr nur kurz antworten, bevor er der jungen Frau zuruft: „Ich habe mich doch gar nicht eingeschlichen!", und er will ihr erklären, dass ihn der Mann, der geöffnet hat, nach oben gewiesen hat.

Doch als er zur Erklärung ansetzt, packt ihn der junge Mann am Hemd und stößt ihn unwirsch die Treppe hinab, sodass De Palma nur mit Glück sein Gleichgewicht wiederfindet.

Als der Büchermann das Erdgeschoss erreicht und schmerzverzerrt die Trage, die er zurückgelassen hat, schultern will, vernimmt er noch eine Frauenstimme aus dem Untergeschoss:

„Wer sind Sie?"

„Ich heiße De Palma, was soviel bedeutet wie „aus der Handfläche". Bei mir bekommen Sie Bücher aus erster Hand!"

„Sind diese Bücher da von Ihnen ... verfasst?"

Der Büchermann nickt müde.

„Bewundernswert: Sie grasen die Häuser ab, biedern sich an und lächeln dann auch noch, wenn Sie grob abgewiesen werden! Sie müssen ja eine Elefantenhaut haben! Mein Sohn bräuchte auch so eine. Wie züchtet man sich eine Elefantenhaut? Haben Sie einen Tipp für mich?"

„Das ist Trainingssache. Schon als Kind musste ich zu allen freundlich sein. Meine Eltern waren kleine Weber. Und meine Aufgabe war es, die Kunden zu begrüßen und zu verabschieden. Die Eltern waren streng darauf bedacht, dass ich immer freundlich lächelte. Wenn ich es einmal nicht tat, wurde ich sofort von ihnen korrigiert. Und so gewöhnte ich mir an, zu allen Leuten und in jeder Situation freundlich zu sein!"

„Aber wenn es ernste Probleme gab, konnten Sie dann auch lächeln?"

„Mein Vater hat immer zu mir gesagt: einfach darüberspringen, spring einfach darüber, hat er gesagt! Und so habe ich es auch gemacht. Als ich am Ende meines Lebens noch bei Weitem nicht alle Bücher verkauft hatte, übersprang ich den Tod einfach. Und seither hat er gar nicht erst wieder bei mir angeklopft!"

„Dafür sehen Sie aber jung aus!"

„Glauben Sie mir, ich bin eine alte Seele. Ein Vierteljahrtausend ist nicht gerade wenig! Aber weil ich alle Sorgen stets übersprungen habe, hat mir das kaum Falten und kaum graue Haare beschert. Und die Beschäftigung mit Büchern, die hält ohnehin jung, besonders das Schreiben!"

„Klingt interessant! So kommen Sie schon herein! Wärmen Sie mich doch ein wenig!"

„Mit Vergnügen! Soll ich meine Schuhe abziehen?"

„Nein, behalten Sie sie an, wer weiß, wann Sie gehen müssen!"

„Gut, wie Sie wünschen."

„Wir werden uns beide auf das Sofa setzen, meine Sessel haben nämlich die Enkel demoliert. Sie sind so lange darauf geritten, bis die Leimfugen aufgesprungen sind. Die

Sessel sind also gerade in Reparatur. Ich finde, Stühle sind nicht mehr belastbar, heutzutage, sie sind falsch konstruiert. Der Erzeuger hat keinen Überblick mehr über das Knowhow. Plötzlich kracht es und der Sessel ist unbrauchbar geworden. ... So, hier der Tee, der Zucker, die Zitrone, die Keksdose, greifen Sie zu! Und jetzt berichten Sie mal, wovon Ihre Bücher handeln!"

„Das ist einfach erklärt, weil in allen ungefähr das Gleiche passiert: Die Hauptperson hat eine schwere Jugend – dann Militärdienst gegen die Türken – Ohnmacht und Gefangennahme im Schlachtengetümmel - Sklaverei in Istanbul – Flucht mit der Tochter des Sklavenhalters– Schiffbruch vor einer einsamen Insel in der Karibik – Organisation des Insellebens – Freundschaft mit einer geretteten Angestammten – Tod der Partnerin – Rettung – Wiedereingliederung in die europäische Gesellschaft."

„Das erinnert mich an Daniel Defoes Robinson Crusoe!"

„Gut kombiniert!"

„Wenn es doch schon einen Robinson gibt, warum haben Sie dann noch einen weiteren verfasst?"

„Nur einen, meinen Sie? ... Ich habe deren viele geschrieben: einen böhmischen, einen brandenburgischen, einen Berliner, einen Bremer, einen Dresdener, einen sächsischen, einen schlesischen, einen holländischen, einen deutschen, einen französischen, einen schwedischen, einen dänischen, einen Schweizer, einen amerikanischen, einen asiatischen, einen österreichischen, einen Wiener, einen steirischen und einen oberösterreichischen Robinson.

Gemeinsam haben diese Robinsonaden, dass schon der Titel eine ganz genaue Angabe von Robinsons Geburtsort enthält. Dadurch kann sich der Leser, dem ich das Buch in unterschiedlichen Regionen verkaufe, mit dem Schicksal des Protagonisten identifizieren. In Salzburg verkaufe ich den Salzburger Robinson, in Wien den Wiener Robinson, in Graz den steirischen Robinson, in Linz den oberösterreichischen und so fort. Dazu gesellen sich Personen und Personengruppen aus wieder anderen Regionen, in denen ich ebenso verkaufe. Robinson kämpft einmal gegen walachische Räuber, ein anderes Mal gegen afrikanische Schwarze, in jedem Buch jedoch gegen die Türken. Und der weiße Begleiter Robinsons - den habe ich zu erwähnen vergessen, weil er bald stirbt -, der stammt auch aus einer deutschen Region. Im oberösterreichischen Robinson etwa ist er Hamburger. Durch Variation der Schauplätze kann ich den Markt am besten sondieren! [24]

Wodurch ich mich am deutlichsten von Defoe unterscheide, ist die Einführung eines Inselmädchens an der Stelle von Defoes Figur *Freytag*."

„Komm näher, du Robinson, wärm mich, es ist kühl geworden! In meinem feuchten Kellerloch erwärmen sich die dicken Wände nicht mal im Hochsommer!"

„Passt es ... so?"

„So ist es gut! Richtig gemütlich, nicht wahr? Du sag, warum kommt dieser Insulaner *Freytag* nicht drin vor?"

„Es handelt sich um *Robinsonaden*, keine *Freytagslektüre*! Ein Inselmädchen verspricht einen größeren Verkaufserfolg als die Figur *Freytag*. Der männliche Leser träumt davon, mit einer Frau seiner Wahl allein zu sein, oder? Und das nach Möglichkeit auf einer einsamen Insel!"

„*Sex sells* nennt man das heute! Lass mich dein Inselmädchen sein, Robinson! Wozu brauchen wir noch den *Hamburger*?"

„Na ja, ... es bringt mehr Spannung ins Geschehen, wenn eine Frau ihre Insel mit zwei Männern teilen muss. Jeder, der das Buch liest, fragt sich, wie eine solche Konstellation enden könnte. Vor vielen Jahren haben sich drei Deutsche auf den Galapagosinseln aussetzen lassen. Damals ging die Story schief. Einer der Männer erschoss den Rivalen, aber auch die Frau. Gleiches passierte fünfzig Jahre später auf einem Segelboot vor Australien. Ein Boot ist ja letzten Endes auch eine Form von Insel. Aber das ist dann eben die Realität. In der Fiktion passiert so etwas nicht!"

---

[24] ... vgl. Anmerkung 17 in Wolfgang Kauer: Der oberösterreichische Robinson. Einige leserorientierte Betrachtungen zum zweihundertjährigen Jubiläum österreichischer Robinsonaden. Zs linz aktiv 121 1991/92, S.61-70

169

„Warum hat es denn nicht geklappt, wenn diese flotten Leutchen zu dritt eine ganze Insel oder eine Jacht für sich hatten?"

„Nun, für den ersten Fall kennt man keine Ursache, im zweiten Fall vermutet man Vergewaltigung und Raubmord. Genaues weiß man in beiden Fällen nicht. Dabei kann in meinen Büchern jeder nachlesen, wie das denn wäre, wenn zwei Männer mit einer Frau allein wären."

„Du sagtest aber, dass der Hamburger bald stürbe!"

„Ja, das ist richtig, er muss bald *abdanken*, damit die anderen ungestört ihre Liebe leben können. Einem Trio sind die Probleme vorprogrammiert. Ein Zusammenleben zu dritt funktioniert nicht!"

„Ein gewaltsamer Tod?"

„Nein, ein natürlicher."

„Und welches Schicksal ereilt die Türkin?"

„Sie lässt sich taufen, stirbt jedoch bei der Geburt."

„Das ist keine gute Lösung!"

„Als ich die Bücher schrieb, so um das Jahr 1800 herum, da war Europa noch nicht reif für die Liebe eines Europäers zu einer Türkin!"

„Ist das denn das Europa von heute? Viele wollen die Türkei nicht mal als Staat auf gleicher Höhe wissen!"

„Da siehst du, meine Erzählstoffe sind zeitlos!"

„Und warum der Krieg auf dem Balkan?"

„Die Österreicher kämpften fast das gesamte achtzehnte Jahrhundert lang gegen Türkeneinfälle. Die Angst, getötet oder versklavt zu werden, die saß jedem Österreicher in den Knochen. Mit der Lektüre meines Buches bewältigte damals der Leser auch ein Quäntchen seiner Türkenangst, vergleichbar mit der Angst vor Terroranschlägen heute."

„Warum geht Robinson dann überhaupt zur Armee?"

„Er tut es nicht freiwillig, sondern er wird übervorteilt. Im oberösterreichischen Robinson zum Beispiel wird er von Soldatenwerbern betrunken gemacht und dann schiebt man ihm den Beitrittsbogen zur Unterschrift hin. In einem anderen meiner Bücher wird er in einem Wiener Kaffeehaus betäubt, in eine Kiste gesteckt und so die Donau abwärts transportiert."

„Faule Tricks sind das also, vergleichbar mit den Soldatenwerbern von heute, die die Elendsviertel in

Paradeuniformen betreten, ihre Visitenkarten zücken und den armen Leuten einreden, über den Dienst in der Armee kämen sie zu Wohlstand und Reichtum. Deine Robinsonaden scheinen ja hoch aktuell zu sein! Ich möchte kaufen!"

„Welcher darf es denn sein? Der Salzburger, der steirische oder der oberösterreichische Robinson?"

„Gib mir doch gleich den ganzen Sack voll, dann kannst du bei mir bleiben und brauchst nicht weiter zu ziehen, auf deine alten Tage!"

„Das gibt's ja nicht, das überleb ich nicht!"

„Was macht es aus?"

„Gib mir nur so viel, wie du denkst, dass sie wert sind!"

„Ich hoffe, das reicht für alle!"

„Das ist zu viel bezahlt!"

„Nein, nein, das passt schon so!"

„Vielen Dank, dass du mich erlöst hast!"

„Und jetzt werde ich mich in deinen Schoß legen und gleich mal zu schmökern beginnen: Was steht da drin? ... Oberösterreichischer Robinson ... aus URFAHR, ein Markt und Vorstadt von Linz, jenseits der Donau, wo mein Vater als ein ehrbarer Webermeister sein Brot verdiente. ... Man hielt mich zeitlich zur Schule, mein Vater hielt nicht viel darauf und sah durch die Finger, wenn ich aus der Schule blieb ... und nach meiner Rückkehr von der Insel kaufte ich einen Hof in KREMSMÜNSTER, wo ich den Sack mit den Goldmünzen ...! Der Stil ist leicht verständlich und der Literatur von heute ähnlich: Einfache Hauptsätze und eine sehr einfache Hypotaxe. Da kann man ja gar nicht mehr zu lesen aufhören! Mein Kompliment zu dem, was du da verfasst hast! Sag, kommst du auch aus Linz, wo immer alles beginnt? ... Bist du jetzt eingeschlafen? ... Hallo! ... Ich hab dich was gefragt! .. Hallo! ... Aufwachen! ... Hallo! ... So sag doch was! ... Mein Gott, der rührt sich ja gar nicht mehr ... und sein Pulsschlag ist nicht zu spüren. Ist der etwa ... hinüber? Hilfe! Was ist denn eigentlich los und erst da draußen? Da ist ja eine einzige Gletscherlandschaft entstanden! So weit ich sehen kann nur Eiswände und die Nachbarhäuser darin eingeschlossen! Aber warum sind meine Fenster so gut wie eisfrei? ... Nur auf einer meiner Fensterscheiben, da haben sich Eisblumen gebildet, die formen direkt einen Strauß!"

171

EISKALT
Kurze Geschichte

I.

In der Nacht auf Freitag herrschten eisige Temperaturen. Vom Stadtberg herab, berichtet die Zeitung, stürzte in dieser Nacht ein junger Mann rund zwanzig Meter über eine Bergwand in die Tiefe und verletzte sich schwer. Stundenlang lag er hilflos in einem abschüssigen Waldstück hinter einem der Häuser an der Ausfallstraße.

Erst anderntags um zehn Uhr sah eine Nachbarin den Mann leblos auf dem angrenzenden Grundstück liegen, als sie nur zufällig aus dem Fenster blickte. Sie versuchte, mit ihm Kontakt aufzunehmen. Als er jedoch nicht reagierte, alarmierte sie die Einsatzkräfte. In einem späteren Interview gab die Frau zu Protokoll, sie habe ein Wimmern gehört und hätte aus diesem Grund nachgesehen.

Der junge Mann war stark unterkühlt und dürfte etwa elf Stunden bei Temperaturen um den Gefrierpunkt im Wald gelegen haben. Der Notarzt versorgte den Mann noch an Ort und Stelle. Das Rote Kreuz konnte ihn nur mit Hilfe der Berufsfeuerwehr aus dem unwegsamen Gelände zum Krankenwagen transportieren. In der Unfallchirurgie des Landeskrankenhauses stellten die Ärzte einen Bruch der Wirbelsäule fest. Der Verletzte wurde noch am Sonntag operiert. Höchstwahrscheinlich bleibt er ab dem Brustwirbelbereich querschnittgelähmt, hieß es am Sonntagnachmittag aus dem städtischen Krankenhaus. Der Dienst habende Oberarzt meinte: „Es ist nicht sicher, ob er sich überhaupt noch erinnern wird können!" Die Polizei geht von einem Unfall aus. „Wir haben an der Absturzstelle oben keine eindeutigen Spuren gefunden. Es gibt also keine Hinweise auf Fremdverschulden!", rätselt der Kommandant der Polizeiinspektion. Nach Befragung der Frau des Verletzten gibt es keine Anzeichen auf einen Selbstmordversuch. Dagegen spricht auch die Stelle des Absturzes, weil man von oben gar nicht sehen kann, wie steil das Gelände abfällt.

Klar ist bisher, dass der junge Mann kurz nach einundzwanzig Uhr seine Wohnung verlassen hat. Was dann geschah, ist unbekannt. An der Absturzstelle verläuft ein Weg, der zum Abgrund hin mit einem Handlauf gesichert ist. In Kniehöhe befindet sich eine weitere Reihe Querbalken. Dass der junge Mann auf dem Weg gestolpert, ausgerutscht und in die Tiefe gestürzt ist, das kann man wohl ausschließen. Zudem sind hinter dem Zaun noch etwa zwei Meter Platz, bevor das Gelände steiler abfällt. Die Polizei geht davon aus, dass der Mann aus irgendeinem Grund selbst über den Zaun gestiegen ist.

II.

„Was gibt es Wichtiges in der Zeitung, Clarissa?", fragt ein Mann seine Frau beim Abendessen, „Du wirkst so bedrückt. Sollte ich irgendetwas nicht erfahren?"

„Lauter grässliche Sachen stehen da drin, sag ich dir, den Lokalteil mag ich schon gar nicht mehr aufschlagen. Richtig übel kann einem davon werden. Ich will gar nicht mehr wissen, was alles passiert ist!"

III.

An einem Donnerstagabend hatte die große Bank der Stadt zu einer *gehobenen* Musikveranstaltung geladen. In letzter Zeit hatten sie sich schon eingebürgert, diese Tanzmusik-Abende für die Bankkunden. Über einen geräumigen Aufzug ließen sich – trotz später Stunde - immer wieder neue Gäste bis zum Veranstaltungssaal hochfahren. Der Bank gehörte faktisch schon die ganze Stadt, so auch die Anlage mit dem Tanzsaal, die vorher ein Schloss oder eine Schule oder ein Museum gewesen war, so genau weiß ich es nicht. Jedenfalls füllt jetzt Bankenwerbung großflächig die Wände.

„Sie kennen mich nicht!", sagte eine Frau zu einem der anstandslos gekleideten Tänzer, „Aber ich möchte gern mit Ihnen tanzen!"

„Wie beliebt, gnädige Frau!", antwortete der jungenhaft wirkende Mann mit Gel im Haar und zeigte sich sichtlich angenehm überrascht von der Direktheit seines Gegenübers. Wer eitel ist, muss sein Gefieder zeigen, er lässt sich hinter seine Maske schauen.

„Sie sind sicherlich kein Künstler!", begann sie das Ratespiel des Who-is-Who. Man muss Pokern lernen, als Frau. Energie wird zu einem immer kostbareren Gut.

„Nein, durchaus nicht," antwortete er und prüfte mit drei Handgriffen verstohlen seine Krawatte und seine Manschettenknöpfe, so, als würde er sich bekreuzigen, um dem sakralen Charakter dieses Veranstaltungssaales gerecht zu werden.

„Dann können Sie nur Bankbeamter sein", rätselte die Frau weiter.

„Womit Sie den Nagel auf den Kopf getroffen haben!", bestätigte der junge Mann.

„In welcher Abteilung arbeiten Sie denn?"

„Wertpapierberatung!"

„Ah, dann sind Sie sicherlich ein sehr erfolgreicher Banker!"

„Das kann man wohl sagen, in unserem Haus schließe ich die meisten Verträge ab!"

„Dann kassieren Sie sicherlich auch die meisten Provisionen!"

„Das lässt sich nicht verhindern! Und Sie? Sie leben doch sicherlich auch nicht von der Kunst, oder?"

„Doch, ich bin gezwungenermaßen Künstlerin, ich zeichne allerdings nur gelegentlich, im allgemeinen bin ich eine Lebenskünstlerin!"

„Das sind wir doch wohl alle, das Leben als ein großes Spiel, man muss nur rechtzeitig die Hand aufhalten können!"

„So sehen Sie also Ihren Beruf?"

„Na ja, es gibt zum Glück genug Abenteurer und Abenteurerinnen, die glauben, sie könnten Wertpapiere wie Sparbücher handhaben und brauchen sich dann nicht mehr darum zu kümmern!"

„Na ja, ich wüsste da eine Freundin, die ist völlig verarmt, weil sie ihrem Bankberater vertraut hat!"

„Selbst schuld, sage ich, auf dieser Welt darf man eben niemandem vertrauen, schon gar nicht dem Börsenbarometer!"

„Aber ihr nennt euch doch Kundenberater! Und eure Bank nennt sich Konfidenz-Zentrum! Diese Begriffe versprechen immerhin eine Menge an Vertrauen und Sicherheit! Wenn man dann einem so attraktiven Mann wie Ihnen gegenübersitzt, kann man doch gar nicht anders, als sich überzeugen zu lassen!"

„Meinen Sie?"

„Zumindest dieser Freundin ist es so ergangen! Sie hat sich von den blauen Augen ihres Kundenberaters täuschen lassen, hat gedacht, er wäre eine Vertrauensperson, und hat alles Geld, das sie angespart hatte, in Aktien und Fonds gesteckt. Ein jedes Mal, wenn ihr der Kundenberater einen Wertpapier-Tipp gegeben hatte, verlor die Aktie schon in den darauf folgenden Wochen einen beträchtlichen Teil ihres Werts. Um die Verluste auszugleichen, investierte meine Freundin in der Folge mehr und mehr in Fonds und Aktien und löste zu diesem Zweck alle anderen Sparformen auf. Noch kurz vor der Finanzkrise, der Talfahrt der Wertpapiere, riet ihr der Finanzberater, sie möge ihre Papiere unbedingt halten und die Krise aussitzen. Denn in New York stünden die Zeichen untrüglich auf Aufschwung und auch in Deutschland würde es kurz vor Jahresende noch einen Höhenflug geben. Die Journalisten verstünden davon zu wenig und würden jede Menge Unfug schreiben! Als die Charts dann monatelang in die Tiefe stürzten und die Werte der Kunden abschmolzen, verkaufte sie nichts, weil sie ihrem Kundenberater gänzlich vertraute, der ihr das Aussitzen der Krise empfohlen hatte. Heute, zur Zeit einer nicht enden wollenden Weltwirtschaftskrise, besitzt sie einen Berg wertloser Fonds und Aktienpakete. Sie hat mit einem Schlag alles Ersparte verloren. Ihre Persönlichkeit ist deswegen gänzlich geknickt. Und ihre Arbeit hat sie auch noch verloren, weil das Unternehmen in Konkurs ging. Mittellos zog sie zunächst bei der einen oder anderen Freundin ein, aber seit einiger Zeit ist sie spurlos verschwunden, um niemandem zur Last fallen zu müssen. Ich fürchte, dass sie sich etwas antut!"

175

„Das kommt mir alles sehr bekannt vor! Auch ich hatte viele Kundinnen und Kunden zu betreuen, die ihr ganzes Vermögen verloren haben!"

„Werden Sie dafür nicht zur Rechenschaft gezogen?"

„Was solls! Zu irgendeinem Zeitpunkt ist es mir bei fast jedem Kunden gelungen, ihn unbemerkt auf die geringste aller Sicherheitsstufen zu manövrieren, in der er keine Ansprüche mehr hat, auf Beratung und Sicherheit, und wo ich nicht belangt werden kann, wenn er 100% seines Einsatzes verliert!"

„Wie machen Sie das?"

„Ganz einfach, wenn er oder sie Feuer gefangen hat und auf ein bestimmtes Wertpapier scharf ist, behaupte ich einfach, dass man es nur bei Unterzeichnung der höheren Risikostufe erwerben dürfe. Dann muss der Kunde einen neuen, schlechteren Vertrag unterzeichnen, sonst bekommt er die gewünschte Aktie nicht!"

„So hat sicherlich auch der Kundenberater von Emilie gehandelt! Vielleicht kennen Sie sie ja? Sie war in Ihrem Institut Kundin! Warten Sie, ich glaube, ich habe sogar ein Foto von ihr im Portemonnaie! ... Tatsächlich, hier ist sie! Erkennen Sie sie? Sie hat für den städtischen Zirkus gearbeitet!"

„Ja, natürlich, das ist Frau Hirscher, eine ehemalige Kundin, die unsere Bankfiliale nicht mehr betreten darf. Sie war tatsächlich meine Kundin, aber sie wusste sich nicht zu benehmen, fing an, laut zu werden. Das lässt sich nicht erdulden, in einem Haus, in dem Diskretion groß geschrieben ist. Sie setzte den Ruf unseres Hauses aufs Spiel! Ja, sie hatte einfach zu lange gewartet, mit dem Verkaufen, trotz der desaströsen Meldungen über die Wirtschaftslage!"

„Aber sie sagte mir, ihr Kundenberater habe sich wochenlang verleugnen lassen, als sie guten Rat gebraucht hätte!"

„Na ja, zu der Zeit wollte einfach jeder verkaufen. Und man musste natürlich jene Kunden bedienen, die in einer höheren Sicherheitsstufe veranlagt waren. Die durften ja nur zwanzig Prozent ihres Aktienwertes verlieren, deshalb waren wir mit solchen Kunden beschäftigt. Und glauben Sie mir, wir haben gearbeitet wie die Bullen! Ab einem bestimmten

Zeitpunkt im Oktober wollte dann weltweit keiner mehr Wertpapiere kaufen, aber alle wollten verkaufen. Die Kurse rutschten ins Bodenlose. Einzelne Papiere verloren in wenigen Tagen und Wochen bis zu 90% ihres Investitionswertes. Wir Berater hatten nur noch rote Köpfe und wussten nicht mehr, wohin schauen, wenn wieder ein Kunde angestürmt kam!"

„Aber Sie hatten doch den Leuten mit solchen Papieren den hohen Gewinn vorgegaukelt, fühlt man da kein bisschen Verantwortung?"

„Schauen Sie, als Kundenbetreuer werden wir dafür bezahlt, dass wir bestimmte Wertpapiere pushen. Gut, der Kunde weiß nicht, dass wir dafür auch Provisionen kassieren, aber er braucht ja nicht alles zu wissen. Und außerdem bestimmen den Wert der Papiere die Rating-Agenturen. Die Finanzmarktaufsicht sichert die Bonität ab. Aber weil diesmal beide Instrumente versagt haben, wollen sich die Kunden bei uns Betreuern die Schuhe abputzen. Was glauben Sie, welche Frechheiten ich mir da anhören musste! Einer drohte mir sogar mit seinem Anwalt! Wir konnten doch all das nicht vorhersehen! Wir mussten doch auf die Kontrollinstanzen vertrauen können!"

„Ihre Unschuldsbeteuerung wirkt nicht gerade glaubhaft! Eines verstehe ich nicht: Warum haben Sie ausgerechnet meine Freundin Emilie derart falsch beraten? Sie war doch lange Zeit eine Frau, die ihr Geld auf Sparbüchern geparkt hatte und das langfristig und sie hatte nicht die geringste Erfahrung mit Effekten!"

„Unter uns gesagt, gnädige Frau, aber sagen Sie es ja nicht weiter: Mein Chef wäre scharf gewesen auf ihre Villa. Es wurde gemunkelt, dass die Hirscher ein Haus in München erbt, und mein Chef rechnete sich aus, er könnte sie über einen Liquiditätsengpass in die Verschuldung treiben! Er hat mir extra eingeschärft, ich müsse dafür sorgen, dass sie ihren Bausparvertrag nicht auflöst, mit dem sie günstigeres Geld aufnehmen kann. Der Chef wünschte, dass sie bei Fälligwerden des Vertrags den Kreditrahmen ausschöpft, um ihre Börsenverluste halbwegs auszugleichen. Auf diese Weise wäre die Bank zur Gläubigerin geworden und dann wäre der Eintrag ins Grundbuch angestanden. Sobald die Bank im Grundbuch eingetragen ist, gehört ihr über kurz oder lang -

wie wir wissen - die ganze Liegenschaft. Man braucht nur das Kreditvolumen frühzeitig rückzufordern oder auch bloß die Rate zu erhöhen. Mein Chef träumte schon vom Großstadturlaub auf Firmenkosten. Wissen Sie, über unsere Rechtsabteilung lässt sich jeder Kunde fertigmachen. Ein unerlaubtes Wort fällt schnell einmal bei einer Kundin, die wütend ist. Dann brauche ich nur tiefste Betroffenheit, Schlaflosigkeit und eine Gastritis vorzutäuschen und schon sind wir bei Gericht. Da wir über die Bonität unserer Kundin genauestens Bescheid wissen, brauchen wir meist nur in die zweite Instanz zu gehen. Weil der Anwalt einen Finanzberater konsultieren muss, kostet ein Gerichtsverfahren eine Kundin so viel Beratungshonorar, dass sie mit Sicherheit in Konkurs geht. Denn welche Kundin ist schon von vornherein Rechtsschutz versichert? Die Hirscher war es jedenfalls nicht.

Zum größten Bedauern des Bankstellenleiters stellte sich allerdings im Laufe der Zeit heraus, dass die Geschichte von der Villen-Erbschaft nur ein Gerücht war. Und dass die Hirscher jetzt weder Geld noch Haus hat, ist natürlich aus heutiger Sicht bedauerlich, aber ich habe bitte nur im Auftrag meines Chefs gehandelt! Mich trifft also keine Schuld! Schließlich bin ich strengstens dazu verpflichtet, die Aufträge meines Vorgesetzten, des Bankstellenleiters, peinlichst genau zu befolgen! Und außerdem muss man im Leben immer wieder mal von vorne anfangen können!"

„Emilie ist bereits zu alt dazu, um noch einmal von vorne anfangen zu können. Sie wissen doch, dass man als Zirkusakrobatin ein Ablaufdatum hat! Wenn Sie sie schon in den finanziellen Abgrund gestürzt haben, warum haben Sie ihr dann nicht wieder auf die Beine geholfen?"

„Weil sie sich unmöglich benommen hat: Vor dem Fenster meines Arbeitsplatzes liegt eine Parkbankinsel. Dort hat sie sich tagsüber aufgehalten und zu mir herauf gestarrt. Glauben Sie, dass man da noch in Ruhe arbeiten konnte? Deshalb habe ich den Bankstellenleiter gebeten, er möge veranlassen, dass die Hirscher des Platzes verwiesen werde. Die Polizei sah einen Stalking-Verdachtsmoment gegeben und verjagte sie. Seither habe ich nichts mehr von ihr gehört. Wahrscheinlich hat sie die Stadt verlassen, denn hier kann sie sich sowieso nicht mehr blicken lassen, diese Sandlerin! Wie kann eine Dame bloß so sehr die Contenance verlieren?"

„Soviel ich weiß, hätte sie sogar gewartet, bis die Aktien wieder steigen. Aber ihr habt sie zur *unerwünschten* Kundin degradiert und ihr weitere Investitionen verweigert, als die Aktienindices noch am Boden waren!"

„Ich habe zu ihr gesagt, sie soll einen Neustart ermöglichen, indem sie unterschreibt, dass meine bisherige Beratung und ihre Einstufung im höchsten Risikobereich richtig gewesen sind. Aber sie wollte nicht mehr unterschreiben. Da waren mir die Hände gebunden. Ich hatte die Order erhalten, jeden Schritt, den sie setzt, über die Rechtsabteilung laufen zu lassen. Das betraf auch jedes Mail und jede Investition. Ohne Unterschrift unter meine Entlastung gab es von Bankenseite her keine Beratungsbereitschaft mehr und keine Auftragsannahme."

„Und warum habt ihr sie als unerwünscht eingestuft?"

„Weil solche Kunden wie sie, die ein Jammergesicht aufsetzen, sobald sie die Bank betreten, eine Gefahr fürs Geschäft sind. Der gute Ruf der Filiale darf nicht gefährdet werden. Die Kunden sollen ihren Frust anderswo ausleben, aber nicht in der Bankfiliale! Die Welt hat doch überwiegend schöne Seiten! Wir sollten sie von der positiven Seite erleben lernen!"

„Meinen Sie? ... Ich glaube, wir müssen jetzt aufbrechen, die Lichter im Saal werden schon gelöscht! Zeigen Sie mir doch einmal einen solchen positiven Aspekt des Lebens, Sie haben mich richtig neugierig gemacht!"

„Dann werde ich die Gelegenheit beim Schopf packen und Sie näher kennen lernen!"

„Haben Sie nichts abzuholen? Ich muss noch zur Garderobe!"

„Ich begleite Sie dorthin!"

„Danke, dass Sie mir in den Mantel helfen, Sie Kavalier alter Schule! Bringen Sie mich noch bis zum Auto?"

„Gern, aber zum Aufzug geht es doch in diese Richtung!"

„Ach was! Heute ist Vollmond! Kommen Sie, nehmen wir doch den Fußweg in die Stadt hinunter! ... Darf ich mich bei Ihnen einhängen?"

179

„Ja aber sehen Sie doch, das Warnschild: WEGen Glatteis GESPERRT!"

„Mein Gott, zeigen Sie sich doch ein wenig von Ihrer romantischen Seite!"

„Gehen wir zu dir oder zu mir?"

„Uff, das ging mir allerdings etwas zu rasch. Haben wir da nicht ein paar Stufen übersprungen? Lassen wir es doch einfach herankommen, dann entscheidet sich diese Frage von selbst!"

„Komm, zier dich doch nicht so!"

„Nein, wirklich, lass es uns langsam angehen! Wir haben doch jede Menge Zeit, bis die Sonne aufgeht! Komm mit, von dort drüben haben wir die schönste Aussicht über das Meer der Stadtlichter! ... Du bist wohl kein Romantiker, das habe ich schon gemerkt!"

„Kein bisschen, aber wenn du willst, gebe ich dir mehr Zeit! Wie nennst du dich eigentlich?"

„Rat mal! ... Ich heiße so, wie ein Mädchen in Adalbert Stifters Erzählung „Der Hochwald"!

„Spann mich doch nicht so auf die Folter, sag´s schon!"

„Du, schau mal da, steht da nicht jemand am Abgrund? ... Es ist eine Frau! Die wird sich doch nicht hinabstürzen wollen! Mach mal, Humbert, schnell, steig übers Geländer, halt sie fest!"

„Ich eil ja schon!"

„Zier dich nicht so, sie springt bald. ... Wart, ich helf dir!"

„Halt, gnädige Frau! ... Springen Sie nicht, es ist doch viel zu kalt dazu, überlegen Sie doch, ob Sie ... Mein Gott, Sie sind es, Frau Hirscher! Was machen Sie denn da, mitten in der Nacht? ... Seltsam, so ein Zufall! Wir haben uns gerade über Sie unterhaaaaah! ... Haaaalt!... Eine Falle! ... Loslassen! Zu zweit gegen mich, das ist unfair! ..... Hilfe, ich falleeeeee....!"

ZWISCHEN DEN SCHRANKEN
Nachbereitung eines Unfalls bei St. Pölten

Jeder wird denken, ich hätte Selbstmord begangen! Dabei bin ich der festen Überzeugung, dass Selbstmord pure Show bedeutet.
Sagen wir es doch, wie es ist:
Eine, die sich *umbringen* will, führt im Grunde genommen regelrecht *Regie!*
Auf eindringliche Weise möchte sie den Mitmenschen mitteilen: *Schaut her, ich nehme mir mein Leben, bin ich nicht cool? Das müsste mir mal jemand nachmachen!*
Wer sich wegen einem unerträglichen Mann vor den Zug wirft, der möchte der Gesellschaft verkünden: *Seht mich an, mit diesem Mann war es einfach nicht auszuhalten! Bin ich nicht zu bedauern?*
Aber im Nachhinein wird sie jeder nur für eine Schwache halten, die ihren Mann ins Unglück gestürzt hat.
Eine Selbstmordkandidatin aufgrund eines finanziellen Desasters will ebenso bemitleidet werden. Weil ihre Zeitgenossinnen über ihre vermeintliche Unachtsamkeit lachen und sie verspotten, sehnt sie sich danach, dass jemand sagt: *Die Arme, wie können wir ihre Situation verbessern?*
Weil sie diesen Satz aber nie zu hören bekommt, hält sie dem Druck ihrer Verzweiflung nicht Stand. Sie setzt den Schritt in den Abgrund, damit die Leute wenigstens hernach sagen: *Was für eine bemitleidenswerte Frau, hätten wir ihr doch rechtzeitig geholfen, jetzt ist es zu spät, aber wir trauern um sie, sie wird uns immer in guter Erinnerung bleiben!*
Aber einem Suizid aus Existenzgründen hat noch niemand nachgeweint. Die Gesellschaft verdrängt ein solches Ereignis im Handumdrehen.
Ganz anders verhält es sich mit dem Freitod einer Künstlerin.
Sobald eine Autorin keinen Erfolg mehr hat, scheint sie nach einem ungewöhnlichen Abschluss für ihre Vita Ausschau zu halten. Denn die Mehrheit der Autoren und

Autorinnen enden im Vergessenwerden, gegen das sie ein Leben lang angekämpft haben.

Nur wenige andere sind inzwischen an die Spitze von Vereinen gerudert und zu Totengräberinnen ihrer Kolleginnen und Kollegen geworden. Diejenigen, die im Rudern einhalten, weil sie diese Vorgangsweise verabscheuen, werden nicht mehr gedruckt oder nicht in den Verein aufgenommen oder sie haben niemanden in einer Jury sitzen. Sie laufen Gefahr, dass sie auf die Idee kommen könnten, aus dem Fenster zu springen, weil sie unter Zugzwang stehen: Wenn schon kein Erfolg mehr, dann ein würdiger Abgang mit rührendem Abgesang! Und einen solchen Schlussstein für ihre Vita glauben sie im Freitod vorzufinden. Sie haben ja ihr Leben lang nichts anderes getan, als für die Nachahmung eines von ihnen erdachten Lebenslaufes bereit zu stehen!

Der Lebenslauf hat inzwischen das eigentliche Leben ersetzt.

Täglich mailen wir ihn aus unseren Schreibstuben in die Welt hinaus, mal gekürzt, mal ungekürzt, mal mit Foto, mal ohne. Wir schreiben an Verlage, Zeitungen, Zeitschriften, Rundfunkstationen, Vereine, an Redakteure, Moderatoren, Entscheidungsträger, potentielle Entscheidungsträger, Leser, potentielle Leser, Besucher unserer Lesungen, potentielle Besucher unserer Lesungen und so weiter.

Und täglich werden unsere Lebensläufe nachgefragt, die wir auf die eigene Homepage gestellt haben, die wir auf Websites von Literaturvereinen oder in digitale Lexika gestellt haben.

Allein der Kometenschweif an Eintragungen unter und hinter unseren Namen hat Gewicht. Es hat nur noch das Priorität, was sich googeln lässt.

Und wenn eines Tages der Informationsstrom über Person und Werk abnimmt oder gar abreißt, dann darf die Zeitstrecke bis zum Tod nicht mehr allzu lang sein, sonst könnten wir unter Verdacht geraten, ungeliebt zu sein. In unserer Gesellschaft nicht in vorderster Reihe stehen zu dürfen, scheint die größte Demütigung geworden zu sein. Wir werden nicht mehr gecastet, also sind wir nicht mehr (erwünscht).

Und vor diesem Hintergrund will eine Künstlerin dann einen Schlussstein setzen, indem sie sich das Leben zu nehmen gedenkt. Dafür muss sie natürlich eine Todesart wählen, die ihre geistige Haltung versinnbildlicht.

Ein japanischer Schriftsteller etwa hat angekündigt, sich zu entleiben, indem er sich auf einem Balkon über versammelter Menschenmenge mit dem Samuraischwert durchbohrt. So geschah es auch. Ein einfacher Stich genügte ihm nicht, er musste mit dem Schwert auch noch kreuzförmig in seiner Magengrube herumackern, weil er auf diese Weise seine Verbundenheit mit dem traditionellen Samurai-Ritus demonstrieren wollte. Kurz nach seiner letzten Autogrammstunde wollte er von allen zutiefst bewundert werden, als Bushi. Zehn Minuten die schlimmsten Schmerzen der Welt zu ertragen, aber durch den spektakulärsten Selbstmord aller Literaten in die Geschichte einzugehen, das muss seine Absicht gewesen sein.

Eine zeitgenössische Künstlerin hat ihr Kulturhauptstadt-Projekt 09 in Form einer Pressekonferenz abgeschlossen und sich dann im Ottensteiner Stausee ertränkt.

Ein Schriftsteller ist 08 aus dem Fenster eines Hochhauses gesprungen, vielleicht, um auf diese Weise ein Wochenende mit Freundin abzuschließen. Der freie Flug als Ursehnsucht der Menschheit und Symbol der absoluten Freiheit, jene Freiheit inbegriffen, über seine Lebensdauer bestimmen zu können.

Eine Schriftstellerin hat sich 06 mit der Pistole ihres Vaters erschossen. Vielleicht wollte sie ihm so mitteilen, was sie nicht über die Lippen brachte und in kein Buch hinein. Welche seelische Verletzung hat sie mit sich herumgetragen? Der Freitod erfolgte just in dem Moment, als ihre Lyrik weniger häufig gedruckt wurde, weil sie angeblich nicht mehr zu entschlüsseln gewesen wäre. Wenn schon der Erfolg nachließ, dann wollte sie sich der Gesellschaft gleich zur Gänze verweigern, indem sie jeden Interpretationsansatz ihrer Lyrik vereitelte und indem sie uns Zeitgenossinnen auch den Genuss ihrer physischen Existenz entzog. Die perfekte Inszenierung des Selbstmords also.

Zurück blieb ein *angepatzter* Vater, von dem man bis heute nicht weiß, warum er eigentlich angepatzt wurde, bzw. im anderen Fall eine angepatzte Freundin, für die gleiches gilt.

Kann sich denn ein Selbstmörder, eine Selbstmörderin überhaupt sicher sein, dass andere AutorInnen seinen/ihren Freitod nicht dazu nützen, um ihre eigene *Vita* daran aufzufrischen? Werden nicht auch Gedenklesungen veranstaltet, in denen der Lebenden und ihrer Beziehung zum Toten gedacht werden soll? Kann man denn darauf vertrauen, dass die geheimnisvolle Aura nicht dazu verlockt, die *Umweltrentabilität* des spektakulären Freitodes eines Kollegen/einer Kollegin zu nützen, selbst wenn sich nicht ausschließen lässt, dass sein/ihr cooles Verhalten mit eine Ursache desselben gewesen sein könnte? Durch inszenierte Teilnahme am Begräbnis des Selbstmörders/der Selbstmörderin, mit Kroko-Tränen in den Augen, ließe sich die eigene Schuld am Ungemach Anderer ideal abarbeiten und zugleich zeigen, wie sehr man im Trend liegt, die Haut unschuldiger Pelztiere zu retten.

Na ja, wie dem auch sei, SelbstmörderInnen werden mitunter wegen ihres Wagemutes beneidet.

Nicht von mir. Ich habe mein Lebtag lang einstecken gelernt und ich war stolz darauf, einen starken Lebenswillen zu besitzen. Selbstmord wäre für mich zu jeder Zeit undenkbar gewesen. Eher hätte ich alles stehen und liegen lassen und hätte in einem anderen Land von Grund auf neu begonnen.

Vielleicht fühle ich mich deshalb so stark, weil ich aus einer Flüchtlingsfamilie stamme. Ein stattliches Weingut mit Pferdezucht musste zurückgelassen werden, meine Großmutter durfte nur die wichtigsten Möbelstücke auf einen Ochsenwagen packen und festzurren, alles unter großem Zeitdruck, denn die Partisanen konnten jederzeit auftauchen und die deutschsprachige Minderheit an die Wand stellen oder ins serbische Konzentrationslager verschleppen. Mein zwölfjähriger Vater war der Älteste in der Kinderschar, er bekam das Kommando über die Zugtiere überantwortet. Als die Wagenkolonne die Donau erreicht hatte, hieß es, Frauen und Kinder ans andere Ufer übersetzen, die Gespanne würden nachgeholt. Kaum hatten die deutschsprachigen Siedler das westseitige Ufer erreicht, steckte die SS den ganzen Treck in Brand. Vor den Augen der Fassungslosen wurde ihr Hab und Gut abgefackelt. Dem viel zu rasch vordringenden Feind sollte möglichst wenig *Brauchbares* in die Hände fallen.

Als die Flüchtlinge Österreich erreichten, besaßen sie nur noch Kleider, die sie am Leib trugen. Vor dem Weggehen waren sie dazu angehalten worden, zwei Lagen Unterwäsche anzuziehen. Aber sie hatten ihr Leben ans neue Ufer gerettet, das wog mehr, auch wenn es hieß, während der frühen Jahre in einem Stall wohnen zu müssen. Und irgendwann kehrte dann auch der Großvater aus der russischen Gefangenschaft heim, in ein fremdes Zuhause, um hier den Kriegsfolgen zu erliegen.

Vielleicht stärkt ein solches Flüchtlingsschicksal den Lebenswillen gleich mehrerer Generationen, geborener wie ungeborener, epigenetisch codiert. Ich weiß es nicht, aber ich fühle es.

Wenn mich ein Alb drückt, dann schreibe ich ihn mir von der Seele, verpacke ihn in literarische Form und lege ihn ab.

Oder ich spiele den eigenen Song auf der Gitarre.

Oder male Flecken angenehmer Farbkombinationen.

Farben wirken auf mich wie Medizin auf andere. Deshalb neige ich dazu, andere zu bemitleiden, die nur schwarzweiß malen.

Selbstmordgedanken hege ich keine und wenn, dann aus Eitelkeit und nur Bruchteile von Sekunden lang. In jedem Fall bevorzuge ich das Weiterleben. Der Lebensborn erscheint mir als zu kostbar, um durchtrennt zu werden. Wer sein Leben hinwirft, der hat es nicht anders verdient.

Und trotzdem sind SelbstmörderInnen in einem Punkt zu beneiden. Es hat etwas auf sich, wenn man in der Lage ist, eine Botschaft gezielt zu verbreiten, ein letztes überlegtes Signal an die Umwelt abzusetzen.

Im Augenblick fehlt mir diese wichtige Möglichkeit.

Ein Leben lang wollte ich den Mitmenschen zeigen, dass ich positiv denke und mich nicht unterkriegen lasse.

Ein Leben lang wollte ich den Mitmenschen zeigen, dass ich mich nicht knechten lasse.

185

Ein Leben lang habe ich andere ermuntert, weiterzumachen und bestehende Schranken zu öffnen.

Als Kulturveranstalterin habe ich anderen AutorInnen jahrelang Auftrittsmöglichkeiten gegeben, zu denen sie sonst vielleicht keine Möglichkeit gehabt hätten. So fanden sie ihre Namen, manchmal auch ihre Portraits, in der Zeitung wieder und hörten sich im Äther angekündigt. Auf diese Weise habe ich ihren potentiellen Selbstmord verzögert, vielleicht sogar vereitelt. Ausgerechnet ich selbst muss mich nun in der fatalen Situation wiederfinden, nicht vor und nicht zurück zu können. Allein gelassen von der gesamten Außenwelt soll ich mein Leben hier beenden und hätte dabei doch so gern länger gelebt!

Für das Schlimmste jedoch halte ich, dass alle Welt der Meinung sein wird, ich hätte mich selbst gerichtet, obwohl dies ganz und gar nicht der Fall ist und nie der Fall sein könnte.

Dabei ist es im Augenblick tatsächlich so, dass ich es für besser halte, gleich sterben zu können, als das Leben in dieser unmöglichen Beklemmung, in die ich zwischen den Schranken hineingeraten bin, länger ertragen zu müssen.

Jahrelang hatten meine engsten Freundinnen darauf gedrängt, ich möge mir doch ein Handy kaufen. Schließlich ist eine von ihnen zur Tat geschritten und hat mich mit einem beglückt.

Um meine Freiheit zu demonstrieren, habe ich den Gebrauch des Handys abgelehnt und habe das Geschenk unbenutzt liegen lassen, bis es die Telefongesellschaft deaktiviert hat. Schließlich landete es auf dem Elektronikmüll. *Nutzloses Instrument der Belästigung* hatte ich es genannt.

Aber: Wie sich ohne Handy aus einer ausweglosen Situation befreien?

Es wird wie Selbstmord aussehen, obwohl es keiner war. Es wird kein Selbstmord gewesen sein, auch dann nicht, wenn es danach aussieht.

Alles, was ich auf dieser Welt noch erreichen möchte, ist, dass die Ermittlungsbehörde den Sachverhalt richtig einschätzt und ihn auch richtig an die Medien weitergibt. In den Zeitungen soll schwarz auf weiß zu lesen sein, dass ich einen tödlichen Unfall hatte.

Aber dies zu beeinflussen, werde ich keine Chance haben.

Es ist stockdunkel. Irgendetwas tropft pausenlos. Die Füße verdammen mich zur Unbeweglichkeit, sie liegen unter dem Motorblock eingeklemmt. Alles feucht und kalt da unten. Ich bin vom Weg abgekommen und auf den Bahnübergang gestürzt. Ich vermute einen Achsenbruch. Ich schaffe es nicht, mich aus eigener Kraft aus dem Wrack zu befreien. Unfreiwillig habe ich mich in einer Wagenburg verschanzt. Weit und breit kein Lichtkegel, kein Mensch, der Hilfe bringen könnte, der warnen könnte. Jetzt ist es so weit. Niemand kommt mich holen. Gnade mir Gott! Die Bahnschranken schließen sich wie Fallbeile, sie beugen sich herab wie gebrochene Lanzen. Im nächsten Moment wird der erste Schnellzug eintreffen. Er wird mich samt PKW erfassen und mich mit diesem noch weiter verschmelzen.

Komm, Kuscheltier, du einziger Freund in Reichweite! Wärm mich, bevor der Besuch eintrifft. Wenn sie dich bei mir finden, werden sie dich wohl nicht in den Mülleimer stecken, wie all mein Erarbeitetes!

Ich selbst werde nicht anders enden, als ich gelebt habe: zwischen geschlossenen Schranken!

Hört mich denn hier niemand?

Ich will l – e – b – e – n !!!

der geisterfahrer
ein filmisches epos

(Impulse: mein Pendeln Linz/Salzburg/Linz, des Vaters Aquaplaning-Salto nahe Mondsee und Astrid Rieders Grisaillebild „scube and run", das den Schatten des Erzengels Michael überm Altar der Pfarrkirche Mondsee zeigt)

kein halt bis L
die großaufnahme
zeigt ausschnitthaft
mein ich
sodass im spiegel ich
mich kurz betracht
und lach

da klatscht mich schwarzgelb
eine motte an
extreme untersicht
vom monde kommst du
vom mondsee mir entgegen

parallelmontage dann
es klebt der tod mir
wie ein wächsern siegel
den abendboten
vor den blick auf den asphalt

weite totale:
die *autobahn*
als spielplatz eines *führers*
des scheins
der scheinbar hier berechtigt
auf boden mit geschichte
übersättigt
reichsarbeitsdienst
mit jedermann
und jeder menge feind
der ungezählt und unbeweint
die *gaue* hat zum ende hin vereint

ein dreieck warnt mit rot und weiß
ein fetter blauer pfeil im kreis

den stau von nebenan kann ich umgehen
muss nur das unfassbare wagen
muss slalom fahren umgekehrt
wie die konsole es mich lehrt

endlos strömt es mir entgegen
überholen brauch ich nie
zieh den laster jetzt verwegen
diagonal vorüber mit dem knie

hältst mich in bann
lass mich vorbei du alter
vereinnahmst bald zwei spuren
bei motte und bei falter
du drängst mich ab
jetzt endlich
das war knapp

ein täglich kampf dem konkurrenten
der vor mir da sein will in L.
wo ich bei weidlich fetten produzenten
mit einem drehbuch eindruck machen soll
bin selbst schon müd geworden wegen
missverständnissen vor ort
wenn meine augen fett gedruckte zeilen sehen
vergesse ich ein jedes wort

ein weiter winkel schafft mir jetzt beziehung
zu jenem berg im morgenglast
du berg des loches
nebelwand des drachen
chinese du
komm her
und sei mir gast

du regisseur des ganzen vorlands in totale
du framing meines lebens meiner lust

im gegenschuss zu all dem frust
da gib mir luft
die nächsten hundert kilometer
begleite mich
du vater aller väter

wenn ich mit hundertneunzig sachen
mit einem kloss im rachen
auszuweichen trachte
dem mainstream
rasch und sachte

beton asphalt - asphalt beton
der sphärenmann
er wartet schon
er überblendet trüb mir
die gedanken

ach warte noch
gevatter mein
ich will noch mehr
ein ander mal
in dem verkehr
da soll es sein

noch ist mein drehbuch nicht am end
dreihundert spulen werdens sein
die niemand kennt
ich will noch mehr
es regnet doch inzwischen

wo bleibt der meister
der enttäuschten hoffnung?
erwartet mich in L
ein machtmann ists
ein eiseskalter engel
extrem die untersicht auf seinen samt
was nütz ich ihm
ich bengel?

ganz spiegelglatt wirds überall
ich steig nun fester ins pedal
sonst platzt noch mein termin
jetzt steht sie offen seine tür
wüsst keinen schlüssel mir dafür
könnt zu sein wenn in L. ich bin

intradiegetisch
wird filmmusik kreiert
es läuft verkehrt die spule
im auto starr montiert
der rasche schwenk des autos
er wird ab schnitt kopiert

sekunden schlaf
sekunden tod
schuss gegenschuss
verwechslung tut nun nicht mehr not

das auto türmt sich zum gebirge
das anschwillt durch den druck der raserei
die plauderei von morgen über übermorgen
ist vorbei
vorbei die sorgen
die geborgte zeit

schnitt
ab jetzt slow motion
zug in der vene
steter tropfen höhlt dich
noch einmal gähne
kein publikum erwählt dich

kein halt in L
du kommst mit niemandem ins lot
vergiss
das bein der arm wird dir bald kalt
gib auf
es folgt der tod
du wolltest schreien

wolltest klagen
verbessern gar die welt
gar schlecht
ists nun bestellt
um dich
jetzt schrei nur
schrei

wer unbemittelt sich erfrecht
wer ohnmächtig mit mächten zecht
der endet tragisch
verebbt im machtgeflecht

all jene manuskripte
die man dir fleißig tippte
sind nichts als eitelkeiten
vielleicht auch lust am streiten

solang der turm noch recht im lot
ists besser
man löscht dein aufgebot
es hat dich eben nie gegeben

zu oft lenktest du
den karren
ohne rast
ohne ruh
immerzu
gegen den strom

was wird denn übrig bleiben
von deinem widerspenstgen schreiben?

wirds sein ein text auf packpapier
der dann gemahnt an jenes tier
das in dir frisst und das dich lenkt
ein dybbuk der fest an dir hängt
und der auf jede fahne speit
die sich vor einem windhauch beugt?

es ist ein kreuz mit deiner feder
zu spitz für das parteibuchleder
mit diesem geist in deiner brust
erntest du frust nur frust

und wirst du dann gestorben sein
so setzt dir keiner einen stein
dein wort wird niemals ernst genommen
hast du doch niemals nie erklommen
die leiter vom verein

das buch den film
konntest du nie erreichen
dir fehlt vermehrt ein lebenszeichen

dein drehbuch
es bleibt ungedruckt
die filmspule
bleibt unbespuckt
man ließ dich nie ans licht

dort oben auf des turmes spitze
da sonnen sich die füchse
dem kleinen bleiben nicht mal schlitze
zur sicht auf der pandora büchse

es bangt ein jeder um sein skript
denn von des gärtners bock vertreten
der werke in den reißwolf kippt
gibts nur fürs outfit die moneten

ihr stummen filmer unbekannt
ihr freien schreiberlinge
ihr volontäre ohne land
ihr fechter ohne klinge

wer gräbt noch mit am großen schacht
von babel bis zur lache?
und wenn er abgrundtief der schlund
fülln wir ihn auf mit sprache

blaulicht
extreme untersicht
dein schrei erbricht

unter dem blechgebirge
spürest du kaum einen schlauch
warte nur bald endest du auch

hol mich heim chinese
auf deines drachen thron
den nie ein menschlich aug gesehn
lob mir das werk zum hohn

verkehrt im wrack zu hängen
ist eine große pein
die rettungshelfer drängen
gekreuzte engel treffen ein

ihr denkt niemals allein?
ihr seid geduldig nur?
dann schmäht euch nicht die meute
dann schont euch die zensur

kommt lilith mit dem brenner
bin ich schon eingenickt
es wenden sich zum meister
die geister der kritik

es bleibt zurück auf erden
einzig die hoffnung nur
und die ist noch im werden:

l
li
lili
lilith
litera
literat
literatur
lilitheratur

der narrative nachspann
prangt an der kirchentür:

da trat sankt michael herfür
stürzte herab vom kirchenhimmel

der dybbuk sah sich nun gewendt
vom goldnen nimbus glanz geblendt
und von des kreuzesstabes end erfasst
hat es die reine seel geschafft

der dybbuk aber ward auf michels lanz gespießt
hernach gekaut
verzehrt
das fleisch ward ihm da ausgetrieben
und unverdaut die haut dann ausgeschieden

noch als die seel kritiklos gegen himmel gleitet
wird einem braven esel schon das maul geweitet
der schwarze dybbuk wird ins tier verbannt
so bleibt er fortan unerkannt

und künftig allen geistern der kritik
ruft michel ehern vom altar
den brech ich allen das genick
es sei wies sei
und immer war
amen
alles klar?

INHALT

WOLFGANG KAUER

Geboren 1957 in Linz an der Donau,
lebt als Autor
und AHS-Lehrer für Deutsch,
Geografie und Bildnerische Erziehung
in der Stadt Salzburg

ehrenamtlicher Veranstalter
und Moderator der Salzburger
Literatenlesereihe FREITAGSLEKTÜRE

Mitglied der Salzburger Autorengruppe

Literarische Veröffentlichungen in Anthologien und
Literaturzeitschriften Salzburgs und Oberösterreichs,
Deutschlands, Chinas und Lateinamerikas,
Lesungen im In- und Ausland und im österr. Rundfunk

Buchpublikationen:

- DIE DONAU HINAUF. Maskenprosa.
  Linz.Kultur.Texte: Linz 1996

- NACHTSEITE. Kurzprosa.
  arovell: Salzburg/Gosau/Wien 2007

- AZUR–FENSTER. Erzählungen und Lyrik.
  arovell: Salzburg/Gosau/Wien 2008

- MAGENTA VERDE. Prosa, Lyrik, Aphorismen.
  arovell: Salzburg/Gosau/Wien 2009

BUCHLISTE AROVELL 2009

Peter Assmann, Hrsg., Der sinnliche Blick (OOE)
Werner Eggenfellner, Hotel Existenz (SBG)
Karin Gayer, Nachtfieber (VIE)
Jürgen Heimlich, Die schüchterne Zeugin (VIE)
Fritz Huber, Ein Affe im Schlaraffenlande (SBG)
Günther Kaip, Katarakte (VIE)
Wolfgang Kauer, Magenta Verde (SBG)
Barbara Keller, Lesebuch in Schwarzweiß (SBG)
Richard Kölldorfer, Voodoo und die Guernica-Connection (NOE)
Heidemarie Leingang, bedingt gültig (OOE)
Dorothea Macheiner, Sinai   (SBG)
Fritz Popp, Gränzenlos beschrenkt (SBG)
Brigitte Riedl, Hrsg., Text-lese (SBG)
Christine Roiter, Aus dem Schatten (OOE)
Anita C. Schaub, Fremdenzimmer (VIE)
Karin Spielhofer, Dort her (VIE)
Wolfgang Wenger, Drei Schritte für den Berg Fuji (SBG)
Christine Werner, Die Arbeitslosenpolizei (VIE)

BUCHLISTE AROVELL 2008

Klaus Ebner, Auf der Kippe
Martina Eichinger, Gezeiten
Daria Hagemeister, Mein Afrika
Philipp Hager, Das Spektrum des Grashalms
Horst Hufnagel, Der Ruf der Großen Trommel
Paul Jaeg, hochmotiviert & niederträchtig
Christoph Janacs, die Ungewissheit der Barke
Hermann Knapp, Abnehmen mit Attila
Wolfgang Kauer, Azur-Fenster

Wilhelm Noelle, Die geborgte Wirklichkeit
Wolfgang Pollanz, Ich, Vogel
Herbert Reiter, Reise Rom.
Peter Reutterer, Gegenlicht
Hannah Seth, Grenzenlos
Elfriede Anna Stanka, puffärmelig und ultralight
Roland Steiner, Unter Haltungen - Stehend
Christine Werner, Verdammt

BUCHLISTE AROVELL 2007

Reinhold Aumaier, Rutschbonbon
Wolfgang Danzmayr, Violetta & Co.
Martin Dragosits, Der Teufel hat den Blues verkauft
Ferdinand Götz, Gymkhana - Reiseberichte
Paula Jaegand, Es gilt (ArolaParola Nr.1)
Günther Kaip, Die Milchstraße
Wolfgang Kauer, Nachtseite
Verena Nussbaumer, Gehirnstürme
Dirk Ofner, Vom Randstein gekehrt
Christine Roiter, Irgendwann
Christian Weingartner, Was am Weg liegt
Peter Paul Wiplinger, Steine im Licht

BUCHLISTE AROVELL 2006

Peter Assmann, BEREITS – bemerktes
Constantin Göttfert, Holzung
Verena Hirzenberger, Brückenkluft
Fritz Huber, Entsprungene Zwillinge
Irene Kellermayr, Meine Unruhe
Heidemarie Leingang, durchscheinend
Dorothea Macheiner, stimmen
Andrea Pointner, Eingeständnisse
Andrea Starmayr, Schatten / Bilder
Peter Paul Wiplinger, ausgestoßen
Paul Jaeg (CD-Hrsg.), Erlesenes hören

Abbildungsverzeichnis:

Arovell

Auslieferung, Bestellung und Verlag arovell@arovell.at
Zusendung portofrei (Zahlschein)! www.arovell.at

Arovell-Kulturzeitschrift
Seit 1991. Abo 10,- Euro. Bestellung arovell@arovell.at
Vierteljährliche Erscheinungsweise.
Arovell wird unterstützt von Sponsoren, von den
Landesregierungen und vom Bundesministerium für Bildung,
Wissenschaft und Kultur, sowie von Gemeinden.

Adressen
Büro 1: A-4824 Gosau, Vordertal Nr. 660 ,
Tel. 061368430, Fax 061368336
Ltg. Paul Jaeg
Büro 2:
A-1060 Wien, Stumpergasse 35/1
Dr. Sonja Gamsjäger - Regionalleiterin für Wien
DI Thomas Gamsjäger - Geschäftsführer

Die Herausgabe der Arovell-Bücher wird freundlicherweise
durch die Kulturabteilungen des Bundes, der Länder und
Gemeinden, sowie durch Institutionen und Firmen unterstützt.

Wolfgang Kauer, Funken regen
ISBN 9783902547088
Buchnummer c708. Alle Rechte vorbehalten!
arovell verlag gosau salzburg wien 2010